[英国] 约阿希姆·惠利 著　陆赟 译

神圣罗马帝国

牛津通识读本·

The Holy Roman Empire

A Very Short Introduction

译林出版社

图书在版编目（CIP）数据

神圣罗马帝国 /（英）约阿希姆·惠利（Joachim Whaley）著；陆赟译．—南京：译林出版社，2022.5（2023.8重印）
（牛津通识读本）
书名原文：The Holy Roman Empire: A Very Short Introduction
ISBN 978-7-5447-9086-4

Ⅰ.①神… Ⅱ.①约… ②陆… Ⅲ.①神圣罗马帝国（800—1806）－历史 Ⅳ.①K516.3

中国版本图书馆 CIP 数据核字（2022）第037855号

著作权合同登记号 图字：10-2018-429号

神圣罗马帝国 ［英国］ 约阿希姆·惠利（Joachim Whaley）/ 著 陆赟 / 译

责任编辑 陈 锐
特约编辑 茅心雨
装帧设计 景秋萍
校 对 戴小娥
责任印制 董 虎

原文出版 Oxford University Press, 2018
出版发行 译林出版社
地 址 南京市湖南路1号A楼
邮 箱 yilin@yilin.com
网 址 www.yilin.com
市场热线 025-86633278
排 版 南京展望文化发展有限公司
印 刷 江苏凤凰通达印刷有限公司
开 本 890毫米×1260毫米 1/32
印 张 10.25
插 页 4
版 次 2022年5月第1版
印 次 2023年8月第2次印刷
书 号 ISBN 978-7-5447-9086-4
定 价 39.00元

序　言

王　涛

了解欧洲历史的读者，或多或少都听闻过“神圣罗马帝国”（下文中有时会用“帝国”作为简称）的概念。神圣罗马帝国是欧洲历史上重要的政体结构。关于它的开端有两种说法：一种说法认为它源自由查理曼打造的法兰克王国；另一种说法则定位到公元962年，萨克森王朝的奥托一世加冕罗马皇帝。帝国结束的日期倒是没有争议，1806年，它在拿破仑的干预下解体，延续了大约一千年的时间。正是由于其漫长的历史，我们很难对帝国的面貌有一个全盘把握，也很难对它的历史意义进行简单的盖棺论定，甚至可以说，长期以来帝国都饱受误解。历史学家对神圣罗马帝国的认识与评价，也会因循时代背景、史学理论转向等因素而发生重大变化。在关于帝国纷纭复杂的认知中，我们能够发现关于它的三副面孔。

我们大都读过伏尔泰对神圣罗马帝国的经典评述。他用一种格言式的短语对帝国进行了断言，认为神圣罗马帝国“既不神圣，也不罗马，更非帝国”（后文我们将其简称为“三非评价”）。

伏尔泰这个对仗的评价常常为人称道，看上去充满了文字游戏一样的玩世不恭，但其实是这位启蒙学者深思熟虑后做的总结。伏尔泰的这句话，源自他的名著《风俗论》。

伏尔泰对帝国的评价，勾勒出了帝国的一种讽刺意味的面相。帝国成了那些自以为很重要的政治实体的最佳代言人。“三非评价”其实是对神圣罗马帝国的一种调侃，或者是一种基于自负的轻视，有很强的道德说教意味。这在很大程度上是作为启蒙思想家的伏尔泰秉持进步主义历史观的体现。基于18世纪的时代精神，启蒙思想家对国家的各种期待中，就包括希望国家肩负起提升民众幸福的职能。所以在伏尔泰眼中，一个没有明确的首都，没有强有力的行政机构的神圣罗马帝国，毫无疑问是一个反面典型。

实际上，伏尔泰是帝国的亲历者。他写下“三非评价”的1756年，帝国还在存续期间。但他毕竟是一个局外人，甚至可以说生活在与帝国有利益冲突的对立国。伏尔泰在很多场合提到过法国与德意志之间存在差异，并认为帝国是法国的强大邻居。从最朴素的国家主义立场出发，我们就会理解伏尔泰为何要将自命不凡的头衔强加在神圣罗马帝国头上。同样作为帝国的亲历者，歌德对帝国则有别样的情怀，为我们勾勒了帝国的另一副面孔。

歌德年轻时曾经在韦茨拉尔实习。韦茨拉尔是一个小城，据说没有什么动人的景观；这座建造得也很差的城市，却是神圣罗马帝国重要的司法机构帝国枢密法院的所在地。虽然歌德极其尖锐地提到了帝国枢密法院的缺陷，但是帝国的政治运作能够克服各种困难推动法制建设，将这个机构坚持下来也是一个了不起的创举。歌德看到法院画廊中陈列的三百年来为之付出过努力的德意志人，被激发出了由衷的敬意。

帝国带给歌德更具体的印象，来自他在法兰克福时经历的国王加冕仪式。孩提时代，歌德就从长辈那里听闻了他们所经历过的两次加冕（1742年查理七世，1745年弗朗茨一世），那些上了年纪的人都会把这样的经历视作“一生的最大荣幸”。在这种耳濡目染之下，加冕仪式被营造成为绝好的“爱国氛围”。十五岁的时候，歌德更是有幸在法兰克福目睹了一生所“经历的最隆重的节日”。1765年，约瑟夫二世加冕，歌德见证了神圣庄严的国王选举、盛大堂皇的仪仗队、隆重肃穆的弥撒、华丽喜庆的加冕典礼、热闹丰盛的国宴以及市民的狂欢。作为法兰克福市民，他在那些“古色古香的节日”里备感荣耀与鼓舞，因为“伟大的庆典应是持久和平的象征，德意志多年之久地享受着和平的幸福生活”。从这些自传回忆文字中，我们感受到帝国是一个令人神往的国度。通过记录年轻时的这段经历，歌德塑造了一个欣欣向荣、充满希望的帝国形象，甚至为后来《浮士德》的创作提供了灵感。

无论是伏尔泰还是歌德，他们对于帝国的观感都立足于个人视角。特别是歌德，由于他的一生完整经历了帝国的跌宕起伏，既有加冕仪式的高光时刻，又有帝国解体的没落寂寥，因此他对帝国本身怀有非常复杂的情愫。他刻画出来的帝国印象，既饱含讽刺，又充满敬意，但其实都是一种浓厚的爱国情怀。所以，神圣罗马帝国值得拥有一副更加客观、独立的学术视野中的面孔。

当然，学术界对帝国的认知，也并非从一开始就能够做到面面俱到，或者真正兑现客观公正。史学本身就在不断进化，史学家拥有的世界观和理论武器也在随时更新，对神圣罗马帝国的解读也会呈现出历史阶段的特征。实际上，2015年萨基诺谷州立大学的托马斯·雷纳在一篇学术论文中已经全面分析了伏尔泰讲出“三非评价”的来龙去脉，通过还原历史语境，我们了解到伏尔泰针对的主要是1356年的《金玺诏书》，这份重要法律文献的出台，折射出时任帝国皇帝的查理四世权力恶化的处境。雷纳指出，“三非评价”夸大了帝国的软弱，现代学术界早已达成了否定伏尔泰轻率表述的学术共识。

如果仅仅从政治史的维度解构帝国，学者会在不经意间用现代民族国家为参照对比帝国，总是能够看出它的支离破碎。但是，当我们从制度的建构、社会的发展、文化的特质等角度分析神圣罗马帝国的内容时，就会发现丰富多彩的面相：法学研究让我们看到了帝国在制度建构层面的独创；文化史研究丰富了我们对帝国的文化成就的了解，除了风格化的教堂建筑、音乐、民间习俗等，还有德意志启蒙运动本身也是在帝国独特政治环境下才能生根发芽的。

特别是在经过1495年帝国改革运动之后，神圣罗马帝国建立了一套独特的宪政框架。帝国通过皇帝、帝国议会、枢密法院、税收、教会等关键制度进行运作，它们既具有功能性，又具有平衡机制，从而将一个拥有多种教派、种族、语言的广阔地区整合了起来；它也许并不是一个中央集权的、“现代的”民族国家，而是基于法治传统和联邦主义构建出来的灵活的“帝国”，但在尊重等级多样性的同时，又有一种共同体的认同。在学者的维度中，神圣罗马帝国不仅不是一个失败的国家，反而是一种包含了君主制、等级制和联邦制等要素的多层次政体结构，且最终实现了法律的、防御性的、维护和平的体系。由此我们才能够理解，虽然帝国枢密法院并非现代国家意义上的最高法院，但在法律实践层面，法院能够如同古希腊保护神庙那样，作为政府权威机构为寻求法律救济的德意志民众提供帮助，从而增强他们的归属感。鉴于神圣罗马帝国在历史上曾经囊括了波兰、荷兰、捷克、比利时、奥地利、瑞士等现代欧洲国家的全部或者部分领地的事实，一些学者将帝国的制度理想化为联邦制国家的结构，甚至提出帝国是欧盟理念在近代早期的预演。

在国内学术界，专治神圣罗马帝国研究的学者凤毛麟角（李隆国、钱金飞等从历史的维度有很好的梳理，王银宏、林海等关于帝国法律制度有诸多研究），但是对这个政治实体的关注向来就有学术传统。中文世界关于神圣罗马帝国的最早译本，是1934年由商务印书馆刊行的《神圣罗马帝国》，一本只有85页篇幅的小册子。它以英国学者雅各在1928年的专著为底本。最早一部由中国学者撰写的介绍神圣罗马帝国的专著出版于1964年，编写者为李祖训。多年来，多家出版社也陆续推出了各种版本的帝国历史研究译著，其中既有通史类作品，也有断代史研究，还包括从法学、社会学、文化史等角度对帝国展开的深度研究。

牛津通识读本系列《神圣罗马帝国》的出版，将进一步丰富中文世界读者可了解的有关帝国的文献资料。本书短小精悍，非常适合读者快速把握帝国的全貌。该书的作者惠利是研究神圣罗马帝国的专家，是完成这项学术任务的极佳人选。他在2012年就出版过一本研究帝国与德意志关系的大部头（《德意志与神圣罗马帝国》)。近年来，关于帝国的各种通史类专著，在欧美学术界也不时有新作面世。值得一提的还包括威尔逊在2016年出版的帝国千年史，以及关注帝国后期的断代史。

我们希望，随着惠利译本的出版，国内读者能有机会接触到更多参考资料，得以构建出神圣罗马帝国的第四副面孔。

目 录

致　谢

我非常感谢牛津大学出版社的安德烈娅·基根、珍妮·纽吉和丽贝卡·达利，在本书的写作和出版过程中，他们不仅支持我，而且提出了有益的建议。汤姆·麦基宾协助我完成了配图工作。多萝西·麦卡锡和克莱门特·拉杰在书稿制作的最后阶段提供了宝贵的援助。我还要感谢匿名审稿人，他们对于最初的研究计划和后来的书稿提出了很有价值的建议，并指出了一些错误。

我要特别感谢剑桥大学圣体学院的院长和同事允许我使用奥托大帝的图像（见图3）。另外，冈维尔与凯斯学院一如既往地为我提供适合阅读、思考和写作的场所，并且慷慨地给予了我研究资助。

本书的写作目的是为了回答学生、同事和朋友多次提出的问题：到底什么是神圣罗马帝国？借用伏尔泰的话，它是否神圣？是否延续了罗马文明？是否真的算是帝国？我希望本书能为上述问题提供答案，并向读者介绍德意志领土在开启现代进程之前的历史。

当然，在研究项目结束时，我必须再次感谢我的妻子爱丽丝。她总是对我的工作表现出浓厚兴趣，并在我遇到困难时容忍我的坏脾气。她让这一切变得截然不同。

约阿希姆·惠利

剑桥

2018年4月12日

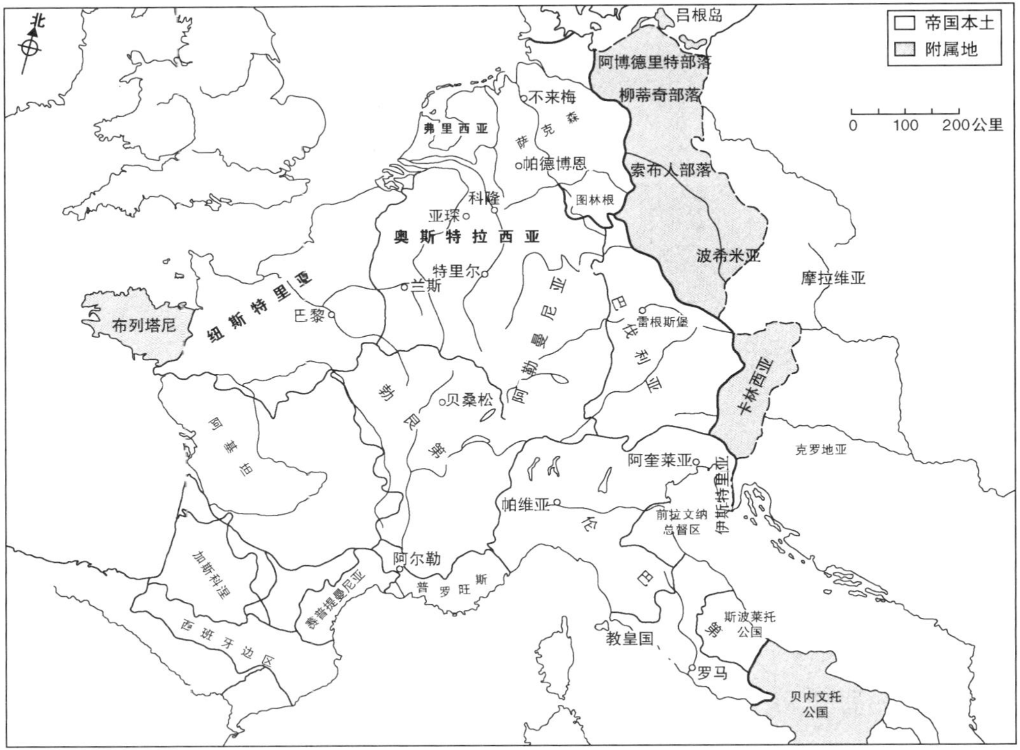

地图1 神圣罗马帝国版图（约800年）

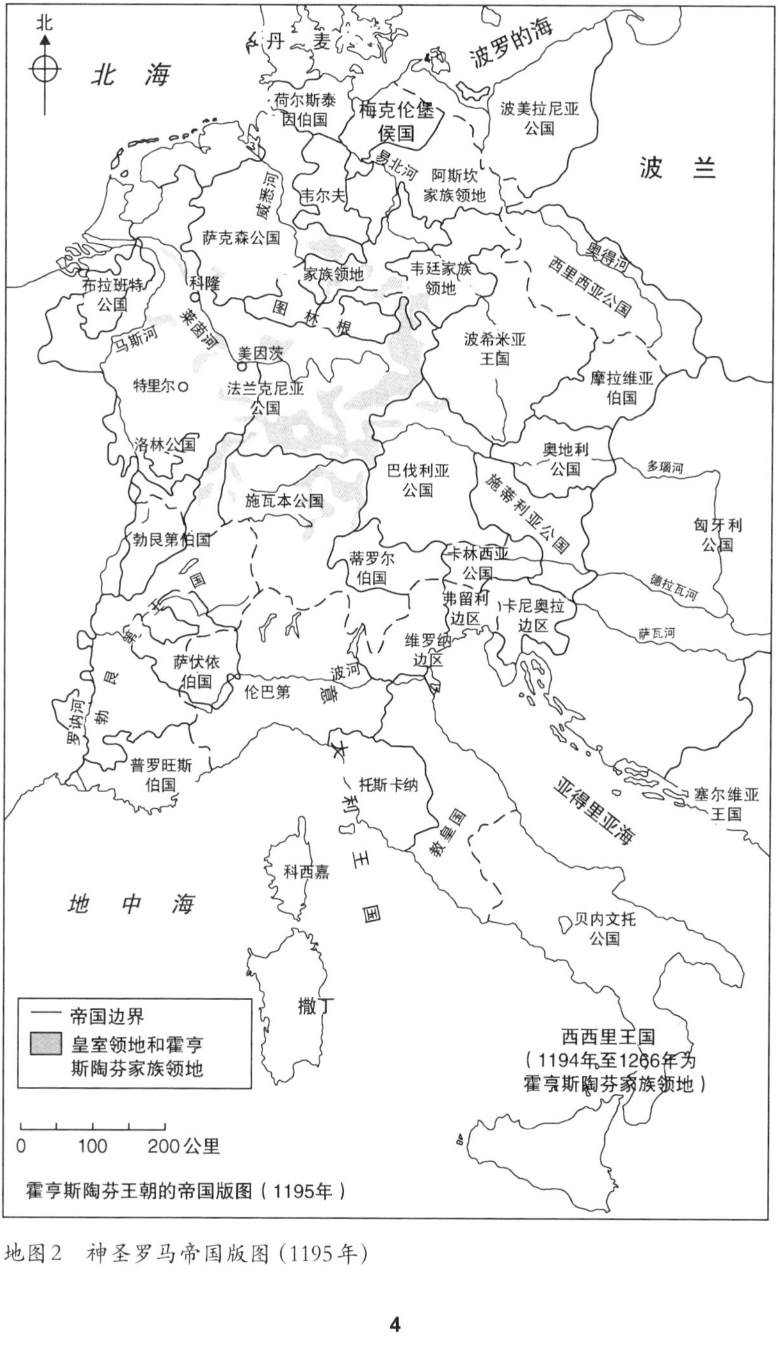

地图2　神圣罗马帝国版图（1195年）

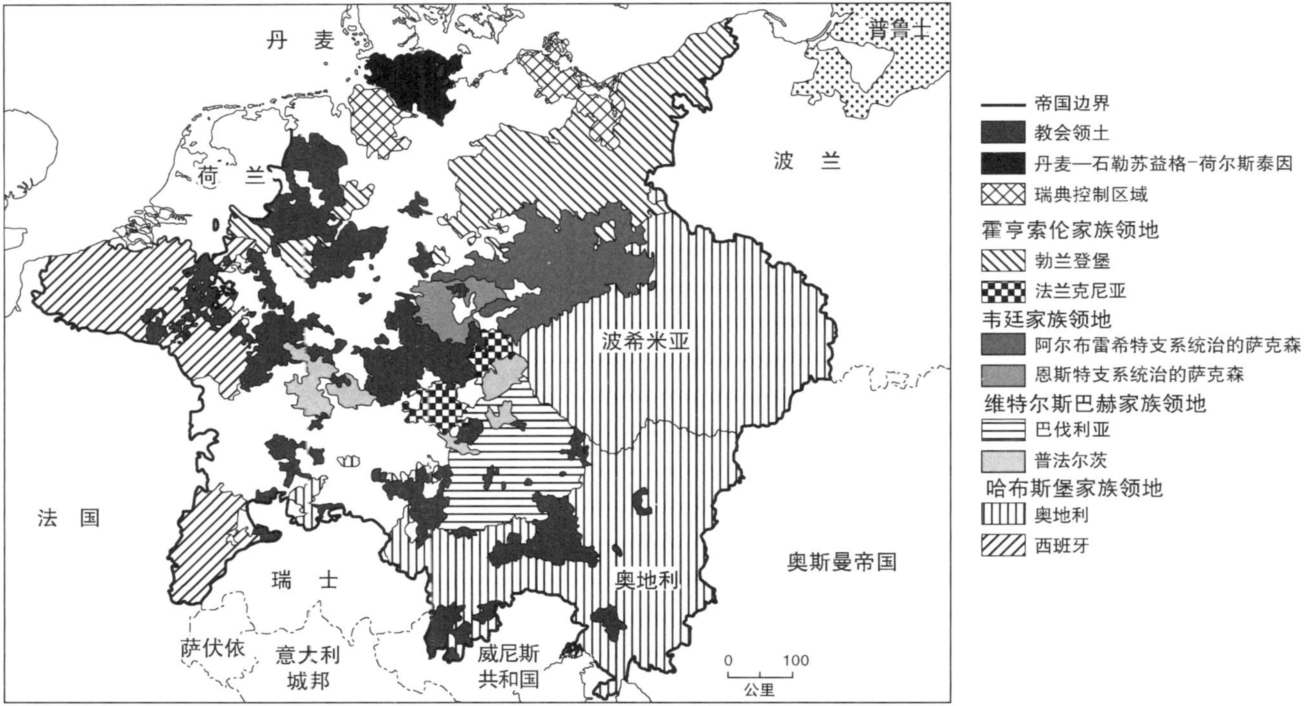

地图3　神圣罗马帝国版图（1547年）

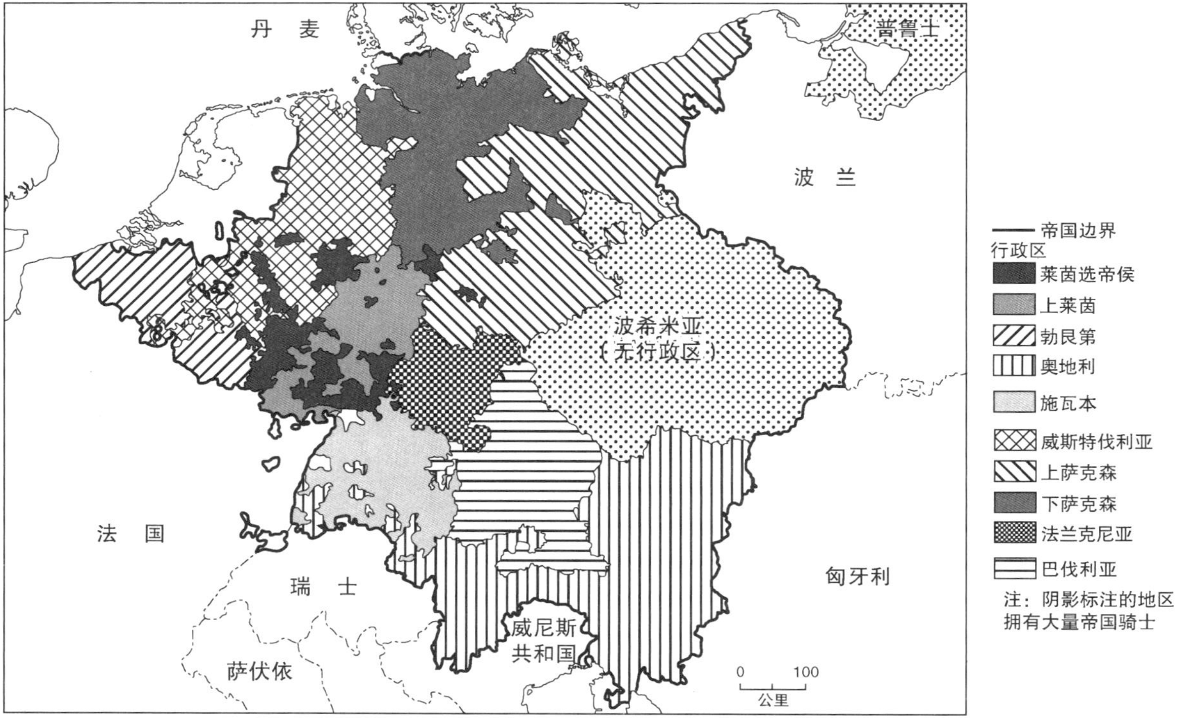

地图4　神圣罗马帝国行政区划（约1648年）

导 论

界定神圣罗马帝国

政体性质

“既不神圣，也不罗马，更非帝国”——这是1756年出版的《风俗论：论各民族的精神与风俗》一书中，法国思想家伏尔泰对德意志民族的神圣罗马帝国所做的讽刺性描述。神圣罗马帝国是一个饱受误解的政治实体，在许多人看来，伏尔泰的说法相当公正。通常认为，神圣罗马帝国建立于公元800年，最终于1806年解体。然而，当查理曼于800年接受教皇加冕成为皇帝时，他统治的国家并不是一个完整的实体。当德意志国王于962年取得皇帝头衔时，这个帝国还没有被冠以“神圣”字样，更没有完全“德意志化”。在1806年之前，皇家威严使得这些国王以及他们的继任者位列欧洲君主的最高等级。但他们的王国名称慢慢发生了变化，直到1500年左右，“德意志民族的神圣罗马帝国”才正式确立。同样，这个头衔所依附的政体在历史上也发生了重大变化。

最初的法兰克王国本质上属于部落社会，领袖经选举产生。在此基础上，后来的统治王朝演变为成熟的封建制度。某种程1 度上，这种情况一直持续到1806年帝国解体。皇帝和德意志诸侯经常通过更新封地等仪式来确认彼此之间的关系。18世纪，在重要的仪式和其他正式场合，等级和排序问题——也就是这些大人物的站位或座次——时常引起激烈的争论。从这个意义上说，帝国仍然是德国历史学家所说的“以个人联合为基础的国家”，或者说只是个人联合，而不是领土型国家。

此类联合的特点在于，诸侯和自由城市保留了对领地的大部分管辖权，从而限制了君主的权力，这使得后者更像是最高法官和军事指挥官，而不是德意志领土的强力统治者。除非得到所有人的同意，否则他不可能采取任何影响到全体民众的措施。1500年左右，这一理念得到认可，成为调节皇帝与帝国议会关系的基本宪法准则。帝国议会是一个由诸侯和自由城市组成的大会，起源于最初的宫廷集会，当时国王和皇帝不时召集贵族到皇宫商讨事务。大约在1500年，帝国议会的程序被正式固定下来，并计划定期举行会议，通常称为Reichstag（字面意思是帝国下属的邦国会议）。从1663年起，帝国议会固定在雷根斯堡举行，并且持续召开，诸侯和城市统治者无须亲自出席，而是派遣特使。

然而，诸侯和自由市从未获得主权，在1806年之前，他们仍然需要服从皇帝和帝国法律的最高权威。事实上，从14世纪中期开始，帝国发展出了一套制度和法律框架，最终这些框架的重要性胜过了皇帝和封臣之间的封建关系。纵览帝国的整个历史，君主一直都是在一个小规模核心团队的辅助下管理帝国事务，这个团队包括帝国首辅和其他大臣。但是随着时代的发展，帝国事务的运作框架发生了很大的变化。原本用来选举国王的贵族集会演变成由七位选帝侯组成的小型会议。到1500年左 2
右，贵族的宫廷聚会变成了更加正式的“宫廷”议会，之后又变成了帝国议会。到了16世纪，原先在贵族聚会上由君主亲自主持的司法特别会议也被两个最高法院（位于施佩耶尔的帝国枢密法院和位于维也纳的帝国宫廷法院）所取代，在每个法院中负责审判的都是具有合法资格的大法官。

14世纪之后，教皇和帝国之间的联系变得松散，而且宗教改革严重破坏了这种联系。事实上，教皇从未承认1648年签订的《威斯特伐利亚和约》，因为它最终确认了路德宗和新教徒在帝国的权利。在查理曼统治时期，德意志帝国教会是巩固统治的重要工具。到了16世纪后期，它的力量已大幅削弱，沦为帝国西南部和莱茵兰地区的王室支持者的附庸。从1519年起，新当选的皇帝在加冕之前，必须签订一份内容繁杂的选举让步协议，君主的权力由此受到很大的限制。

从《金玺诏书》（1356）到《威斯特伐利亚和约》（1648），德意志人已经积累了一定数量的基本法。到了18世纪，他们拥有的基本法数量超过了任何尚未开启现代进程的宪政国家。根据这些法律，德意志人比欧洲其他国家的臣民享有更加广泛的权利，而且这些权利已经通过公开立法形成法律条文。如果德意志臣民的权利受到侵犯，帝国法律确保他们有权向上一级法院提起上诉，如果有必要的话，还可以向皇帝本人提出申诉。根据法律规定，他们甚至可以对自己的统治者采取法律行动。

领　土

查理曼的帝国包括今天的法国全境和德国西部，但它的持续时间只有几十年。加洛林王朝的萨克森继承人将王国进一步向东迁移，而西方的法兰克王国则为日后的法国君主制奠定了
3 基础。萨克森王朝后来被法兰克尼亚王朝和施瓦本王朝所取代。到了13世纪，帝国领土不仅包括德意志王国，还得到了勃艮第王国和意大利王国的加入。卢森堡家族和哈布斯堡家族的统治者再次转移视线，他们更关注东南部的波希米亚和奥地利。到了16世纪，勃艮第已经消亡，意大利只剩下北部的一小部分封地。这些土地可以说是哈布斯堡家族（而不是帝国）的意大利封地，直到1806年前，它们仍然属于帝国。1505年，瑞士脱离帝国。1648年，《威斯特伐利亚和约》确认了瑞士与荷兰共和国的独立地位，之前荷兰曾是隶属于帝国的行省。

在19世纪末和20世纪上半叶，许多持民族主义立场的德国历史学家非常关注紧邻德国东部边界的部分土地，但那个地区在历史上并不属于帝国。那里在13世纪曾是条顿骑士团的定居点，1525年成为普鲁士公国。历史上，那里是波兰-立陶宛联邦的封地，1618年由勃兰登堡选帝侯继承。在1657年至1660年以及1772年，他们曾两次成为普鲁士公国的唯一统治者，但那个地区历来不属于神圣罗马帝国，直到1806年之后才与勃兰登堡正式合并。人们曾以为“向东方进发”的想法一直驱使着德意志人，然而这其实是19世纪后期才发明的说法，当时一些德意志民族主义者鼓吹占领东部领土并进行殖民活动，他们声称这样做是为了追随中世纪先辈的足迹。从1500年左右起，近代神圣罗

马帝国的核心就是原先的德意志王国。

加冕仪式

自始至终，帝国的历史很复杂，它没有统治中心，并且统治者的选举和加冕程序变换了很多次。帝国始终没有设立首都。4 名义上的帝国中心只是宫廷所在地，但这个地点取决于谁能成为皇帝。从15世纪中叶起，帝国中心大体上是维也纳，不过它的地位并不牢固，直到1612年鲁道夫二世去世后，哈布斯堡家族最终放弃了将布拉格作为居住地和统治根基的设想。维也纳就此成为哈布斯堡王朝和帝国的中心城市，帝国宫廷法院和帝国枢密院的设立进一步增强了它的重要性。作为一个主要的欧洲王朝的所在地，它的重要性超过了其他的德意志城市。出身于巴伐利亚的维特尔斯巴赫家族的皇帝查理七世（1742—1745年在位）曾经短暂地统治帝国。在此期间，慕尼黑和法兰克福成为帝国中心，但它们无法取代哈布斯堡宫廷的重要地位。

然而，帝国议会和帝国最高法院都在别处开会。之前的几个世纪，大批贵族被召集到皇帝临时居住的地方商讨国是，这种会议后来在中世纪晚期变成固定的宫廷议会，又在近代演变为帝国议会。1356年颁布的《金玺诏书》规定，每一位皇帝都应该在纽伦堡召开他的第一次帝国议会，不过并非所有人都遵循这一规则。从1663年起，帝国议会在雷根斯堡召开常设会议，这里就此成为日益重要的外交中心。最高法院之一的帝国枢密法院由帝国下属的各个邦国提供运营资金，最初设在纽伦堡，从1527年起固定设在施佩耶尔，直到1689年法国入侵后被迫迁往韦茨拉尔。施佩耶尔和韦茨拉尔两地吸引了司法官员、参与案件的律师，以及像歌德这样寻求帝国法律培训的年轻人。

帝国举行仪式的地点并不固定。现在我们并不清楚查理大帝如何当选或加冕成为法兰克国王，甚至不清楚他是否真的当选或加冕，但可以肯定的是，他在800年圣诞节由教皇加冕成为皇帝，而且他坚持要在813年给他的儿子加冕。这两件事深刻影
5 响了帝国后来的传统。中世纪的德意志统治者首先在德意志当选国王，然后在罗马由教皇加冕成为皇帝。国王的选举没有明确的规则。第一位萨克森国王于919年当选，当时有五位公爵是加洛林王朝的地方统治者，他们中的两位私下达成协议，决定了新的国王人选。他的继任者往往需要公爵和其他主要贵族的支持才能当选。在1356年《金玺诏书》指定七位选帝侯之前，有权投票的诸侯的确切人数没有定论。到了17世纪，又增加了两位选帝侯。

选举的地点最初也并不固定，最常见的选择是美因茨和法兰克福：前者是帝国大首辅美因茨大主教的所在地，后者是因为它的地理位置处于帝国中心，同时也有能力容纳和款待出席仪式的大量贵族及其随从。1356年，《金玺诏书》明确规定法兰克福今后将成为唯一的选举地点，不过还是有一些选举在奥格斯堡和雷根斯堡举行。

16世纪之前，德意志国王的加冕礼往往在亚琛举行，随后再前往罗马举行帝国加冕礼。最初授予的头衔是“条顿之王”（即德意志人的国王），从12世纪起改为“罗马之王”（即罗马人的国王）。在罗马举行第二次加冕礼后，国王接受帝国头衔，成为皇帝。马克西米利安一世于1486年成为“罗马之王”，并于1493年继承了他父亲的统治权。然而，他与罗马教廷的长期争端导

致教皇不可能为他加冕。从1508年起，马克西米利安接受了新的头衔，成为“经选举产生的德意志皇帝”。直到1806年之前，他的所有继任者都采用这个头衔。唯一的例外是查理五世，他是最后一位由教皇加冕产生的皇帝。然而，由于1527年查理的军队几乎摧毁了罗马，因此他的加冕典礼于1530年改在博洛尼亚举行。

从中世纪晚期开始，预定的继承人通常在皇帝去世前先当选“罗马之王”，并举行加冕仪式，虽然在必要时，头衔选举可以放在皇帝死后，与皇位选举同时进行。而且，腓特烈三世之后的 6
所有神圣罗马帝国皇帝都出自哈布斯堡家族。这个规律只有一次例外，查理七世从1742年起成为皇帝，但他只统治了三年。

1562年之后，帝国选举和加冕仪式都在法兰克福举行。其中一个原因可能是，由于皇帝死得很突然，科隆大主教没法赶来为新皇加冕。与此同时，法兰克福也是一个规模较大、商业繁荣的自由城市，有足够的豪宅来容纳那些需要参加仪式的贵族，而且它比亚琛更靠近哈布斯堡家族的领地。

帝国标志

直到1806年，加冕仪式一直使用与中世纪相同的一系列标志和圣物。接受加冕的皇帝身穿的披风据说是查理曼在加冕仪式上用过的同一件，尽管这件长袍实际上可能是在1133年至1134年用进口自拜占庭的丝绸在西西里岛制成，并且直到1246年才被德语资料首次提及。然而，到了一个世纪后，它已经被称为查理曼的披风，并辅以同样在12世纪由西西里岛出产的其他物品，比如教会人员穿的白色长袍、达尔马提克或丘尼克式法衣、圣带、内衣、腰带、手套和鞋子。

关于皇冠（见图1）和王权宝球的神话出现的时间更早，几乎可以肯定的是，帝国皇冠于1024年左右在莱茵兰西部地区制
7 作完成，并且斯陶芬家族的皇帝直到12世纪才得到王权宝球。作为帝国标志的其他物品还包括权杖、长剑和圣矛。德意志国王在10世纪得到了这根长矛，据说它的矛尖镶嵌了一枚耶稣殉

图1　神圣罗马帝国的皇冠，制作地点很可能是莱茵兰地区，时间大约是10世纪或11世纪

道的十字架上的钉子，因此被称为圣矛。实际上，唯一与加洛林王朝真正有关的物品是所谓的“加冕专用的《新约》”，就在800年加冕仪式举行前不久，亚琛的宫廷学校制作了一份装订整齐、配有插图的手稿。

起初，上述帝国标志和其他物品，连同各种遗物（比如十字架的一块碎片和最后的晚餐用过的一片桌布），都是由上一任皇帝亲手交给继任者。它们经常流动，并被存放在不同的地点。在14世纪，查理四世每年都会将这些物品拿出来展示，随后这种做法成为惯例。1423年，胡斯派信徒起义威胁到布拉格的安全，西吉斯蒙德皇帝将上述物品从附近的卡尔施泰因城堡转移到他本人居住的纽伦堡，存放在圣灵教堂，并将永久守护这些藏品的特权授予这座城市。1523年纽伦堡改宗新教后，每年一次的展 8
览不再举行，但帝国标志和文物一直存放在那里，直到1796年法国军队入侵维也纳时才转移。1938年，希特勒要求将这些物品归还给纽伦堡，但他没能如愿。这些物品于1946年转移至维也纳的霍夫堡，直到今天仍存放在那里。

作为帝国象征，双头鹰的历史也有着类似的演变过程。罗马帝国的标志是单独的一只鹰，后来查理大帝在亚琛的宫殿沿用了这样的装饰。奥托王朝同样使用单鹰标志，在奥托三世（983—1002年在位）赠送给亚琛大教堂的十字架上，镶嵌着一块浮雕宝石，上面刻了一只鹰，周围布满宝石和珍珠，这些珠宝原先的所有人是加洛林家族。直到14世纪，这样的单鹰标志才足以表明，帝国是古罗马的继承者。

双头鹰起源于4世纪的小亚细亚，此后在拜占庭帝国的使用频率越来越高，直到13世纪巴列奥略王朝正式采用双头鹰作为标志。后来神圣罗马帝国也开始使用双头鹰，直到1433年西吉斯蒙德皇帝正式指定金色背景加黑色双头鹰作为帝国标志。后来，双头鹰的羽毛经常被描绘成各城镇和诸侯的徽章，最初是四个徽章一组，一共十组（因此被称为“四元鹰”），后来随着徽章数量的增多，真实数字往往超过十组。双头鹰可以代表皇帝（胸前有统治者的徽章），也可以代表帝国（胸前有十字架）。双头鹰标志在整个帝国都得到了广泛的使用，比如在帝国城市的徽章上，或手工行会的旗帜和文件中，这个标志随处可见。

无论是单头鹰还是双头鹰，这个形象都是德意志臣民对其统治者和德意志政体产生持久认同感的因素之一。19世纪和20世纪的许多学者否认帝国曾激发过民众的爱国热情，或者对于
9 德意志身份的认同感。相比之下，本书的关键主题之一就是帝国与德意志民族的身份认同。在整个中世纪的发展过程中，这样的身份认同不断得到强化。在宗教改革之前，帝国与教会已经产生冲突，这进一步完善了德意志帝国的定义。冲突导致许多人否认帝国的源头是罗马帝国，他们宣称帝国从一开始就是德意志帝国。帝国的名称没有改变，一些天主教理论家依然认为帝国的源头是罗马帝国，并且帝国与教皇之间有着特殊关系，但越来越多的人将这种说法视作神话。

晚期神圣罗马帝国

到了18世纪，起源问题变得不再那么重要，因为新教徒和天主教徒一致认为帝国是一种联邦。德意志诸侯和自由城市在议会中与皇帝共同行使立法权。皇帝一方面仍然是诸侯的封建领主，另一方面充当最高等级的大法官，监督各方遵守共同商定

的法律。这样的德意志政体通常被简称为“帝国”或“德意志帝国”，或者也可以直接称为“德意志”。

关于帝国的这种看法在外国评论者当中也很普遍。孟德斯鸠于1729年到访神圣罗马帝国，他认为这是一个有效运作的联邦。和人们通常认为的不一样，伏尔泰本人对于帝国抱有更多好感。他之所以说了那番蔑视的话，其实是针对查理四世的统治，当时他分析了1356年《金玺诏书》对于德意志王国起到的稳定作用，因为它限制了皇帝的权力。不仅如此，查理对意大利事务漠不关心，并且默认教皇的权威，这同样引起伏尔泰的不满。 10
在伏尔泰看来，当时的帝国其实是皇帝统治下的诸侯共和国，帝国颁布的主要法律成功地限制了皇权，维护了德意志的自由。神圣罗马帝国的名称到了18世纪已经过时了，但是它的政府体系并没有过时。

17世纪和18世纪的观察者发现，很难将帝国与欧洲的其他政体相比较。普芬道夫有个著名的观点，他认为帝国“就像怪物”。他的意思很简单，帝国不能直接归为君主制、贵族制或民主政体，这些是亚里士多德定义的政府类别。正如伟大的法律和宪法专家约翰·雅各布·莫泽（1701—1787）所宣称的那样，“德意志的统治靠的是德语”。

19世纪和20世纪初的德国历史学家贬低帝国，认为帝国不是民族国家，并责怪帝国的存在延缓了德意志民族的发展。他们经常称赞各领地的文化成就，但拒绝承认是帝国让这些成就得以实现。不管是第二次世界大战前，还是战后，德国的批评者都试图建立从第一帝国到第三帝国的延续性，这给1806年之前的几个世纪投下了昏暗的阴影。自1945年以来，对于帝国的积极评价，无论是把它当作欧盟的先驱，还是把它作为德意志民族最早建立的国家，都遭到了批评，这些观点被认为过于牵强，不够恰当。

在过去两个世纪的许多时候，关于神圣罗马帝国的叙述旨在满足当时的诉求，而不是反映帝国的客观现实，甚至没有反映生活在帝国时代的人们的主观感受。本研究将提出另一种观点。本书以编年史的叙述方式来组织材料，旨在展示帝国在
11 一千多年的时间里如何通过截然不同的阶段不断发展。

第一章

罗马帝国与德意志王国：从查理曼到奥托王朝

罗马与法兰克血统

800年圣诞节，教皇利奥三世在罗马为查理曼加冕，后者就此成为罗马皇帝。在此之前，拥有强大实力的查理曼已经是法兰克王国的统治者，并成为意大利北部领土的国王。他原先的头衔是“法兰克和伦巴第之王”，现在又加上了皇帝头衔，这看似巨大的权力，实际却指代不清。当时还没人知道，他在罗马的加冕典礼预示着一个全新的帝国体系。然而，这是一个重要的转折点，罗马帝国逐渐转变，并在几个世纪后形成德意志帝国。

法兰克王国的形成，是罗马帝国的衰落，以及法兰克人在其西北边缘建立日耳曼部落的结果。110年左右，罗马帝国在图拉真的统治下达到巅峰。然而，帝国很快就出现了问题，因为要管理从西欧到小亚细亚的巨大版图非常困难，当时的帝国人口占全世界总人口的比例可能高达20%。

庞大的帝国越来越难控制，权力开始分散，直到戴克里先

（284—305年在位）确立正式制度，才开始由四位皇帝同时管理
12 帝国。四位皇帝的野心很快成为不稳定因素，最终君士坦丁于310年成为西罗马帝国皇帝，并于324年成为整个罗马帝国唯一的统治者（324—337年在位）。他将首都迁至拜占庭，并更名为君士坦丁堡。他信奉基督教，确立了王朝继承的原则。

然而，复兴没能延续。帝国内部出现了冲突，同时，来自北方的迁徙部落（比如匈奴人）向莱茵河和多瑙河流域发动攻击，最终帝国再次分裂。395年，罗马帝国分为东、西两部分。此时，罗马城已经受到哥特人的威胁，后者于410年洗劫了这座城市，之后西罗马帝国将新首都设在拉文纳。

首都设在君士坦丁堡的拜占庭帝国持续繁荣了几个世纪，直到1453年被奥斯曼帝国征服。相比之下，西罗马帝国却屡遭日耳曼人的侵扰。这些日耳曼部落不是德意志人，正如日后的德意志学者经常说的那样，“日耳曼人”只是一种泛称，罗马人用这个词来指代生活在莱茵河以东和多瑙河以北的蛮族部落。这片区域又被称为“日耳曼尼亚”。

在罗马政权衰落后，这些部落开始向西部和南部迁徙。在476年西罗马帝国的末代皇帝被废黜之前，非洲、西班牙、法国、瑞士、意大利和达尔马提亚等地都已经建立起了日耳曼人的王国。新的日耳曼国王继续承认东罗马帝国皇帝的权威；他们请后者接受日耳曼王国的独立地位，但没人试图篡夺皇位；他们还使用东罗马帝国的货币。但是这些王国各自为政，它们几乎总是在交战，罗马、日耳曼和匈奴各方军事力量的兴衰始终影响着这片区域。从3世纪到10世纪，这些部落中的某些群体逐渐产生共同的民族身份，最终形成共同语言。最重要的两个民族分

别是法兰克人和德意志人，前者出现的时间早于后者。 13

法兰克人是几个规模较小的日耳曼部落融合后的统称，这些部落于4世纪和5世纪从莱茵河中下游地区迁徙至高卢北部。起初，他们作为雇佣兵为罗马人作战，后来他们与罗马人结成同盟，并且和高卢罗马人的精英阶层通婚。当他们取代罗马人成为统治者后，他们保留了罗马人的语言、道路和行政管理模式。

墨洛温王朝的第一位统治者克洛维（481—511年在位）统一了法兰克部落。他是一位非常成功的军事指挥官，精力充沛，胸怀大志。他还于500年前后编撰了一部《萨利克法典》，并在书中自称“法兰克之王”。东罗马帝国皇帝阿纳斯塔修斯一世（491—518年在位）任命他为罗马帝国的名誉执政官，并于508年承认他为法兰克国王。皇帝尊崇克洛维的原因之一可能是他的信仰，克洛维皈依了尼西亚大公会议确立的基督教正统（即罗马天主教），这是罗马帝国自380年以来一直坚持的官方宗教。当时日耳曼部落的其他领袖依然信奉阿里乌斯教义，或者干脆保持异教徒身份。克洛维与罗马天主教的联系无疑帮助他赢得了多数罗马人的支持，很快他就承担了教会保护者的角色，甚至于511年在奥尔良召开了一次宗教会议。

虽然克洛维把领土分给了四个儿子，但各方依然认为他们属于同一个王国。他的每个儿子都得到了领土核心区域的一部分，这个区域被称为奥斯特拉西亚（字面意思是“东边的土地”），位于梅斯附近；与此同时，他们每个人都分到了阿基坦的一部分。四个人的都城分别位于兰斯、奥尔良、巴黎和苏瓦松，在塞纳河和索姆河之间的区域居住着约二十万法兰克人。到650年左右，克洛维和他的继任者们已经征服了高卢的大部分地区，那里有六七百万高卢罗马人。不仅如此，他们还把统治范围扩展到了图林根和巴伐利亚。

墨洛温王朝的统治靠的是大家族成员之间的友好关系，而
14 不是封建制度。婚姻协议、正式合同、誓词和其他公开仪式共同缔造了复杂的忠诚纽带，并且创造出由彼此关联的家族构成的人际关系网。他们共同处理包括军事防御在内的群体性事务，通常依照不成文法，通过仲裁来解决争端。公共仪式是他们维系友好关系的手段，比如在争端结束时要举行盛大的宴会。

国王沿用了罗马帝国的地区行政长官制度，任命伯爵和（莱茵河东部的）公爵来处理王室事务。这一制度很灵活，可以根据不同地方的实际情况进行调整。例如，施瓦本的阿勒曼尼人可以保留他们原有的法律体系，而巴伐利亚人在公爵的领导下也享有相当大的自治权。巴伐利亚人是众多部落融合后形成的群体，6世纪在多瑙河和阿尔卑斯山之间形成独立政权。此外，法兰克统治者与教会的结盟也增强了他们的影响力。

四位国王先后统一了法兰克王国，但反复出现的分裂让他们付出了代价。未成年继承者继承王位需要复杂的监护安排，并导致地方精英势力大增。后者设法让相关区域的土地所有者来指定伯爵人选，这加快了伯爵的身份转变，从原先的王室官员变为半自治的地方领袖。最大的受益者是级别最高的宫廷官员（即宫廷总管），他们频繁地扮演摄政者的角色，代表君主行事，并在法兰克贵族中结成广泛的同盟。751年，其中一位摄政者的后裔“矮子”丕平请求教皇允许他废黜墨洛温王朝的末代君主希尔德里克三世（743—751年在位），由他成为新的国王（751—768年在位）。

王位的更迭使法兰克的权力中心从巴黎和塞纳河流域转移到了默兹河和摩泽尔河之间，丕平在那里拥有领地。事实证明， 15
他是个心狠手辣的统治者，不断铲除国内的敌对势力，并试图夺回阿基坦、施瓦本和图林根的控制权。与此同时，他让宫廷总管的位置保持空缺，这是个明智的决定。

教皇特使卜尼法斯为丕平行涂油礼，这为他的统治增添了神圣光环，意味着他是上帝选中并认可的君主。不久，教皇扎卡里（741—752年在位）请他协助对抗意大利北部的伦巴第国王。丕平承诺，他会把意大利中部以前属于拜占庭的领土献给教皇，于是扎卡里亲自在圣丹尼大教堂为丕平二度行涂油礼。之后，丕平还被称为“罗马人和罗马教会的保护者”。当他把拉文纳行政区（省）的统治权移交给教皇时，他不仅为未来的教皇国打下了根基，同时也为他的王朝与教皇之间的持续合作奠定了基础。为表诚意，丕平支持教会向弗里西亚派遣传教士，为此他特意在乌得勒支设立主教辖区。

查理曼和加洛林王朝

丕平的努力在他的儿子查理（后来被称为查理大帝或查理曼，见图2）的统治时期取得了成效。由于查理曼的惊人成就，他的王朝被称为加洛林王朝，而不是丕平王朝。在许多方面，查理曼（768—814年在位）延续了丕平的规划。他在东北边境与萨克森人交战三十余年，最终于804年征服了对手。在意大利，他成功发起了一场针对伦巴第国王的战役，最终将王室屠戮殆尽，夺得后者的宝库，并将自己的头衔升格为“法兰克和伦巴第之王”。在他的统治末期，除了萨克森和伦巴第，查理曼还彻底 16

图2　阿尔布雷特·丢勒心目中的查理曼形象（1514年）

征服了阿基坦、施瓦本、巴伐利亚和卡林西亚，并将靠近王国东部边境的斯拉夫省变成了附属领土。

和丕平统治时期一样，查理曼在发动军事攻势之余，还对世俗事务和教会事务进行严格管理。他不仅继续任命伯爵，而且在边区任命地方长官。由于这些人选都来自地方贵族，查理曼还另外设立了一类新的官职，称为特权使节：这些人没有固定的驻地，而是代表君主四处察访。由于公爵可能成为强有力的地

17 方领袖，并对王位构成威胁，查理曼不再任命新的公爵。

与此同时，查理曼推动教会改革，建造修道院，同时非常关注主教和教会其他高级成员的任命问题。教会成为加洛林王朝统治的重要机构。除了查理曼在亚琛的住所外，科隆、美因茨、特里尔和萨尔茨堡等地作为大主教驻地，培养了大批神职人员，他们也将参与行政管理。查理曼希望从道德和宗教方面对他的王国进行改革，这逐渐吸引了一批学者和教师，他们有的来到他的宫廷，有的前往大主教驻地。他们的主要工作是抄写古代文献。由于当时发明了一种新的文字，手抄本迅速得到了发展。加洛林手写字体形式统一，外观圆润，不同的单词由大写字母和空格分开。文字写在羊皮纸而非莎草纸上，这使得书写速度变得相对较快，也容易辨识。如今我们所能见到的古典文献，超过90%的内容都源自加洛林王朝的手抄本。

然而，这些杂事对于查理曼获得帝国头衔的贡献微乎其微。797年，东罗马帝国皇帝君士坦丁六世（780—797年在位）被母亲伊林娜废黜，君士坦丁堡的皇位一直空缺，直到802年拜占庭贵族才推翻伊林娜的统治。在欧洲的另一边，罗马教皇利奥三世（795—816年在位）于799年遭敌人袭击，他们企图使他失明致残。在特权使节救出利奥三世后，查理曼一路护送他回到罗马。利奥三世公开宣称自己无罪，否认通奸和伪证的罪名，并加冕法兰克国王为罗马皇帝。身为女性，伊林娜的统治合法性受到质疑，因此利奥三世为查理曼加冕的决定被认为合乎情理。

东罗马帝国的新皇帝尼基弗鲁斯一世（802—811年在位）拒绝承认查理曼的皇帝称号，他认为自己才是罗马皇帝。然而拜占庭的反对并没有造成什么影响。对于西罗马帝国来说，最重要的是利奥的行为暗示着，他作为教皇掌握着终极权力。直 18

到13世纪，这一直是影响皇帝与教皇关系的核心问题。

然而，这个问题后来才成为帝国统治者与教皇之间的矛盾焦点。在查理曼执政期间，它并没有带来麻烦。拜占庭宫廷或许会嘲笑这个自以为是的法兰克人，以及他那些野蛮粗鲁的随从，但是查理曼的新头衔极大地提升了他的威望。他已经拥有了两个王冠（法兰克国王和伦巴第国王）；现在罗马皇帝的头衔更是让他有别于其他的西方统治者。他的权力范围并没有得到明确界定；事实上，他和他的顾问后来才确定了一个既能表达雄心又含糊其词的头衔："查理，最杰出的奥古斯都，伟大的、带来和平的皇帝，由上帝加冕，统治罗马帝国，同时感谢上帝的仁慈，他还是法兰克人和伦巴第人的国王。"查理曼的继承者简化了这个头衔，号称"奥古斯都皇帝"，不加任何民族性的限定词（比如法兰克人）。这样一来，他们就能在各自的领土范围内享有统治权。

接下来的几年是法兰克王国的鼎盛期。因为在军事上不断取得成功，同时从被征服者手中掠夺了大量战利品，法兰克人的精英阶层和下属的高卢罗马人之间由此形成了凝聚力和认同感。许多故事描述了战斗的胜利以及战斗过程中的勇敢和忠诚，从中诞生了法兰克士兵英勇善战的神话。这类神话把不同的日耳曼民族团结了起来，他们各自的文化和法律传统也由此融为一体。

然而，日耳曼部落此时仍处于一个以拉丁语作为共同语言的多语种社会。西日耳曼人同时还使用通俗拉丁语，而东日耳曼人则使用阿勒曼尼语、巴伐利亚语、萨克森语和其他的地区性语言。皇帝加冕礼让法兰克王国的君主传承有了特殊的光环，开始具有神圣或宗教方面的重要意义，因为他们成了罗马帝国

的继承人。查理曼将自己视为上帝的仆人，他发动战争是为了 19
一个更高的信念：在地球上创造上帝的王国。因此，法兰克人将自己视为上帝选中的子民，代表善的力量，与邪恶作战。

然而，现实很快就破坏了关于新世界秩序的构想。帝国是一种理念，而非地理现实，由于皇帝只有一个，因此最高权力在理论上不可分割。与此同时，皇帝的权力又与他控制的领土密切相关。根据法兰克人的传统，统治者的兄弟和儿子都有权继承他的王国。查理曼的两个儿子分别于810年和811年去世。813年，就在他本人去世的前一年，查理曼按照拜占庭的惯例，为他在世的另一个儿子路易加冕，两人联合执政。他的这一举动没有教皇参与，但得到了法兰克权贵的认可。虔诚者路易（814—840年在位）统治期间，政局相对稳定。但是他的去世导致了一场血腥的内战，最终《凡尔登条约》（843）将领土分为三部分，由此诞生了三个王国，分别位于西部、中部和东部。罗马皇帝的头衔给了路易的儿子洛泰尔一世，他的势力范围包括意大利王国。

此后，法兰克-加洛林王朝逐渐衰亡。皇帝头衔始终掌握在意大利王国的统治者手中。然而到了9世纪末，加洛林家族的血脉彻底灭绝。随后的几十年里，皇帝头衔在几个罗马家族手中传递，变得名不符实。从924年到962年，西方都没有出现皇帝。

从东法兰克王国到德意志王国

西法兰克王国最终变成了法国。东法兰克王国同样形成了独特的身份认同。“虔诚者”路易的次子“日耳曼人”路易（843—876年在位）去世后，他的三个儿子瓜分了王国，他们成

功挫败了叔伯对于王位的觊觎，捍卫了自身权利，由此确立儿子
20 相对于兄弟的优先继承权。他们还占领洛林，把西部边境推回到由斯海尔德、默兹和沙隆组成的防线。北海和阿尔卑斯山在北部和南部构成可靠的自然边界。东部与斯拉夫人的边界则保持不变，从卡林西亚到波希米亚森林，以萨勒河和易北河相隔。

与西法兰克王国相比，东法兰克王国在文化上相对落后，但在军事上更为成功，并发展出自己独特的语言。他们使用的语言在拉丁语中被称为“lingua theodisca”，但并不是现代意义上的德语。“diutisc”一词最早出现在786年的拉丁语译文中，意思是“共同的”。甚至在843年出现“teutisci”这个词时，它指的是伦巴第人以外的其他民族。东法兰克人没有语法，也没有书面语言，但延续了几代人的政治同盟逐渐为一种共同语言奠定了基础，这种语言不同于西法兰克人和南法兰克人的罗曼语，而是拉丁语、凯尔特语，以及北日耳曼语和东日耳曼语的各种区域变体经过杂糅之后形成的新语言。

《里布蒙条约》（880）最终确定了东法兰克王国和西法兰克王国的边界。随后，路易三世（876—882年在位）在美因河畔的法兰克福建造了东法兰克王国的首都，其中心位置有助于他招揽领地内的贵族，让他们留在宫廷任职。西法兰克王国在争夺教会控制权的斗争中输给了教皇，但路易却保留了提名主教和控制教会财产的权利。

然而，持续的内部斗争削弱了加洛林王朝的统治，危机不断加剧。自830年起，大摩拉维亚帝国在东部边境构成了严重威胁。即便在匈牙利于9世纪末占领该国之后，边境威胁依然存在。维京人于881年袭击了亚琛周边的莱茵兰地区，并于882年

和892年深入到摩泽尔。加洛林王朝的最后一位成年君主阿努 21
尔夫（887—899年在位）于894年成为意大利国王，896年成为罗马皇帝。但他的实力有限，难以应付四面遇敌的局势。他的继承人“孩童”路易（900—911年在位）于900年在上法兰克尼亚的福希海姆加冕成为国王，当时他只有六岁，真正掌握权力的人是贵族和主教。为了获得法兰克尼亚公爵领地，来自韦特劳的康拉德家族和来自美因茨附近的巴本堡家族在宫廷中展开激烈竞争。最终康拉德家族得到了公爵领地，但是巴本堡家族无法释怀，过了很久依然想要复仇。

随着王朝走向衰败，东部边境拥有强大武力的地方统治者掌握了权力，领土防御需要仰仗他们的力量。伯爵和其他贵族的行列中也涌现出新的统治者，他们自封为公爵。在反叛者中，实力最强的是萨克森的柳多尔夫家族和巴伐利亚的柳特波德家族。在传统的日耳曼人势力范围内，比如施瓦本、巴伐利亚、图林根、萨克森、法兰克尼亚以及后来的洛林，新的公爵不断涌现，但他们既不是罗马帝国和墨洛温王朝的日耳曼公爵的直系继承人，也不是民族领袖或部落领袖。他们最初只是加洛林王朝的贵族成员，现在他们声称自己代表着地方利益，要捍卫整个王国的领土完整。

然而，这些公爵之间的激烈竞争几乎毁掉了他们声称要保卫的王国。在法兰克尼亚人、萨克森人、施瓦本人和巴伐利亚人的支持下，康拉德家族于911年把康拉德公爵推上王位，他在福希海姆当选国王（911—918年在位）。他是第一个加洛林家族以外的国王，但是作为法兰克人，他沿着加洛林王朝历代君主的道路继续前进，想要从西法兰克王国的统治者“糊涂者”查理手

中夺回洛林，后者于911年占领了这一地区。他还想要对抗实力强大的贵族，重申君主权威。他没能夺回洛林，不过总算实现了
22 第二个目标的一部分。他并非出身皇室，没有皇家血统的光环，因此得到的贵族支持很有限，必须仰仗军事力量。918年，他在与巴伐利亚的阿努尔夫的战斗中受伤离世。由于没有男性继承人，他的敌人有机会占据这片土地。通过选举，萨克森的亨利成为国王，外号“捕鸟者”（919—936年在位）。亨利一世之所以有这个外号，是因为当法兰克尼亚的信使通知他当选为国王时，他正在捕鸟。

萨克森-德意志王国

亨利一世的权力根基在甘德斯海姆、希尔德斯海姆和奎德林堡的周边地区，他的当选标志着东法兰克王国的权力中心显著东移。萨克森和法兰克尼亚的强权贵族联合起来，选择他作为国王，他们认为他是最佳人选。但亨利一世拒绝了涂油礼，这导致他与那些贵族产生了隔阂。起初，他的权力很有限，因为巴伐利亚人选举产生了另一位国王，和他唱起了对台戏。但是他对付敌人的方式很新奇：在军事威胁之后，他与对方缔结了友好条约，并在几年内正式承认所有的公爵。与路易三世不同，他甚至承认公爵对于领地内的主教和修道院享有统治权。同样新奇的是，他于929年做出决定，指定他第二次婚姻生下的长子奥托为唯一继承人，从而排除了其他三个儿子继位的可能性。

王国不再是多个继承人分享的家族财产。亨利一世肯定了公爵对于领地的权利，因此国王不可能再像以前那样把土地分给几个儿子。然而，亨利一世也为奥托的婚事煞费苦心，他安排

奥托与英格兰国王“长者”爱德华之女伊迪丝结婚，并于930年在美因茨为他加冕，行涂油礼。这些举动表明，亨利决心让君主的权威凌驾于最强大的贵族之上。 23

936年，奥托一世（936—973年在位）（见图3）在亚琛继承王位。在一系列登基仪式上，他同样强调了君主的权威。在查理曼教堂外，几位贵族将他高高抬起，他们都是他的忠实支持者，已经向他宣誓效忠。在教堂内，美因茨大主教和科隆大主教为他加冕。随后在一次节日宴会上，几位公爵分别扮演了管家和负责斟酒的侍臣角色，象征性地为国王服务。这些职位后来演变为仪式头衔，并由选帝侯担任。

奥托和他的兄弟们发生了激烈冲突，并且持续了许多年。他试图控制教会，让教会重新充当其在加洛林王朝时期作为政府机构和皇室支持者的角色，这同样引起了教会的不满。他对意大利的觊觎惹恼了施瓦本和巴伐利亚，后者想要取代日耳曼人来统治意大利北部。

意大利和帝国

奥托的意大利政策是随机应变的结果，而不是稳步贯彻某个宏大的计划。一开始他并没有想要夺回意大利王国和皇冠，最终却收获颇丰。950年，意大利王室血脉灭绝，统治权出现真空，伊夫雷亚侯爵贝伦加尔二世将末代国王的遗孀阿德莱达囚禁在加尔达城堡，自封为王，并与儿子阿达尔伯特共掌朝政。之前在940年，贝伦加尔曾起兵反抗意大利国王雨果。失败后他流亡到奥托的宫廷，成为德意志国王的附庸。现在他摇身一变，成为意大利北部的统治者，这显然威胁到了德意志国王对于意大 24

图3　通常认为，奥托大帝是第一位德意志国王

利王位的传统继承权，阻碍了他进入罗马的道路。而且，被囚禁的阿德莱达是勃艮第国王的女儿，而德意志国王一直觊觎勃艮第的领地，这使情况更加恶化。

阿德莱达很快逃脱，并向奥托求救。没过多久，奥托就彻底击败了贝伦加尔，成为伦巴第之王。由于前妻伊迪丝已于946年去世，身为鳏夫的奥托于951年与阿德莱达结婚。然而，次年他 25
又重新起用贝伦加尔和阿达尔伯特，封他们为国王，但要求他们听命于他。与此同时，他把维罗纳和阿奎莱亚两个边区交给巴伐利亚管理。

奥托的亲生儿子柳多尔夫认为父亲的婚姻将威胁到他的地位，于是起兵造反，刚稳定下来的局势又有了新的变故。柳多尔夫很快遭到排挤，并且失去了施瓦本公爵领地。但这一事件导致反对派与匈牙利人联手，后者的军队于955年围攻奥格斯堡。最终，奥托彻底击败了匈牙利人，这场胜利极大地提升了他的威望。随后他响应教皇约翰十二世（955—964年在位）的请求，出兵阻止贝伦加尔的侵略。奥托让阿德莱达生育的幼子加冕为王，自己率军向南进发，控制了伦巴第王国，并于962年2月2日在罗马加冕成为皇帝。阿德莱达同时加冕成为皇后，这是中世纪第一次由教皇为皇后加冕。

是教皇约翰十二世本人提出了加冕礼的设想。这并非巧合，他还向新皇帝出示了一份精美的伪造文书《君士坦丁御赐教产谕》。据说，这份文件证明君士坦丁皇帝把西罗马帝国的统治权交给了教皇西尔维斯特一世（314—335年在位），以感谢他治好了自己的麻风病。教皇约翰十二世认为，为新皇加冕是一个很好的契机，可以提升他的威望，并重申罗马教廷的至尊地位。

奥托毫不犹豫地接受了教皇的提议。甚至在他动身前往罗马之前，他的兄弟、科隆大主教兼帝国首辅布鲁诺专门设计了一个新的帝国徽章。旧徽章上的图案是统治者手持盾牌和长矛的战士形象，新徽章改成了奥托头戴皇冠、手拿权杖和宝球的正面
26 人像，这是中世纪首次出现象征着世界统治权的王权宝球。

奥托的野心表现得更加温和。国王与教皇、世俗权力与教会权力之间的关系，仍然没有得到确定。奥托承认教皇对意大利多处领地的所有权；约翰十二世则同意，今后任何由教会和民众选出的教皇，应在任职仪式前向皇帝宣誓效忠。但涉及的领地有许多实际并非由皇帝或教皇控制，他们之前也没有控制过这些地方。教皇向皇帝宣誓效忠的设想不过是一种宽泛的保证，完全可以置之不理。

奥托在意大利又住了十年。他设立新的伯爵职位，重申皇帝的封建特权，并在原先的拜占庭中心城市拉文纳建造了一座新的城堡，这些措施巩固了他的统治。然而，他没能说服拜占庭皇帝尼基弗鲁斯二世（936—969年在位）承认他的头衔，也没能促成拜占庭公主和他儿子的婚事。相比之下，尼基弗鲁斯二世的继任者约翰一世（969—976年在位）的态度更加亲近。972年，大约十三岁的特奥法诺在罗马嫁给了奥托二世，她可能是约翰的侄女。能够与东罗马帝国联姻，再次证明了萨克森统治者的地位要高于西方的其他君主。

帝国在德意志的统治

在阿尔卑斯山以北，奥托开始控制主教的任命，并将土地和权利授予主教辖区和其他教会机构，用于巩固统治。经教皇

允许，他于968年在马格德堡设立了一个新的大主教辖区，并且在梅泽堡安排了一位副主教。墨洛温-加洛林王朝对于教会的支持力度现在变得非常明显，同时代的人因此将德意志教会称为“帝国教会”。他们认为国王作为“基督的牧师”，有权管理教会。奥托向德意志主教辖区和各类修道院慷慨捐赠了大量财富，促成了通常所说的“奥托王朝的文艺复兴”。在这一时期， 27
教会学校开始设立，古典文献有了新版本。与此同时，诞生了大量用于礼拜仪式的新的文学作品，若干史诗得以流传，甘德斯海姆帝国修道院的赫罗斯维塔修女创作了几部神圣喜剧和其他戏剧作品，历史学家威都坎撰写了《萨克森史》和其他著作。

与此同时，东部边境与斯拉夫人的长期斗争趋于缓和。在一些地区，斯拉夫人与德意志国王签订了各种形式的朝贡契约。一些斯拉夫人的领袖，比如波希米亚的普舍美斯家族和波兰的皮亚斯特家族，通过与萨克森贵族通婚，成为边区侯爵。几乎所有的地方都有基督教传教士，这对当地人产生了持久的影响。

总的来说，奥托遵循了法兰克-加洛林王朝的传统做法。他巡回游走，依靠大主教和其他教会领袖的热情款待，他能够在自己的王国里四处巡游。事实上，这种旅行对他来说似乎比他的前任更加重要。与加洛林王朝相比，他的下属官员人数较少。原先的王室仆人现在已变成世袭贵族。国王对于人际关系网络、友谊和亲属关系的培养至关重要。

查理曼和他的直系继承人曾依赖书面法令和信函来统治王国，现在这些文件的重要性降低了，取而代之的是各类宫廷仪式。授予特权或者类似的操作都需要通过仪式来实现，其中涉及参与者的等级和地位。国王和贵族共同参与复活节或圣灵降临周的教会仪式，向外界展示他们之间的权力关系，前者维护自己的权威，后者表示臣服。奥托一世主要在萨克森地区巡游，也去过莱茵河下游以及莱茵河-美因河流域的中部地区；后来他的继任者又把范围扩大到施瓦本和其他地区。

东法兰克王国依旧没有正式头衔。奥托通常称自己为王，
28 后来改称皇帝，但没有具体说明管辖的领土或臣民。他父亲的头衔最初只是“法兰克和萨克森之王”，没有包括施瓦本和巴伐利亚。奥托后来像查理曼一样，自称“法兰克和伦巴第之王”，这意味着他的统治对象是人，而不是土地。

奥托偏爱更宽泛的国王或皇帝称号，这也是遵循传统。继查理曼之后，把统治者简称为“王”，已经成为东法兰克王国的常规做法。而西法兰克王国从10世纪起一直把统治者称为“法兰克之王”。这种差异或许表明，在东法兰克王国，国王的统治范围究竟包括哪些地区，存在更大的不确定性。此外，不同时期的枢密院经常使用不同的称号，历史学家往往很看重这些差异，因为这关系到德意志君主或德意志帝国究竟在何时出现。事实上，奥托王朝的统治一直延续到11世纪，本质上依然是一个法兰克王国。

奥托二世和奥托三世的野心

奥托二世（973—983年在位）以传统的方式在阿尔卑斯山北部确立了他的权威。973年，他刚继承王位时，不得不面对西法兰克王国对洛林的觊觎以及来自丹麦的威胁。与此同时，他把施瓦本交给自己的表亲，这引起了巴伐利亚的不满，巴伐利亚公爵亨利二世（外号“强辩者”）于976年被他废黜。

不过，也有新的变化出现。967年，奥托二世加冕成为罗马皇帝，这显示出他在意大利寻求发展的野心。980年，他迫使罗马听命于他。但他随后于982年7月在科洛内海角（位于卡拉布里亚的科特罗内附近）遭遇惨败，击败他的是当时统治西西里的穆斯林酋长国。此役过后，他试图攻占意大利南部的计划宣告失败。不过，他说服了德意志和意大利的主要贵族，让他们于983年的圣灵降临节在维罗纳将他两岁的儿子选为国王。然而， 29
斯拉夫人的大规模起义为这场盛事笼罩了一层阴影。起义迫使帝国军队退回易北河流域，皇帝本人来不及做出回应，便于983年12月死于罗马。

王位继承顺利完成，但此后麻烦不断。被废黜的巴伐利亚公爵要求成为奥托二世幼子的监护人，但美因茨大主教和萨克森贵族拒绝接受，他们承诺恢复他的巴伐利亚公爵头衔，从而收买了他。大主教和贵族坚持要特奥法诺皇后执政，她设法稳定了阿尔卑斯山以北的帝国领土，同时重申帝国对于意大利和罗马的主权。特奥法诺于991年去世后，年轻统治者的祖母阿德莱达也曾短暂地接管政权。奥托三世于994年亲政，并着手收复失地，当时他才十四岁。在梅克伦堡，信奉基督教的阿博德里特人首领姆斯蒂沃伊向他宣誓效忠。此后，他前往罗马，并任命堂兄卡林西亚的布伦为教皇格列高利五世，后者于996年为其加冕，使他成为皇帝。

随后奥托三世击败了易北河以东的斯拉夫人，巩固了自己在阿尔卑斯山以北的统治，于是他把当地的治理权交给他的姑姑、奎德林堡女修道院院长玛蒂尔达，自己动身返回意大利。他打算消除克雷申蒂家族在罗马的势力，使这座城市成为他的统治中心。他宣布要复兴罗马帝国，并自称“罗马皇帝奥古斯都”。他还在帕拉廷山为自己建造了一座新的宫殿，他在那里采用拜占庭宫廷的头衔，并以拜占庭皇帝的方式，独坐在一张置于高处的半月形桌子旁用餐。

他还决定于1000年前往格涅兹诺，在那里设立一个新的大主教辖区，用来纪念布拉格的阿达尔伯特大主教，后者于997年在普鲁士传教途中殉道。奥托三世的这番举动表明，他有志于
30 复兴教会和帝国。

同年，奥托三世支持设立埃斯泰尔戈姆大主教辖区，这样做既是为了宣传基督教，同时也为了获得波兰和匈牙利统治者的认可，扩大他的主权范围。然而，他刚从那里返回，立刻就被民众赶出罗马城。他死于1002年1月，没来得及夺回罗马。

奥托三世的第二位堂兄巴伐利亚的亨利（1002—1024年在位）继承了王位，但几位实力强大的贵族向他发出挑战，这无疑加强了他重新确立法兰克王国统治权的决心。尽管亨利于1004年加冕成为意大利国王，并于1014年成为皇帝——保住皇帝头衔是关键——但他优先考虑的是阿尔卑斯山以北地区。根据加洛林王朝和奥托王朝的传统，他在班贝格设立了新的主教辖区，并提拔更多的皇家牧师赴辖区任职，从而加强了对教会的控制。与此同时，他还要应付麻烦不断的洛林地区，并且对抗野心勃勃的波兰公爵波列斯瓦夫一世。由于他把统治重心放在德意志地区，因此被同时代的人称为“条顿之王”（即德意志国王）；他是第一位得到这个称号的统治者。

随着亨利于1024年去世，奥托王朝就此终结。他们的成就是在加洛林王朝的基础上建立了德意志王国，并保持对本国教

会的控制。尽管他们对意大利王国的控制岌岌可危，对教皇的影响力也很有限，但他们确保当选的德意志国王能获得皇帝头衔。在接下来的两个半世纪里，这些问题将困扰萨利安王朝和霍亨斯陶芬王朝。 31

第二章

中世纪盛期的帝国：从萨利安王朝到霍亨斯陶芬王朝

早期的萨利安国王

虽然奥托王朝确定了德意志王冠与帝国皇冠之间的联系，并声称拥有意大利王位的继承权，但他们真正关心的是阿尔卑斯山以北地区。相比之下，由于帝国与教皇之间的关系日益紧张，一直统治到13世纪中叶的萨利安王朝和霍亨斯陶芬王朝被迫向南发展。

亨利二世于1024年去世，他的遗孀库尼贡德皇后随即将主教、修道院院长和贵族召集到莱茵河中部的坎巴，迅速确定了继位的人选。一对同名的堂兄弟成为候选人，两人都叫康拉德，都是奥托一世的后裔，并且都和法兰克尼亚历史上的某个王朝有亲缘关系。这个王朝被称为萨利安王朝，得名于法兰克尼亚人当时使用的《萨利克法典》，他们在莱茵河中部地区拥有强大的统治力。两人当中，堂弟拥有的土地更多，但堂哥的妻子吉塞拉是查理曼的直系后裔，也是勃艮第王位的潜在继承人，而且他已经有了一位男性继承人。

康拉德二世（1024—1039年在位）继位不久便遇到了阻力。他确认萨克森人的法律有效，从而赢得了他们的支持，但洛林的贵族一直拒绝承认他的地位，直到1026年洛林公爵去世。康拉德的继子、施瓦本的欧内斯特二世，在1030年去世之前一直与他作对。昔日的竞争对手、他的堂弟康拉德一直闷闷不乐，直到 32
1035年国王给了他卡林西亚公爵领地。

从一开始，新国王就决心确立他继承勃艮第王位的权利，这项权利自1006年亨利二世统治时起就一直存在。1032年，康拉德接替鲁道夫三世，成为勃艮第的统治者，他的帝国以勃艮第、德意志和意大利三个部分作为根基。康拉德在勃艮第的统治力有限，但他控制了阿尔卑斯山的主要关隘。与此同时，他无情地镇压了意大利北部诸侯煽动的局部反抗，巩固了自己在意大利的统治。1027年，他成为意大利国王，并前往罗马举行加冕礼。次年，他的儿子亨利三世在亚琛加冕，成为德意志国王。

在德意志，康拉德设法遏制公爵的权力，其中一个办法就是支持世俗诸侯和教会诸侯的附庸，让他们享有自身封地的继承权，这项政策在意大利已经通用，被证明行之有效。相比他的前任，他的统治方式更加严苛。过去，违法的贵族只需道歉就可以获得原谅，国王不再追究他们的罪行。但是接受康拉德审判的人几乎总是受到惩罚，这足以让许多人畏惧。同样重要的是，他试图消除波希米亚、匈牙利、波兰和文德人在帝国东北部形成的威胁，并与北方统治者克努特国王建立了良好关系，后者的领土范围包括英格兰、丹麦和挪威（1030年后）。

康拉德遵循奥托王朝的宗教政策，声称自己有权任命主教，并要求被任命者缴纳大量金钱。然而，他很少向教会管理者征求意见。在吉塞拉皇后的支持下，新出现的教会改革运动在1030年之后迅速发展。1037年，她成为摄政王，因为康拉德被迫返回意大利去处理新的危机，当时的米兰大主教对待他的附庸
33 过于专横，同时意大利南部也有麻烦。

康拉德暂时罢免了大主教，但未能征服米兰。他在南方同样没能取得成功。拜占庭继续控制着阿普利亚和卡拉布里亚；贝内文托、卡普亚和萨勒诺的伦巴第公爵领地不受帝国控制；萨拉森人统治着西西里岛。当时的风云人物是诺曼雇佣兵指挥官雷尼尔夫·德伦格特，他最初受拜占庭方面的那不勒斯公爵雇用，任命他为阿韦尔萨伯爵。康拉德默许了他的头衔，正式承认诺曼人在意大利的第一个立足点。回到北方不久，康拉德于1039年2月在奈梅亨去世。

巩固政权和教会改革

和他的前任一样，亨利三世（1039—1056年在位）加冕后在日耳曼和勃艮第王国境内四处巡游。到1046年为止，他对每个王国的大部分地区都访问过至少一次，虽然洛林公爵的反叛以及来自波希米亚和匈牙利的军事攻击分散了他的注意力。

亨利比他的父亲更有雄心，而且他试图强化干预来治理帝国。有一个例子能够说明他的做事方式：在亨利统治期间，负责制定帝国文档的枢密院不再是帝国教堂的一部分，而是变成了一个政治机构，由首辅负责管理。亨利非常虔诚，公开忏悔自己的罪孽，他认为自己作为“基督的牧师”，肩负着世界和平的使命。1043年至1046年，他不断呼吁保持永久和平，这和当时遍

及西欧的和平运动产生了共鸣。在此前的半个世纪里，这场和平运动促成了许多地方协议和区域协议。但是亨利的倡议也引起人们的质疑，因为他对于违法者的严苛处理剥夺了属于诸侯、贵族甚至是主教的权利。

在统治初期，亨利任命的主教人选表明他支持教会改革运动。这一运动起源于910年在克吕尼成立的本笃会，随后逐渐 34
扩散到日耳曼王国的各个修道院，在整个教会中赢得大量信徒。关键问题是世俗势力对教会的控制以及神职人员的道德操守：买卖圣职和教士婚姻，这两件事都是教规正式禁止的行为。

以往的君主和下属诸侯一样，把买卖圣职当作理所当然的事：新任命的主教和其他神职人员支付的费用是他们很重要的收入来源。到了11世纪40年代，人们的态度发生了变化，亨利也认为必须根除这种罪恶。他于1046年远赴意大利，这是他在德意志和勃艮第巡游的自然延续，同时也为他提供了行动的机会。

他的目标是在意大利北部接受国王的称号，然后在罗马举行皇帝加冕礼，并在意大利南部确立他的权威。从战略需要出发，他任命了米兰、阿奎莱亚和拉文纳三个北方都市的主教人选，希望他们能提供助力，以便实现上述目标。一到意大利，他就在帕维亚召开主教会议，谴责了买卖圣职的行为。同年12月在萨特里召开的另一次会议上，他废黜了三位相互竞争的教皇人选，任命班贝格的苏伊格主教为新教皇，即克莱门特二世（1046—1047年在位），从而解决了长达两年的教皇人选危机。

亨利和他的妻子阿格尼斯在圣诞节顺利加冕，随后克莱门特将所有参与买卖圣职的人逐出教会。罗马人授予亨利“贵族”

头衔，这意味着他有权管理罗马，并干预教皇选举。在亨利看来，他享有提名的权利，后来他三次行使这一权利，支持日耳曼主教。在意大利南部，亨利没能取得重大进展，虽然他将手握兵权的诺曼人变成了自己的直系臣属，但没能遏制他们日益增长的实力。

亨利在去世后得到许多人的赞誉，因为他恢复了皇帝对教
35 会以及对下属三个王国的统治权。然而，他对罗马的干预引起了质疑，许多主教认为他无权对教会发号施令。有人认为，在《君士坦丁御赐教产谕》中，东罗马帝国皇帝已经把西罗马帝国的整体统治权交给了教皇。另一些人否认亨利任命的圣职可以等同于主教任命的人选，进而怀疑他作为国王是否有资格干预宗教事务。

他的儿子亨利四世（1056—1106年在位）六岁继位，在其漫长的统治期内，上述疑问成为人们关注的焦点。最初，科隆大主教、美因茨大主教和奥格斯堡主教支持阿格尼斯皇后摄政。为了巩固自己的权威，她还将三个闲置的公爵领地授予潜在的反对者：巴伐利亚给了诺德海姆的萨克森伯爵奥托；施瓦本给了莱茵费尔登的鲁道夫，鲁道夫还娶了阿格尼斯的女儿马蒂尔达；卡林西亚给了施瓦本伯爵、策灵根家族的伯索尔德（亨利三世亲自许诺，要将这块领地交给他）。事实上，恢复强大的公爵领地非常冒险，但真正破坏阿格尼斯统治地位的，是她在和教会打交道时犯下的严重错误。

在过去的几十年里，罗马教会的改革取得了重大进展。反对买卖圣职并要求教士保持独身，这已经成为教皇使命的核心部分，两个问题合在一起，形成了“教会自由”的口号。此外，利

奥九世（1049—1054年在位）重新界定了教皇的角色。此前的历任教皇很少离开罗马，但利奥九世像君主一样四处巡游。他这样做的目的就是比以往任何时候都更加强烈地坚持罗马教廷对于教会的管辖权。

与此同时，诺曼人的崛起也为教皇对抗罗马的地方反对派和皇帝提供了潜在的军事支持。尼古拉二世（1058—1061年在位）试图加强教皇职位的独立性。他颁布法令，宣布今后将由红衣主教来选举教皇，罗马神职人员和世俗人士可以对教皇人选表示赞同，但他们的表态纯粹是象征性的举动。罗马贵族及其 36
教会支持者对此做出回应，他们设法说服阿格尼斯，由他们选出一位对立教皇。然而，拥护改革的日耳曼主教立即架空了她，科隆大主教成为事实上的摄政者。

1065年，亨利四世宣告成年，此时德意志和意大利都面临着严重问题。有人散播谣言，声称巴伐利亚公爵、诺德海姆的奥托阴谋刺杀国王，他于1070年被传唤到帝国宫廷。由于拒绝用决斗来证明自己的清白，他被剥夺了公爵头衔以及他在萨克森的绝对财产权（即，他直接拥有的、不受最高统治者管辖的财产）。这样的严苛处罚导致萨克森人于1073年发动了大规模起义。

在这场反对亨利统治萨克森的斗争中，真正获利的人是奥托。但凡有可能，亨利总是要地方政权归还先前赠送的王室地产。和当时的其他贵族一样，他也从封地中获得了丰厚报酬，并将以往的公共土地（比如森林）改造成为贵族领地。山顶城堡的建造加剧了权力的集中感和压迫性，因为设计这些城堡的目的就是为了统治一个地区，而不是像以往那样，在紧急情况下为民众提供避难所。负责看守城堡的是来自施瓦本和其他地方的王室官员，有些人甚至不属于贵族。国王坚持要萨克森贵族把女儿嫁给他们，这引起了当地人对于诱拐和强暴萨克森妇女的抱怨。

萨克森公国曾是奥托王朝和早期萨利安王朝的支柱，当地人曾以此为荣，但现在他们却对国王的频繁到访感到痛恨。许多人声称，萨克森已沦为厨房，唯一的作用就是为基本没有萨克森人的帝国宫廷提供食物。

37 亨利对于萨克森人的不满充耳不闻，由此引发了一场起义。他向西逃到沃尔姆斯，此地居民刚把主教赶走，他们欢迎亨利的到来，因为后者许诺给他们特权。之后有一群萨克森农民毁坏了王室成员的坟墓，这一举动导致萨克森反对派产生了内部分裂，南德意志王国的诸侯和主教转而支持国王，亨利的命运出现了转机。1075年6月，亨利镇压了由诺德海姆的奥托领导的萨克森和图林根两地的农民起义，叛军首脑遭到监禁并被剥夺所有财产。到圣诞节时，一群诸侯在戈斯拉尔集会，他们一致同意选举亨利一岁的儿子康拉德为国王。奥托再一次请求亨利的原谅，后者恢复了他的巴伐利亚公爵领地，并让他负责管理萨克森公爵领地。

与教皇的冲突

亨利的获胜仅仅停留在表面。教皇格列高利七世（1073—1085年在位）曾劝说萨克森人保持和平，忠于他们的国王，但现在他本人也加入了反对亨利的行列。基于前几任教皇的看法，格列高利宣称基督亲自创建了罗马教会，并且罗马主教是圣彼得的代表。因此，他声称他本人以及他的使节对于其他主教具有管辖权，甚至有权罢免皇帝，免除臣民对他的所有义务。

米兰的另一场危机引发了基于上述说法的军事行动。一个由城市居民和小贵族组成的联盟要求教会进行改革，并要求加入米兰政府。1067年，叛军破坏了圭多·达·维拉特的大主教辖区（亨利三世于1045年任命他担任主教），并为自己的候选人阿托争取到教皇的支持。然而，亨利任命哥托弗雷多二世为新任主教，这促使亚历山大二世（1061—1073年在位）将亨利的智囊全部逐出教会。当时恰逢萨克森人起义，亨利深陷危机，他不得不向格列高利道歉，并承诺以后不再干预圣职买卖。 38

1075年，叛军领袖埃勒巴多·科塔去世，亨利任命自己的意大利宫廷牧师泰巴尔多（1075—1080年在位）为大主教，并指定费莫和斯波莱托的新主教人选，这两个地方都属于教皇亲自管辖的罗马都主教教区。当格列高利威胁要将这些人逐出教会时，亨利在沃尔姆斯召开会议，会上二十四位主教宣布不再遵守他们对罗马的义务，并支持一封要求教皇退位的公开信。在公开信的德语版本中，亨利声称自己是上帝的受膏者；在意大利语版本中，他将自己封为罗马贵族。

格列高利对此采取了强硬手段。他将亨利逐出教会，废黜他的头衔，正式解除臣民对他的所有义务。亨利的弱势很快显露了出来。此时，萨克森人又一次起义。1076年2月，下洛林的戈弗雷公爵遇害，亨利失去了重要的盟友。1076年10月，上日耳曼公爵在特里布尔召集会议，想要驯服行为出格的国王。与此同时，亨利也失去了圣公会的支持，因为很少有主教愿意在教皇颁布破门律后，违抗他的意志。

教皇使节出席了此次会议，为最终决议增添了精神力量。

萨克森人废黜国王的提议没能成功，但与会者一致认为亨利应该受到羞辱，让他服从各位诸侯的意志。亨利在莱茵河对岸的奥本海姆安营扎寨，他不得不做出承诺，服从教皇的命令，并保证在一年内恢复教籍。当时教皇格列高利接受了邀请，将于1077年2月2日在奥格斯堡主持帝国议会的新一轮协商，讨论王国的未来发展。

在协商开始之前，亨利就提前出发，翻越寒冷的阿尔卑斯山去拦截教皇。1077年1月27日，他穿着忏悔者专用的长袍，赤脚出现在卡诺莎城堡外，此前格列高利曾在这座城堡与托斯卡纳的马蒂尔达伯爵夫人一同避难。在接下来的两天里，同样的仪式再次上演。格列高利随后解除了针对亨利的禁令，赐予他和
39 平之吻，并与他一同庆祝弥撒。

传统上，德国历史学家将“卡诺莎之行”称为德意志统治者遭受的最大屈辱。他们的意大利同行则称之为意大利的第一次伟大胜利，是对德意志统治的第一次重大打击，有助于意大利在15世纪摆脱神圣罗马帝国的统治，实现“自我解放”。上述说法夸大了这一事件的历史意义，真相其实很简单。通过“卡诺莎之行”，亨利迫使教皇恢复了他的头衔和地位，尽管他必须承认教皇有更高的统治权来审判他。

最终，格列高利和亨利都没有参加3月13日举行的会议。与会诸侯做出决定，宣布亨利身为国王却行事不公，因此将其废黜。两天后，他们选出施瓦本公爵、莱茵费尔登的鲁道夫作为新的国王人选。由此，诸侯放弃了王朝继承的原则，转而支持自由选举：将来君主的子嗣不可能仅仅凭借身份就当选国王。根据会议期间的讨论，未来的王国将是一个集体性的实体，由所有应

该承担责任的人共同管理：诸侯有权决定谁是他们的国王。当世袭君主制开始在法国和英国出现时，德意志人却迈出了决定性的一步，远离世袭原则。

不过，大多数主教、城镇和小贵族都不信任诸侯。教皇虽然承认诸侯有选举国王的权利，但他对诸侯是否可以罢免国王提出异议。到了1080年，亨利在除萨克森以外的大部分日耳曼地区重新确立了他的权威，并要求教皇将鲁道夫逐出教会。格列高利的回应是，再次将亨利逐出教会并废黜他。

然而，这一次形势发生了变化，格列高利在日耳曼和意大利主教中的反对派在布里克森（又作布雷萨诺内）召开会议，要求他退位。他们提名亨利的前任首辅、拉文纳的威伯特（1078年被格列高利废黜并逐出教会）作为他的继任者。当亨利到达罗马时，罗马人打开城门欢迎他。格列高利遭到罢黜，威伯特当选教皇，成为克莱门特三世（1080—1100年在位）。当年复活节的星期天，亨利和他的妻子伯莎终于加冕成为皇帝和皇后。与此同时，鲁道夫于1080年10月在德意志去世，他的继任者赫尔曼·冯·萨尔姆（1081—1088年在位）没有办法将势力范围扩大到萨克森以外，最终只能退回家乡洛林。 40

在诺曼军队的帮助下，格列高利试图卷土重来，但诺曼人的掠夺行径激起了反抗，罗马人开始发动起义。格列高利被迫撤退到萨莱诺，并于1085年在那里去世。随着教皇格列高利的黯然离世，亨利重新恢复了他在意大利的权威。在德意志，诺德海姆的奥托于1083年去世，萨克森人群龙无首。亨利将卡林西亚和施瓦本分予忠诚的追随者。发动叛乱的巴伐利亚公爵韦尔夫四世遭到罢黜。1092年，他试图在意大利北部发动反抗亨利的起义，没能成功，最终亨利用利益降服了他，并恢复其巴伐利亚公爵的身份。1103年，亨利在诸侯的支持下宣布德意志将保持长达四十年的国内和平，他似乎重新掌控了局面。然而就在1104年，他的亲生儿子亨利五世发动了一场叛乱，他被迫退位，并逃到列日。1106年8月，亨利四世去世，当时他还没来得及发动反攻。

亨利四世忽视了与上层贵族建立长期关系的重要性，他的统治靠的是小贵族和大臣的支持。对于犯下过错的上层贵族，他总是做出严厉的惩罚，这导致他在行使权力时被冠以不公正和专横的名声。据说他为人不可靠，道德败坏；在对待女性方面，他性欲异常，缺乏忠诚，滥用暴力。目前尚不清楚上述指控是否属实，但这些传说能流传至今，足以说明他名声不佳，同时也解释了他屡遭叛乱的原因。

起初，主教和支持改革的诸侯全都热烈拥护亨利五世（1106—1125年在位），原本罗马教廷也很有可能会支持他。然而，格列高利七世的继任者帕斯加尔二世（1099—1118年在位）
41 决心废除皇帝对于教会的全部特权。

亨利的日耳曼盟友完全支持王国地位高于教会的看法，以及国王任命主教的权利。在日耳曼人的传统中，主教是君主制的真正支柱，是王室的代理人，是君主最重要的支持者。因此，亨利于1109年派遣科隆大主教和特里尔大主教前往罗马，为德意志国王的传统权利辩护。教皇反驳说，如果亨利放弃他任命主教的权利，德意志主教将归还此前收到的所有财产馈赠。

牵涉其中的那些主教被激怒了，他们袖手旁观，任由亨利绑架了教皇和红衣主教。亨利强迫教皇确认国王享有任命主教的权利，并承诺永远不会驱逐国王，还要同意他加冕成为皇帝。然而，对教皇的迫害，很快使德意志主教再次反对亨利，不久他们就同意了帕斯加尔的要求。

亨利还面临着其他问题。萨克森贵族强烈反对他用于巩固统治的一些做法，具体包括：建造城堡，任命牧师，收回地方家族想要继承的采邑来扩大王室领地。他在莱茵河中部地区与美因茨的阿达尔伯特大主教发生了冲突；在图林根与路易伯爵和萨克森公爵发生了冲突。三人都因不服从他的命令而遭到监禁。萨克森公爵在公开投诚后得到赦免，但他仍然感到恼火，因为国王试图羞辱他的封臣，而不是寻求和解。

意大利的情况要好得多。亨利在1115年继承了托斯卡纳的玛蒂尔达拥有的土地，这进一步增加了他的财富，之前他在1114年与英格兰的玛蒂尔达结婚时（当时她只有十二岁，而订婚发生在她仅仅八岁的时候），已经得到大笔陪嫁。后来，他帮助英格兰的玛蒂尔达加冕成为皇后。不过，在得知日耳曼诸侯计划聚会的消息后，他只得匆忙返回德意志。他又一次被教皇逐出教 42
会，现在必须要解决叙任权问题。

1121年，在维尔茨堡举行的会议上，日耳曼诸侯坚持要他服从教皇。次年签订的《沃尔姆斯宗教协定》区分了主教的教会角色和世俗角色。国王可以将他的世俗权力授予经自由选举产生的主教，也就是说，让主教成为国王的封臣。然而，这并不意味着国王就是基督的代表。只有当相应的大主教在另外两位主教的陪同下举行涂油礼和圣职任命仪式，主教任命才算真正完成。教皇卡利克斯特二世（1119—1124年在位）没有完全同意，他只承认皇帝可以参与德意志境内的主教选举和修道院院长选举，并且在票数相等的情况下，可能会由他来打破僵局，支持最年长的选举人投票拥护的人选。

无论是君主还是教会，都没有真正赢得叙任权之争。这件事最重要的影响在于，它改变了德意志的发展进程。首先，主教不再是对君主承担无限义务的王室官员；他们变成了对国王承担封建义务的诸侯。其次，国王作为主教的封建领主，获得了干预德意志教会的新权利，这弥补了他遭受的名誉损失。再次，这场争论提升了德意志诸侯的地位。他们没能实现一次自由的王室选举，但这一原则已经确立。他们与教皇谈妥了条件，然后迫使亨利同意，这巩固了他们参与重大决策的权利，足以影响到君主政体和帝国发展。萨克森公爵拒绝签字，这表明萨克森坚持反抗王权。

德意志身份的发展

在与亨利四世的通信中，格列高利七世故意称他为“条顿
43 之王”，这个头衔含蓄地剥夺了亨利对于意大利的任何权利。这一称号同时也反映出，在亨利四世和亨利五世统治期间，德意志的身份特征得到了发展。这一时期，内部冲突牵涉的人口数量超过了以往任何时候：不仅是神职人员、小贵族和城镇，还有那些支持国王的农民，他们都希望他征服内部对手，或者压倒罗马教廷。在某些地区，比如萨克森，人们竭力反抗国王，但总体而言，民众支持君主制的力度仍然惊人。更多的人将“diutisc”或“diutsch”（现代“德意志”一词的古德语形式）理解为德意志王国的臣民，而不仅仅是说共同语言的人。到了11世纪末，“德意志领土”或“日耳曼领土”的说法也开始使用。

德意志人相信，他们属于一个范围更广的政体，也就是罗马帝国，而不是德意志帝国，他们用起源神话来解释这一切如何产生。创作于1080年左右的《安诺之歌》是献给科隆大主教安诺二世（1075年去世）的一首赞歌，讲述了恺撒与德意志人作战，经过十年的战斗后征服了对手。后来他在罗马遭遇不公平对待，于是返回德意志，在那里他被誉为英雄。德意志人帮助他征服罗马，建立帝国，从此德意志人在那里受到欢迎。创作于1140年至1150年间的《皇帝编年史》讲述了类似的故事，将“条顿之王”等同于罗马帝国，这反映出亨利五世的枢密院对于头衔的重新诠释。根据这种说法，查理曼率先统一了两个王国，从此德意志国王一直都是罗马皇帝。

霍亨斯陶芬王朝

接下来长期统治的是斯陶芬王朝（又称霍亨斯陶芬王朝）。 44
意大利在其中依然扮演了核心角色。选帝侯最初选择了萨克森公爵洛泰尔·冯·苏普林堡（1125—1137年在位）。他是改革派最喜欢的人选，但已年过五旬，缺乏锐气。他没能恢复萨利安王朝在施瓦本的土地，也没能阻止拜占庭、诺曼人和威尼斯对教皇职位的觊觎。1133年，他在罗马加冕，但他的女婿、巴伐利亚公爵“骄傲的”亨利从未被承认为他的继承人。在教皇使节的大力支持下，诸侯选择了为人谦逊、社交广泛的康拉德三世（1138—1152年在位），而不是实力更加强大、喜欢炫耀的巴伐利亚人。

在前朝王室受到巴伐利亚、卡林西亚和施瓦本公爵的联合攻击时，施瓦本的斯陶芬家族依旧忠于国王，由此在上德意志确立了自己的权力根基。此外，康拉德的母亲阿格尼斯是亨利四世的女儿。当康拉德于1138年当选国王后，“骄傲的”亨利和巴伐利亚的韦尔夫六世都表示反对。通过精心安排的婚姻协议，他们之间的关系逐渐缓和，虽然康拉德与韦尔夫的矛盾并未解决。整体而言，在康拉德的统治期间，战争频繁，局势不稳。第二次十字军东征彻底失败，加上1147年至1148年在波罗的海南部沿海地区对温特人的另一场战争也遭遇失败，形势不断恶化。1151年还发生了一场大饥荒。

然而，康拉德为未来的发展奠定了基础。在这一阶段，枢密院成为政府的主要机构，现在负责管理的是由君主任命的政府官员，而不是像以往那样由美因茨大主教兼任。首辅职位具有崇高的威望，因此担任首辅的官员在离任时经常被任命为大主教。

通过收回王室地产并获取新的土地，国王的收入增加了。一些地方成为重要的行宫，现在，国王在巡游时更喜欢到访哈根瑙、格尔恩豪森、纽伦堡、埃格尔、法兰克福和温普芬的大型城
45 堡，而不仅是以往的住所，比如亚琛、戈斯拉尔和凯泽斯维特。他对官员、大臣和小贵族的依赖日益加深，这使得皇室封臣的关系网慢慢形成，最终取代了旧的公爵制度。尽管康拉德是自962年以来第一位没有加冕成为皇帝的德意志国王，但枢密院习惯性地称他为罗马皇帝。

“红胡子”腓特烈一世

康拉德的继任者、他的侄子绰号“红胡子”的腓特烈一世（1152—1190年在位）效仿了叔叔的做法。他登上王位后，立即

宣布德意志永久和平。在日后的统治过程中，他多次发布类似的和平宣言。他任命了新的公爵、侯爵和领地伯爵，这进一步削弱了传统的德意志公爵的地位。到1170年之后，宫廷把所有的教会要员和世俗封臣都视为帝国诸侯。腓特烈一世把他们比作罗马枢机主教团，也就是王室的支持者和顾问。

根据传统的说法，腓特烈一世与他的表兄萨克森公爵兼巴伐利亚公爵“狮子”亨利长期不和。亨利比国王富有得多，而且行事颇有君主风范。之前他们的关系一直很好，直到1179年萨克森主教和贵族谴责公爵，称其为暴君。亨利被迫出现在帝国法庭上。由于亨利拒绝回应对他的指控，他被剥夺了所有的法律权利，并失去了所有财产。虽然在1181年屈服后，亨利拿回了他享有绝对所有权的大量财产（他的这部分财产独立于任何等级更高的权威人物，比如国王或皇帝），但是他的臣民都被转移给了皇室。由此，皇帝的统治扩展到了整个德意志的北部和东部。

勃艮第的发展也巩固了腓特烈一世的统治。那里掌握统治权的是来自施瓦本的强大的策灵根家族。1156年，腓特烈一 46
世迎娶了第二任妻子比阿特丽丝，后者是繁荣的上勃艮第的女继承人。尽管他于1169年再次将上勃艮第从王国中划分出去，使其成为弗朗什-孔泰的帝国封地，但他对于勃艮第始终充满兴趣，并于1178年在阿尔勒加冕成为国王。勃艮第对于帝国控制阿尔卑斯山口仍有一定的战略意义，但或许他迎娶比阿特丽丝最重要的好处是得到了一大笔钱，使他既能与萨克森兼巴伐利亚公爵竞争，又能发动意大利战役，这对他的统治至关重要。

19世纪的德国历史学家经常指责霍亨斯陶芬家族以牺牲德

意志为代价，在意大利追求荣耀。这些看法反映出现代人对于本国利益的关注。然而在中世纪时，帝国被认为是三个王国的总和。缺少罗马的罗马帝国是不可想象的。腓特烈一世于1155年加冕成为皇帝，这比以前任何一位国王都要快。此后他至少六次远征意大利。整个统治期间，他把超过三分之一的时间都用于在意大利重新确立皇帝的权威。阻碍他取得成功的因素是他与教皇在管辖权问题上的冲突、意大利王国的各种问题，以及诺曼人在意大利南部的推进。

在1153年签订的《康斯坦茨和约》中，皇帝承诺保障教皇的财产权，并且在未经教皇批准的情况下，不会与罗马人或诺曼人和好。教皇承诺支持皇帝，并制裁那些伤害皇帝的人。双方同意，在意大利境内不向拜占庭皇帝让步。然而，涉及他们之间的正式关系时，皇帝和教皇很快就产生了分歧。

1157年10月，教皇哈德良四世（1154—1159年在位）在一封信中抗议腓特烈一世绑架并监禁隆德大主教。他同时提醒腓
47 特烈一世，是他将权力赋予了皇帝。哈德良四世用“圣职禄”一词来称呼帝国，但是帝国首辅雷纳德·冯·达塞尔或许是出于恶意，将这个词译作“封地”，这在宫廷内部引起了恐慌。腓特烈一世强烈反对教皇的说法；他的顾问认为，教皇的唯一职能就是为德意志诸侯选出的皇帝加冕。

腓特烈一世试图强行解决这个问题，从而导致了近二十年的冲突。教皇亚历山大三世（1159—1181年在位）两次将他逐出教会，并最终迫使他在威尼斯举行为期三周的公开道歉和臣服仪式。相比之下，亨利四世于冬季阳光下行走在卡诺莎已经算是非常愉快的经历。

治理意大利王国也很困难。腓特烈一世支持一些小城镇反对米兰的暴虐行为，这招致了其他人的敌意。在整个意大利中部和北部，许多城镇在11世纪后期形成了强烈的群体认同感。自治带给他们的高度自豪感很快就转变成反抗皇帝的动力，就像他们之前反抗米兰的欺压一样。此外，意大利贵族也形成了类似的自治意识，并经常和城镇一同反抗任何性质的皇帝干预。

1158年，在皮亚琴察附近波河沿岸的隆卡利亚举行了一次帝国会议，会上腓特烈一世委派专人审查皇帝在意大利的权利。为了弥补自亨利四世以来在皇位空缺期间皇帝特权的减少，受他委派的大臣援引了罗马法的相关规定，以维护君主对于王国的始终不变的统治权利。这些权利既包括铸币、通行费和税收等传统权利，也包括对所有封地的最高统治权，即使有些封地已经出售。隆卡利亚计划旨在重新确立皇帝在三个王国中的至尊地位，不过效果并不理想，即便在意大利，皇帝的地位依然受到质疑。

当腓特烈一世结束他的第二次远征（1158—1162）时，也只是暂时征服了米兰。到1164年，维罗纳、帕多瓦、维琴察和威尼 48
斯组成维罗纳同盟，共同对抗他的统治。从1167年起，他还要面对与他为敌的伦巴第同盟，后者有包括米兰在内的二十五个成员。直到1183年，腓特烈一世才实现和平，并将伦巴第同盟变成执行帝国政策的工具。

与此同时，恢复皇帝权利的尝试也引发了他与教皇的矛盾，因为腓特烈一世宣称他对于教皇控制下的城镇，甚至对罗马本身都拥有统治权。1189年，这场争论最终得以解决，但皇帝仍拒绝承认教皇领地可以独立于他的管辖。

在罗马南部，诺曼人的势力日益强大，皇帝与罗马教廷的关系因此变得更加复杂。1130年，教皇协助创建了诺曼人控制的西西里王国，并不断唆使后者与皇帝作对。1150年，哈德良四世受到拜占庭军队的威胁，并被当地居民赶出罗马。1156年，他与西西里王国的威廉一世签订了《贝内文托条约》。该条约承认威廉在西西里的王权，并承认他对于斯波莱托和教皇领地以南的意大利半岛享有统治权。

有了西西里王国的支持，哈德良的继任者亚历山大三世挫败了四位伪教皇的挑战。在威廉二世（1166—1189年在位）统治期间，诺曼人在西西里岛的统治得以巩固，拜占庭的威胁随之消退。腓特烈一世别无选择，不得不于1186年和西西里结盟。当时威廉二世的姑母康斯坦丝嫁给了腓特烈一世的儿子亨利六世（1191—1197年在位），双方还约定，康斯坦丝将成为威廉的继承人，因为后者没有子嗣。这个约定在当时无关紧要，因为威廉只有三十多岁，他的妻子只有二十岁，但就在几年后，形势发生了巨大的变化。多亏当初的约定，斯陶芬家族有了最后一次机会，同时也是最引人瞩目的一次尝试——他们想要建立真正的罗马-霍亨斯陶芬帝国。

在19世纪，腓特烈一世被誉为德意志帝国的奠基人，但他
49 其实并不想那么做。他的目标是建立一个可以与教会抗衡的罗马帝国。值得注意的是，1157年他的枢密院首次提出“神圣帝国”的说法，指的是一个独立于教皇、自带神圣特质的帝国。到了1180年左右，“神圣罗马帝国”一词正式启用。在腓特烈一世的支持下，查理曼受到帝国上下的狂热追捧。1165年，他还让听

从号令的伪教皇帕斯加尔三世（1164—1168年在位）将他的伟大前任封为圣人。虽然第三次拉特朗大公会议于1179年废除了查理曼的圣人称号，但是对他的崇拜持续了很长时间。

腓特烈一世将查理曼尊为所有不信教者的大敌，为此他刻意强调了查理曼的十字军东征计划。在这方面，腓特烈一世至少接近了他的榜样。1187年，耶路撒冷陷落，教会发动了第三次十字军东征。腓特烈一世在美因茨举行了出征仪式，带着两万名骑士和八万名士兵出发。他从未抵达圣地，因为1190年6月10日他在穿越土耳其南部的萨列法河时溺水身亡。后来他的尸骸消失了，这很快使得他根本没死的传说得以流传。

在生前，腓特烈一世至少确保了他的儿子亨利六世于1169年加冕成为德意志国王。到了1191年复活节的星期日，亨利成功接受圣职并加冕成为皇帝。他统治的关键在于，他的妻子是西西里的王位继承人。1189年威廉二世去世后，康斯坦丝的侄子、莱切的坦克雷德（他是阿普利亚的罗杰三世公爵的私生子）篡权夺位。不过到了1194年坦克雷德去世时，西西里王国的统治权还是落到了霍亨斯陶芬家族手中，亨利在巴勒莫加冕成为国王。

腓特烈二世与意大利的败局

亨利六世知道他的儿子腓特烈会在西西里继承他的王位，但不一定能成为德意志国王。为此，他提议将德意志王国的政体改成世袭君主制，并表示他想让西西里成为帝国下属的第四个王国。他的最终目标更加宏大：他想成为“和平皇帝”，负责 50
调和东西方之间的关系，征服东方的异教徒，让犹太人皈依，最终为末日审判做好准备。他承诺，德意志诸侯的封地将世代沿袭；在每一个德意志主教辖区，教皇都得到了最有利的恩惠。然而，德意志诸侯对上述计划犹豫不决，不过他们随后一致同意，选举年幼的腓特烈成为国王。与此同时，亨利召集军队，准备发动新的十字军东征。但是1197年9月，军队尚未出征，他就因为疟疾在墨西拿去世。

亨利六世的英年早逝动摇了霍亨斯陶芬家族在意大利和德意志的统治。1198年的圣灵降临节期间，年轻的腓特烈加冕成为西西里国王。但他的母亲在当年的晚些时候去世，摄政权落入教皇英诺森三世手中，后者随即让教皇领地摆脱了帝国的控制。在西西里，地方军阀试图扩大他们占据的领土，并且争相对这位年轻统治者施加影响，从而削弱了中央权力。在德意志，一场反对斯陶芬家族的运动逐渐深入人心，最终腓特烈一世的小儿子施瓦本的菲利普和“狮子”亨利的儿子奥托四世双双当选。教皇英诺森三世决定支持奥托，后者于1198年7月在亚琛加冕。

英诺森三世在干预的同时，还声称教皇有权介入帝国选举。这激怒了德意志诸侯，他们认为自己才是德意志国王的合法选举人。奥托得到了三位莱茵兰大主教和普法尔茨伯爵的支持，这对于最终结果产生了决定性的影响。在此前的选举中，这个核心群体往往最先投票；现在他们又在具有争议的一场选举中采取主动，迈出了关键性的一步，最终形成了人数固定的帝国选帝侯。但是，奥托的活跃举动很快就在德意志和意大利引起反抗。1212年，奥托被罢黜，西西里的腓特烈（《皇帝编年史》称他为“普利亚之子”）于1215年在亚琛加冕成为国王，他的执政取
51 得了成功。

图4　腓特烈二世试图在意大利巩固统治，但最终还是失败

腓特烈二世（见图4）的几乎整个统治时期都在意大利度过。他于1220年离开德意志，此后只在1235年至1236年以及1237年短暂返回。1231年，他颁布了具有开创意义的《梅尔菲宪章》，改变了西西里王国的统治方式。这是自6世纪查士丁尼颁布《民法大全》以来第一部综合性的行政法法典。和亨利六世一样，腓特烈二世描绘了一幅宏伟蓝图，认为自身统治具有世界性和历史性意义。他挑战教皇的权威，将西西里王国并入帝国，因此被逐出教会。

对腓特烈二世来说，意大利比德意志更重要吗？答案是否定的。德意志非常关键，因为拥有德意志王冠是他于1220年在罗马加冕成为帝国皇帝的先决条件。继任者的人选同样重要。

当腓特烈二世动身前往意大利时，他已经确保儿子亨利七世（出
52 生于1211年）被选为国王，并兼任施瓦本公爵和勃艮第教区长。
后来亨利在德意志表现出寻求独立的迹象，并于1230年左右与父亲的意大利对手结盟。于是腓特烈二世又用小儿子康拉德取代亨利，成为新的继任者。

然而，腓特烈二世并非简单地利用德意志来实现他掌控意大利的野心。在统治初期，他曾沿袭德意志国王的传统政策，在境内四处巡游。他把巡游的范围扩展到莱茵河上游和中游以外的地区，到过乌尔姆、奥格斯堡和纽伦堡。皇帝直接控制的地产范围也有所扩张，新增领土包括西部的阿尔萨斯和东部毗邻图林根和波希米亚的埃格兰德和普莱森兰。在1220年之后，行政事务主要由官员和大臣来完成，并由摄政者（起初是科隆大主教，之后是巴伐利亚公爵）负责监督。1225年，《里米尼金玺诏书》授予条顿骑士团特权和保护，从而强调了皇帝对于殖民东方和传播基督教的支持态度，尽管并没有人会反对将东方的土地并入帝国，或者成为帝国的殖民地。

腓特烈二世避免与贵族直接对抗。最初几年，他光在德意志西南部就建立了三十九个城镇，这既展现出当时德意志境内的城市化活力，同时也说明王室推行的收回领地政策遭遇了持续的压力。1235年，他在美因茨颁布新的帝国和约，宣布无限期休战。和约一方面确认了诸侯的权利，另一方面重申皇帝的特权。腓特烈二世在德意志推行的这套治理体系一直保持有效运作，直到1240年之后，他在意大利的统治地位开始动摇。

意大利的情况完全不同。首先，腓特烈二世必须巩固他在西西里王国的统治。随后他与米兰同盟和伦巴第同盟发生了冲

突。他与教皇的矛盾暂时得到了缓解，因为教皇希望腓特烈二世能领导十字军东征，先前的第四次和第五次十字军东征（分别发生在1201年至1204年和1217年至1218年）因没有大国君主参与，均遭失败。1225年，腓特烈二世答应发动新的十字军东 53
征，但他迟迟未能兑现承诺，于是教皇洪诺留三世（1216—1227年在位）将他逐出教会，虽然腓特烈二世最终夺回了耶路撒冷，并于1229年在那里加冕成为国王。

教皇禁令于1230年解除，但是在腓特烈于1239年入侵伦巴第之后，教皇格列高利九世（1227—1241年在位）颁布了另一项禁令。1245年，教皇英诺森四世（1243—1254年在位）更进一步，废黜了腓特烈。皇帝和教皇都把这场争端当作一场圣战：皇帝自认为是《圣经》所说的“世界之锤”，企图让教会回归最初的状态；教皇则把皇帝当作“敌基督”，是《圣经》所说的盘踞在家门口的“毒蛇”。腓特烈二世于1250年12月去世，冲突就此结束。他的继承人在意大利或德意志都没能幸存。霍亨斯陶芬家族继承自奥托王朝和萨利安王朝的帝国梦想就此失败。 54

第三章

中世纪后期的帝国：哈布斯堡王朝的崛起

选帝侯

过去的德国史著作通常把霍亨斯陶芬王朝结束后的时期称为“帝制时代的结束”，并认为这是神圣罗马帝国长期衰落的开端。事实上，末日还很遥远，此后帝国又绵延了五个多世纪。不过，从1250年到1312年的这段时间内确实没有德意志国王能加冕成为皇帝。而且，在1493年之前，子承父位的情况只发生过一次。这和先前有了很大的不同：从962年到1250年，三个王朝先后统治帝国；现在，经历了几位软弱无能的国王二十年的统治（即所谓的“大空位期”），有数个家族都在争夺德意志王位，直到哈布斯堡王朝在15世纪取得统治地位。

然而，正是在这一时期，德意志王国发展出了宪政架构，君主选举成为制度。最重要的是，选帝侯的人选得到了正式确定。过去的国王选举方式并不固定：起初，人们分成部落进行选举；之后，由教会诸侯和世俗诸侯集会进行选举。到12世纪末，人们普遍认为，除非科隆、美因茨、特里尔三位莱茵河流域的大主教加上普法尔茨伯爵同时参加选举，否则选举的结果不会得到承认。其中，美因茨大主教起到关键的协调作用。艾克·冯·雷 55
普戈在题为《萨克森明镜》（约1220—1235年）的法律汇编中指出，萨克森公爵和勃兰登堡侯爵也属于享有特权的选帝侯。

这六人有权先投票；之后，在场的其他主教或诸侯也可以投票。艾克解释说，这六人的优先权源自936年奥托一世加冕后他们担任的宫廷职位（很大程度上，这些都是荣誉职位）：德意志（美因茨）、意大利（科隆）和勃艮第（特里尔）三个王国的首辅，加上总管（普法尔茨伯爵）、元帅（萨克森）和御前大臣（勃兰登堡）。

在1250年以前，选举通常遵循家族继承原则：新国王必须是前任的血缘亲属，并且往往是前任君主事先指定的继承人。随着霍亨斯陶芬王朝的消亡，自由选举不可避免，因此需要采取更加正式的选举制度和多数票原则。这可能就是波希米亚国王（膳食总管和司酒令）成为第七位选帝侯的原因。此前他被《萨克森明镜》排除在外，因为他不是日耳曼人。1257年，首次由七位选帝侯投票选出国王，但是相关规定直到1356年才以《金玺诏书》的形式正式确立。选举地点设在法兰克福，加冕典礼设在亚琛；多数票原则得到承认，前提是至少有四位选帝侯在场；选帝侯不再细分，也不会因为某个家族声称有两名地位相等的成员享有同等的候选资格就将票数翻倍。

1338年，选帝侯在莱茵河畔的伦斯宣布，由他们选举产生的统治者有权称自己为“罗马之王”，并且有权统治德意志，无须照会教皇。一个世纪后，他们将作为帝国议会的独立机构来召

56 集会议，这表明他们逐渐意识到自己才是帝国的支柱和守护者。与此同时，议会作为一个更加正式的机构登上了历史舞台，体现了更为精细的宪法框架的发展。

君主制的新挑战

霍亨斯陶芬王朝消亡后，潜在的君主面临着新的挑战。理想的国王人选既是军事指挥官，又是和平缔造者。他必须赢得大量的侍从、顾问和支持者的效忠，一方面要用奖励来鼓舞他们，另一方面也要用残酷无情的手段惩罚他们。他和他的流动宫廷必须表现出力量和掌控力；他必须是一个威严的君主，一个拥有权威的最高裁决者。

新的皇家城堡更宏大、更雄伟。新的宫廷礼仪在12世纪晚期从法兰西传到德意志，规定了更为精致的着装要求、宫廷庆典中的行为规范、中世纪骑士的各类竞技规则（比如骑马比武）。此外，求爱的仪式和战斗的仪式一样复杂。君主需要与帝国境内数量更多的地方统治者竞争，因此面临着更大的压力。更有权势的贵族还投资兴建宏伟的建筑，举行奢华的宫廷仪式，资助游吟诗人和其他宫廷艺人。

王权历来需要付出代价，但现在成本不断攀升。如果没有正常的税收，王室财政永远是个难题。传统的收入来源仍然不可或缺：这些金钱和实物或是来自王室金库，或是由主教辖区和修道院提供。在国王的巡视过程中，有些主教辖区和修道院是必不可少的中转站，有些为暂住附近的王室提供补给。教会还有其他用途，比如为军事行动提供人员和资金。12世纪对国王最有利的付款方式来自伦巴第，因为他们总是用现金支付。到了13世纪，德意志也开始出现这样的趋势。不过，试图巩固或恢复王室地产的努力总会遇到阻碍，因为王室需要通过抵押这些地产来筹集资金。 57

皇帝还要与贵族竞争，设立造币厂，建造城镇。他颁布特许状，确保这些城镇的自治权，条件是他们只能效忠皇帝本人。霍亨斯陶芬家族在帝国城镇建立了犹太人社区。1236年，腓特烈二世宣布德意志境内的所有犹太人都受到国王的保护，这意味着皇帝可以向他们寻求征税、贷款和资金管理方面的帮助。大约从1300年起，对犹太人的统治权下放给了诸侯，尽管当时规模最大、最富有的社区都位于自由城市或帝国城市。1415年，皇帝西吉斯蒙德试图收回对犹太人的保护权，并对他们征收一项新的商业税，金额可能相当于他们收入的三分之一。

上述发展体现出这一时期德意志君主制演变的关键特征。英国和法国的君主制试图尽可能多地获取土地和权力，由中央集权机构来管理，最初参与管理的都是神职人员。德意志国王则是任命权力有限的官员或代理人，授权他们行使政府职能。《沃尔姆斯宗教协定》将主教变成了封臣。1231年，腓特烈二世确认了所有诸侯的权利，无论是世俗诸侯，还是教会诸侯。古老的部落公国逐渐支离破碎，变成了大量封地。这标志着德意志的封建制度开启了不同寻常的扩展。虽然一些伯爵成功迈入上层贵族的行列，但此前的政府官员和自由城市的居民大多数都被纳入了一个等级分明的封臣体系。

就其政治意义而言，在没有成文宪法的情况下，等级制能够将帝国复杂的社会等级形象化并付诸实施。《萨克森明镜》最早描述了这个体系，将军事等级分为七级，从最高等级的国王到最

58 低等级的普通自由人。这个体系存在明显的地区差异，因此这一计划并非社会现实的理想版本。它也不是一个静态的结构，因为君主有权调整等级制度。比如，设立新的诸侯人选，或者像中世纪晚期那样，设立新的公爵领地。然而，七级制的军事等级仍然具有重要价值，它阐明了帝国的结构，并且强调将贵族与君主联系在一起的纽带意义。

封建制、领地和城市

随着德意志封建制度的发展，行政管辖权被下放给领地和帝国城市。从广义上讲，七个选帝侯、七十个教会辖区和二十五个世俗公国、约八十个自由城市或帝国城市，以及其他规模较小的实体都或多或少地发展出了行政职能，而且并行不悖。只有帝国骑士统治下的面积最小的领地在这方面较为落后。其他的大多数领地都拥有关键的行政权利，比如司法、通行费、造币厂、安全保障（以及相应的保护费）等等。在欧洲的其他地方，这些权利都归国王所有。

当然，这并不意味着上述领地享有独立主权，因为“领地自治权”意味着地方政府将服从帝国、接受君主权威。在某些地区，规模更大、权力更集中的公国从14世纪早期开始以书面形式制定法律法规。在其他公国中，有许多变得支离破碎，受到贵族统治和司法管辖的双重影响。一些领地直接归君主所有，另一些变成了封地。在婚姻、分割、购买、出售，或抵押/租赁协议的影响下，上述领地的范围不断发生变化。许多人（即便不是大多数）对于其他人拥有的土地享有司法管辖权。反过来，他们自己的部分土地也受到其他人的管辖。在帝国西南部的大部分地

区，这种行政模式一直延续到近代。 59

好在维护和平的趋势均衡了帝国的分裂倾向。在1103年、1152年和1235年，帝国连续颁布了多份和平法令（即《禁止复仇条例》），这表达了人们的美好愿望，但实际效果并不理想，或者说，没能持续下去。同样，这些法令也没有明确破坏和平的行为将受到怎样的惩罚，以及由谁来做出惩罚。尽管如此，鲁道夫一世（1273—1291年在位）仍重新制定了通用的和平法令。从14世纪初开始，此类倡议在整个帝国范围内通过区域协定的形式逐渐扩散，一些面积较大的领地也开始颁布各自的和平法令。

其他形式的和平组织也得到了发展。早在1226年，由皇家城镇和领地城镇组成的莱茵同盟即宣告成立。随后在1232年，又成立了由四个皇家城镇组成的韦特劳同盟。1254年成立了第二个规模更大的莱茵同盟。在北方，汉萨同盟起源于1160年左右成立的商人协会，到14世纪中期已经发展为城镇同盟。它致力于保护从波罗的海东部到北海的贸易线路。事实证明它比大多数同盟更加持久，一直延续到17世纪初。从14世纪起，由诸侯、伯爵和骑士组成的其他同盟也在蓬勃发展。

1291年成立的施维茨、乌里和下瓦尔登永久同盟延续了早先确立的合作关系，其目的在于巩固通往意大利的最佳线路（圣哥达山口），共同对抗山谷中长期私战的地方贵族。该组织最终发展成一个广结同盟的自卫协会，以抵抗哈布斯堡王朝的入侵。它不仅拥有自己的军队，而且从1315年起不定期召开议会。日后它成为旧瑞士邦联的核心，后者于1505年正式脱离帝国。

此外，还有大量的地方合作和区域合作。贵族之间在婚姻、

继承权和共同防御方面达成协议，由此建立了一个关系网，当危
60 机发生时，能起到威慑和支持作用。交错的领地和重叠的司法管辖，加上彼此间不断进行的土地交易和其他交易，这一切都需要各方达成地方协议，设立仲裁庭，以便解决冲突。

当然，上述变化并不能阻止争端，有些争端不可避免地以暴力告终。然而，这个帝国比人们通常认为的更加稳定，也更有凝聚力。由于君主制的危机，加上他们意识到自己是独特的德意志政体的一部分，贵族、教会和城市精英之间的集体认同得到了强化（1340年，帝国人口约为一千四百万人至一千五百万人，其中这三类精英的比例约占10%）。13世纪和14世纪早期，在立法文件和帝国枢密院发出的信函中使用德语的频率变得更加频繁。语言起到了统一和创造德意志身份的作用，人们已经习惯于“德意志领土”这样的说法。

区域忠诚和地方忠诚仍然强大，但关于共同起源和共同历史的神话也层出不穷。法国发展了对君主和皇家血统的崇拜，德意志身份则是围绕着上帝选择德意志人来继承罗马帝国的信念而发展演变。当选的德意志国王自动成为帝国皇帝。令人吃惊的是，在13世纪和14世纪，整个帝国范围内的各类著作都很关心帝国事务。实际上，德语写作往往使用同一个词来称呼德意志王国和罗马帝国。与此同时，君主与教皇的冲突给德意志人留下了深刻影响，他们意识到自己与罗马教会有着特殊关系。

1281年，德意志学者、教士亚历山大·冯·罗伊斯（约1225—约1300）发表了一篇关于罗马帝国特权的文章，重申了上述观点。他坚持罗马帝国应继续独立于教皇，并驳斥了腓特烈二世
61 死后法国对其主导地位的主张。亚历山大声称，神圣罗马帝国

是一个普世帝国，它继承自罗马人，后来变成德意志人的帝国，后者将会作为管理者一直到世界末日；只有他们才能对基督教世界负责，其他人无权干涉。在霍亨斯陶芬王朝消亡后的最初几十年里，人们经常能听到这类高调的主张。

“软弱国王”与哈布斯堡家族的首位国王

1245年7月，英诺森四世废黜腓特烈二世后，德意志诸侯立即开始排挤他的儿子康拉德四世，即使后者已于1237年当选国王。他们推举的第一位伪国王亨利·拉斯佩（图林根领地伯爵）在位时间只有九个月。第二位伪国王是二十岁的荷兰伯爵威廉（1247—1256年在位），他与莱茵同盟的城市和贵族达成了合作，但他没法专心管理德意志事务，因为他需要保住自己在荷兰的领地。1256年，威廉在与弗里西亚人的战斗中阵亡。

第一次选举有六位选帝侯参加，最终选出了两位统治者：一位是英格兰国王亨利三世的弟弟康沃尔的理查（1257—1272年在位），另一位是卡斯蒂利亚国王阿方索十世（1257—1272/1284年在位），后者通过母亲继承了施瓦本公国。两人都对意大利很感兴趣，也都想得到帝国头衔。阿方索国王从未到过德意志。理查国王和他的妻子、普罗旺斯的桑奇娅在亚琛一同加冕，随后在德意志住了三年，但他与德意志贵族的交往并不多。

1272年理查去世后，选帝侯完全无视阿方索的王权。在随后的一个世纪里，他们故意选择那些拥有领地但不会威胁选帝侯切身利益的候选人。这些国王想利用自己的地位来保证家族利益，但他们都没能让自己的儿子成为继承人。于是，每一位新当选的国王都不得不与选帝侯和诸侯进行合作，并且在统治初

62 期将精力用于确立自己的权威。

在这些国王中，最先当选的是哈布斯堡家族的鲁道夫。他不是帝国贵族，而是一位精力充沛、事业有成的统治者，在阿尔高、阿尔萨斯和施瓦本都拥有领地。他的年龄（五十五岁）也有助于当选。相比之下，他的主要对手波希米亚国王奥托卡二世则显得过于强势。

当选之后，鲁道夫立即安排女儿和世俗选帝侯的亲属通婚，这样一来选帝侯集会就变成了王室家族会议。他努力收回自1245年以来失去的所有的王室地产，并且效仿康沃尔的理查，将施瓦本和阿尔萨斯的王室地产变成多个辖区，由忠诚的伯爵或骑士来管理，而不是交给大臣。他成功地将多种类型的实物支付改成现金支付，并且继续承认帝国城市的特权，调整相应的收费标准。与此同时，他继续保持和平，并要求取消非法通行费。

1274年，鲁道夫在纽伦堡召开会议，要求所有封地在一年零一天的期限内完成展期。奥托卡国王拒绝对奥地利和施蒂里亚执行这一规定。依照头衔，他享有波希米亚和摩拉维亚的统治权。与此同时，他在没有合法权利的情况下，占领了卡林西亚和卡里诺拉（即现在的斯洛文尼亚）。对鲁道夫来说，这是非常严重的挑衅行为。1275年1月，奥托卡被剥夺所有的法律权利；三年后，他在战斗中阵亡。他的儿子瓦茨拉夫二世（1278—1305年在位）娶了鲁道夫的女儿朱迪思，并获准保留波希米亚和摩拉维亚。卡林西亚公爵领地交给了鲁道夫的盟友、戈里齐亚（又称格尔茨）-蒂罗尔的迈因哈德二世，卡尼奥拉和文德人的边区则被划入施蒂里亚。起初，鲁道夫将奥地利和施蒂里亚留作个人领地，这两个城市每年的银币收入高达一万八千马克。到了

1282年，鲁道夫将这两个地区一并授予给了两个儿子，从而使他们以及他们的继承人都能成为帝国诸侯。

1288年，图林根领地伯爵、“显赫的”亨利死后，鲁道夫试图将图林根变成王室领地，最终没能成功。不过他收回了一部分 63
王室地产，并且居中协调，将土地重新分配给亨利的继承者，这重新确立了国王作为仲裁者和统治者的权利。在勃艮第，他强迫萨伏依伯爵归还一部分王室地产，并迫使弗朗什·孔泰伯爵奥托四世臣服于他。

选帝侯和教皇的反对，以及两个儿子的去世，让鲁道夫的继承计划没能实现。他仅剩的儿子艾伯特原本能继承一切。然而，鲁道夫没来得及做出安排就突然去世，享年七十三岁。鲁道夫在意识到大限将至时便骑马前往施佩耶尔，最终被葬在那里的教堂，与萨利安王朝和霍亨斯陶芬王朝的先辈葬在一起。终其一生，他付出了大量心血来挽救这些先辈留给德意志的遗产。

在他之后是三个短命的国王。拿骚的阿道夫（1292—1298年在位）是个小伯爵，可以说是科隆大主教让他成为国王。他试图将图林根和梅森变为王室领地，却遭到美因茨大主教的强烈反对，并因此被废黜，在一个月后去世。

哈布斯堡的阿尔伯特（1298—1308年在位）随后被选为国王，但是教皇卜尼法斯八世（1295—1303年在位）宣布此次选举非法。此后阿尔伯特自封为“阿勒曼尼之王”和“罗马之王”。他控制了图林根，并接管波希米亚空缺的王位。但他还没来得及利用上述头衔，就被他的侄子施瓦本的约翰（后来被称为约翰·帕拉西达）杀害。

第三个短命的国王是卢森堡的亨利（1308—1313年在位），

他将波希米亚王位交给十四岁的儿子约翰，作为后者的封地，并安排约翰与波希米亚的伊丽莎白公主成亲。就未来发展而言，这个安排的重要性不亚于鲁道夫于1278年得到奥地利。亨利七世也获得教皇的批准，于1313年1月在米兰加冕，成为意大利国王。随后他继续南下，打算收回霍亨斯陶芬家族的领地和头衔，
64 此举激怒了教皇。1313年4月，他在锡耶纳南部的小镇布昂孔文托去世，他的野心也付诸东流，意大利君主政体实际上沦为北方诸侯的松散集合。从那时起一直到1806年，许多诸侯始终与德意志王室保持联系。

然而，选帝侯又一次回避了实力强劲的继承人。他们担心亨利的儿子波希米亚的约翰过于强大，因此没有选择他成为国王。一些人更倾向于选择阿尔伯特的儿子奥地利公爵腓特烈，后者在法兰克福由科隆大主教加冕，成为腓特烈三世。然而，多数人选择了上巴伐利亚的路易公爵，也就是后来的路易四世（1314—1347年在位），他随后在亚琛加冕。1325年，腓特烈承认路易为合法统治者。

事实证明，获得教皇的支持更加困难。教皇约翰二十二世（1316—1334年在位）于1305年因动乱逃离罗马，自1309年起他一直居住在阿维尼翁。新崛起的方济各会不断施加压力，要求他效法基督，坚持贫困的生活方式。尽管如此，约翰二十二世仍然声称，他享有至高无上的权力。当路易试图干预意大利事务时，约翰将他逐出了教会。不过在1327年，路易最终还是由罗马贵族夏拉·科隆纳加冕，成为意大利国王和神圣罗马帝国皇帝。

教皇的反对者一致支持路易的事业。巴黎学者帕多瓦的马

西略写了《和平的保卫者》一书，为遭受教皇贬斥的“巴伐利亚人”辩护，并否认教皇有权干涉世俗事务。奥康姆的威廉宣称皇帝独立于教皇，并否认教会有权颁布法令。这两位学者都在慕尼黑停留过一段时间，并且影响了14世纪和15世纪德意志理论家关于帝国的看法。选帝侯也参与其中。1338年，他们在伦斯宣布皇帝头衔与教皇无关，他们有权选择皇帝，不需要教皇提名、认可、确认、同意或授权。教皇的敌意反倒帮了路易，他在德意志得到了大量支持。 65

路易于1330年与哈布斯堡家族和好，但随即面临波希米亚国王约翰的挑战。约翰在1330年打着路易的旗号，未经授权远征意大利，并与教皇进行了单独谈判，希望教皇认可他的征服。1335年，卡林西亚公爵兼蒂罗尔伯爵亨利去世，哈布斯堡家族和卢森堡家族双方均声称有权继承亨利的头衔，冲突再次爆发。路易支持哈布斯堡家族，希望借此得到蒂罗尔，但他没能成功，且招来了两个家族的联合反对。最终，哈布斯堡家族得到了卡林西亚，卢森堡家族得到了蒂罗尔。直到1342年，路易终于从卢森堡家族手中夺回了蒂罗尔的控制权。三年后，荷兰的威廉二世去世，他又趁机得到了荷兰、泽兰和亨内高。

然而，教皇克莱门特六世（1342—1352年在位）于1346年4月将路易逐出教会，局势开始变得对他不利。现在有五位选帝侯投票支持年轻的卢森堡继承人摩拉维亚的查理，只有维特尔斯巴赫家族的两位选帝侯（分别代表普法尔茨和勃兰登堡）缺席选举。不过，查理的首要职责是履行卢森堡的承诺，代表法国国王与英格兰作战。8月26日的克雷西战役是一场耻辱性的失利，波希米亚国王约翰死在战场上，但查理平安返回，成为波希米亚国王。他于11月加冕成为德意志国王。1347年10月，路易在一次狩猎中意外死亡，查理顺利地成为皇帝。

查理四世、波希米亚和《金玺诏书》

在八年内，查理四世（见图5）击败了软弱无能的竞争对手君特·冯·施瓦茨堡，并与维特尔斯巴赫家族领袖普法尔茨伯爵的女儿结婚，从而瓦解了维特尔斯巴赫家族的反对势力，确保他在亚琛连任国王，并在罗马加冕成为皇帝。与前任不同的是，他避免卷入意大利事务，专心治理德意志。他的波希米亚王国
66 提供了必要的经济资源和军事资源。

查理首先考虑的是巩固波希米亚王国的领土。他将上卢萨蒂亚、下卢萨蒂亚和西里西亚公国合并，并确保这些地区将来不受皇帝干预。他说服教皇设立布拉格大主教辖区，从而将布拉

图5　查理四世重新确立帝国统治

格从美因茨都主教省划出。这样一来，波希米亚王室所有的大主教辖区都集中在同一个教省。他以布拉格为首都，聘请当时的著名建筑师彼得·帕尔勒，负责建造大教堂，并设计新城和石桥（现称“查理桥”）。1348年成立的皇家大学是中欧第一所大学，它见证了这座繁华城市的重要地位。

在德意志，查理四世把一部分王室领地授予忠诚的盟友，显然他认为这样做会给选帝侯制造麻烦，让他们难以找到替代他的人选。查理精力充沛，四处巡游，特别是在上德意志。他有一半的统治时间都停留在法兰克福和布雷斯劳之间的地区，仅到访纽伦堡就占到十分之一的时间。他还在1356年至1357年间 67
到访梅茨，并于1375年到访吕贝克，成为自腓特烈一世以来第一位巡游上述地区的德意志君主，同时也是在19世纪70年代威廉一世到访之前的最后一位。

以书面形式规定的大量特权和指令完善了传统的巡游制度。查理颁布的最重要的法律是1356年《金玺诏书》，这是日耳曼王国的第一部宪政法律，它规定了皇帝的选举程序，在1806年之前一直有效。它将1250年以来形成的惯例以法典形式记录下来，同时也体现出帝国的等级制度：在宫廷典礼的宴席上，七位选帝侯的座位离皇帝最近；诏书明确规定了选帝侯的次序；其他邦国紧随其后。

查理充分认识到了象征符号的重要性。在波希米亚，他投入巨资，促成了当地的圣瓦茨拉夫崇拜。他出资建造了一尊宏伟的半身像，将瓦茨拉夫的遗骸安置其中，存放在圣维图斯大教堂。圣像头戴的皇冠是他本人加冕时用过的原物。波希米亚和帝国的神圣标志都保存在他的城堡里，每年公开展示一次。此外，查理开创了帝国的圣诞仪式。1347年，他手持利剑，在圣诞弥撒上宣读了《路加福音》的片段：“奥古斯都颁布了一项法令，要求全世界的臣民必须交税。”

然而，这些举措并不能保证持久的成功。查理的儿子在1363年加冕成为波希米亚国王，1376年加冕成为德意志国王。此外，查理还打算取得勃兰登堡，从而促使他的兄弟将拓展领地的目标转向卢森堡、布拉班特和林堡。然而，他的计划没能成功，帝国诸侯组建了实力强大的同盟来反对他。当他要对施瓦本的城市征税以支付勃兰登堡的费用时，他们再次反对。1376年，有十四个城市结成反对同盟。这些事件动摇了查理的统治，当他于1378年去世时，他儿子的统治前景已经蒙上了一层阴影。

在查理四世的统治初期，恰逢黑死病肆虐。1349年至1352
68 年间，黑死病席卷了整个帝国，人口减少了约三分之一。在1400年之前，疫情多次反复，直到1450年人口才恢复到疫情前的水平。许多幸存者选择在城镇避难，大约有四分之一的农村定居点被废弃。接下来的几十年里，农民频繁起义，陷入困境的小贵族目无法纪。由于庄园提供的收入急剧下降，这些贵族之间爆发了剧烈的争斗。帝国城市应对危机的效果最好，他们培养了一批政治精英，采取新的治理方式，并且参与商业经营。然而，一些诸侯也通过引入行政区制度加强了对领土的控制，在地方行政官的监督下，这种制度日后成为德意志领地管理的标准模式。

相比之下，帝国在14世纪末疲于应付各种挑战，其中包括对德意志公共秩序的忧虑，以及1378年至1415年间教会内部分裂造成的不确定性。导致这场分裂的原因是1377年教皇格列高利十一世从阿维尼翁返回后的两场选举。1378年，格列高利去世后，罗马贵族要求由意大利人担任教皇，并推选乌尔班六世（1378—1389年在位）。事实证明，乌尔班过于独断专行。反对派选出了克莱门特七世（1378—1394年在位），他随即返回阿维尼翁。分裂仍在继续，1409年至1415年间，甚至有三位教皇同时在位。

要求解决这些问题的呼声在德意志内部不断高涨，这同时也表明查理的儿子瓦茨拉夫一世能力不足。1394年，暴躁易怒的波希米亚贵族囚禁了瓦茨拉夫，选帝侯宣布王位空缺，并于1400年将他废黜。瓦茨拉夫继续作为波希米亚的国王，直到1419年去世。但是，普法尔茨的鲁珀特（他是维特尔斯巴赫家族支系的领袖）在当选之后几乎没有取得什么成就，唯一值得一提的是他促成了强大的反对同盟，在1410年去世前他已无法行使王权。 69

西吉斯蒙德的改革举措

接下来的正式候选人都来自卢森堡家族。一小部分人选举查理四世的儿子西吉斯蒙德（1410—1437年在位），更多的人则支持西吉斯蒙德的堂兄摩拉维亚的约布斯特，不过他在第二年就去世了。西吉斯蒙德很快连任，但直到三年后（1414年）他才来到德意志，参加在亚琛举行的加冕典礼，这预示着他在统治的前十年面临的困难。波希米亚仍然在他的继兄瓦茨拉夫的手中。自1387年起，西吉斯蒙德一直是匈牙利国王，他也因此获得了达尔马提亚、克罗地亚、塞尔维亚和保加利亚的统治权。与此同时，他从这个头衔得到的资源很少，却必须面对地方反对势力的长期盘踞，还要设法击退占领当地的土耳其军队。1403年，那不勒斯的拉迪斯劳斯发表声明，要求得到匈牙利王位，为此西吉斯蒙德不得不留在意大利，并卷入与威尼斯的长期冲突，因为拉迪斯劳斯将自己的权利出售给了达尔马提亚。1419年，西吉斯蒙德最终继承了波希米亚，但他遭到当地贵族的反对，胡斯派信徒也持续叛乱，这场宗教改革运动由扬·胡斯领导，意在反对教会滥用职权，从1402年起一直激励着捷克人民奋起反抗。在长达十七年的时间里，西吉斯蒙德的国王头衔没有得到承认。

西吉斯蒙德在德意志几乎没有地产，甚至连卢森堡都被抵押，长期不在德意志导致他只能依靠少数密友。他第一次去德意志出席加冕典礼时，前景似乎很美好。他从亚琛前往康斯坦茨，主持教会大公会议的重要讨论，这次会议从1414年一直延续到1418年。这次会议消除了教会的分裂状态，导致两位教皇被废黜，一位被迫下台。新当选的教皇是马丁五世（1417—1431年在位）。此外，这次会议还强调了大公会议的权威性，并决定定期举行会议，这两项决议后来都导致了冲突。最重要的是，对付异端邪说的努力失败了。1415年，胡斯接受审判并被处决，但
70 这样做的结果是，胡斯派信徒的叛乱又延续了二十年。

在帕维亚（1423—1424）和巴塞尔（1431—1449）举行的两次大公会议，导致教会卷入了教皇与大公会议之间激烈的权力斗争。1414年和1417年有人在会议上提出了改革帝国的建议，但最终徒劳无功，于是有人提出要重新审议。1425年，胡斯派信徒又一次引发了长达十年的武装冲突，直到1435年各方在布拉格达成和平协议才宣告结束。此外，在15世纪30年代，勃艮第公国同时拥有布拉班特、林堡、荷兰、泽兰和亨内高的统治权，在

帝国西北部对于皇权构成了威胁。匈牙利的持续动荡也导致西吉斯蒙德无法提供有效的领导。

1433年，西吉斯蒙德在罗马加冕成为皇帝，但他对意大利没有任何影响。也许他给帝国留下的最大遗产是把女儿伊丽莎白嫁给了哈布斯堡公爵奥地利的阿尔伯特。1437年西吉斯蒙德死后，阿尔伯特加冕成为匈牙利和波希米亚国王，并当选“罗马之王”。1439年10月，他在与奥斯曼人的战斗中牺牲，随后被追认为皇帝。

在建立哈布斯堡王朝的同时，西吉斯蒙德的统治对其他四个方面的发展具有重要意义。首先，为了应对胡斯派信徒的威胁，在1422年于纽伦堡召开的帝国议会上，西吉斯蒙德要求设立常备的武装力量，由帝国的所有成员负责供给，而不是像以往那样，遇到战事时，皇帝作为封建统治者要求地方出兵支援。这就产生了一个问题，即究竟谁是帝国的成员，为此议会专门编制了一本登记簿，后来被称为《帝国等级名册》。1427年，奥斯曼再次进攻匈牙利。作为回应，西吉斯蒙德要求在德意志全面征收货币税，这是有史以来的首次尝试，虽然各方达成了协议，但由于缺乏有效的征收机制，最终不了了之。

其次，选帝侯在宾根组建联盟，再次把局势控制在自己手中，尽管他们之间的分歧导致他们无法像1399年对待瓦茨拉夫那样废黜西吉斯蒙德。然而，联盟进一步强化了他们作为帝国 71
统治精英的身份意识。鉴于胡斯派信徒引发的危机，勃兰登堡和萨克森选帝侯的重要性日益明显，因为他们的领土或者位于前线，或者就在附近。而且，莱茵河流域的几位选帝侯控制的领土呈碎片状，而勃兰登堡和萨克森选帝侯却统治着连绵的大片领土，这也就意味着，他们将在接下来的两个世纪里产生重要影响。

再次，诸侯开始在皇帝不在场的情况下举行集会，这是促成1495年帝国议会出现的重要一步。过去用来描述贵族集会的词是元老院（curia），现在换成了议会（dieta或Tag）。

最后，更多的人意识到有必要推动变革，于是出现了一批关于改革的重要文献。其中最受欢迎的是15世纪30年代后期形成的《西吉斯蒙德改革方案》。事实上，这份德语文稿的作者并不是皇帝本人，但他曾于1437年在埃格尔召开的帝国议会上提交了一份包含十六个要点的文本供与会者参考，从而促成了相关讨论。

英雄的奋斗：腓特烈三世的长期统治

西吉斯蒙德的继承人阿尔伯特只留下了一个尚在襁褓中的儿子绰号“遗腹子”的拉迪斯劳斯，他于父亲去世几个月后的1440年2月出生。因此，选帝侯选择了拉迪斯劳斯的叔叔兼监护人施蒂里亚公爵腓特烈（他后来成为拉迪斯劳斯的继承人，因为后者在1457年去世时没有留下子嗣）。腓特烈于1440年当选，1442年在亚琛加冕成为德意志国王（1440—1493年在位）。起初，腓特烈和两位前任一样，地位不够牢固。他和弟弟阿尔伯特六世共享施蒂里亚、卡林西亚和卡尼奥拉的统治权，直到阿尔伯特去世后他才最终控制了上述地区。即便到了那时，当地贵族仍然在抵制腓特烈不断索要钱财的举动，1469年至1471年间当地爆发了一场大规模起义。在上奥地利和下奥地利，腓特烈不得不与阿尔伯特六世和他的堂弟蒂罗尔的西吉斯蒙德联合摄政，这同样导致各方关系持续紧张。72

在波希米亚和匈牙利，当地贵族公开挑战皇帝代表拉迪斯劳斯行使的摄政权。1458年，波杰布拉德的伊日成为波希米亚国王。此前，波兰的瓦迪斯瓦夫三世于1440年在反叛贵族亚诺什·匈雅提的支持下夺取了匈牙利王位。1458年，腓特烈被迫承认匈雅提之子马加什·科尔温的王位。作为拉迪斯劳斯遗产的另一部分，卢森堡的情况也不容乐观：勃艮第公爵“好人”腓力于1443年将其吞并。在蒂罗尔，腓特烈最初是堂弟西吉斯蒙德的摄政王。在与瑞士的争端中，他向法国寻求帮助，结果法国雇佣军顺势于1444年至1445年入侵洛林、松德高和阿尔萨斯南部。

所有这些都导致腓特烈只有很少的时间能用来治理帝国。从1444年起，腓特烈有长达二十七年的时间不在本国。1452年3月，他第一次离开首都格拉茨，前往罗马加冕。即便如此，他也不得不匆忙赶回，应对一场大规模的贵族起义。

其他威胁很快出现。1453年，君士坦丁堡陷落，人们担心奥斯曼帝国会顺势入侵匈牙利、奥地利和其他地区。1469年，奥斯曼军队袭击了卡尼奥拉，不久后又袭击了施蒂里亚。很快，奥斯曼人的威胁就被匈牙利所取代。1487年，马加什·科尔温占领了下奥地利。与此同时，在帝国的西方，勃艮第公爵“大胆”查理（1433—1477年在位）不断施压，法国的侵略不断加剧。在1493年《桑利斯和约》签订之前，这种压力持续存在。与此同时，腓特烈的儿子马克西米利安与勃艮第女继承人玛丽娅结婚，导致该地区出现了严重动乱，直到1488年才最终解决。

腓特烈的长期统治看起来是一连串的问题和失败，但这其实是一位英雄的生存故事。腓特烈素以坚忍不拔而闻名，他在位时间长达五十四年，超过了其他任何一位皇帝。他深信自己的王朝具有重要的价值和使命。和父亲一样，他一直使用大公
73 头衔。他两次重申《大特权》的有效性，这是鲁道夫四世公爵于1359年伪造的文件，旨在为哈布斯堡家族争取特权，包括免于向皇帝上诉的司法流程和普法尔茨大公的头衔。

腓特烈长期不在帝国，后来的历史学家因此给他起了一个轻蔑的称号：神圣罗马帝国的大懒虫。然而他的统治却异常重要。1442年，他颁布了《腓特烈改革法案》，宣布只有在尝试司法程序失败后，私战才算合法。这是第一部在整个帝国产生广泛影响的此类法令。1448年，他促成了《维也纳协议》，尽管该协议从未作为帝国法律颁布，但是在1806年之前，它一直制约着帝国与教皇的关系。他还充分利用自己的司法权，将案件审理由原来的宫廷法院移交给改革后的帝国最高法院，后者很快就吸引了来自帝国各地的案件。有些诸侯甚至认为皇帝的权力变得过于强大。

腓特烈不在时，帝国议会继续举行。他们讨论了自15世纪30年代以来反复提及的重要议题，特别是严禁私战，并设立区域执法联盟。然而，皇帝（通过他的代表）、诸侯和城市管理者多次就如何实施这些措施发生冲突。1454年至1467年间，在奥斯曼人的威胁下，他们讨论了在危急时刻如何筹措资金和招募人手，以及选帝侯在帝国政府中的作用。唯一的结果是1467年签订的另一份国内和约，首次全面禁止私战。15世纪60年代末，奥斯曼人又一次给帝国造成威胁，这促使腓特烈于1471年亲自主持在雷根斯堡召开的“基督教会议”。然而此次会议组建的

武装力量过于弱小，无法发挥任何作用。1471年出现了真正的 74
创新举措：各邦国首先进行分组磋商，然后再将意见提交给大会，这最终成为近代帝国议会的标准程序。

与此同时，在帝国的支持下，由诸侯和城市共同组建的施瓦本同盟宣告成立，这是传统同盟中规模最大的一个组织，目的是在没有正式机制的情况下维护和平。由此，南德意志的混乱局势以及由巴伐利亚持续扩张产生的威胁得到了遏制。

在恳求诸侯和城市管理者共同保卫帝国对抗敌人时，腓特烈第一次使用了“德意志民族”的说法。这个词的含义很模糊，它既可以指“德意志邦国”，也可以指“民族国家”。其他人仍然沿用更古老的术语，比如“德语区”或者“德意志领土”。所有这些词在15世纪后半段的使用频率都越来越高。来自奥斯曼人的威胁所产生的心理影响至关重要：勃艮第人和法国人被称为“西方的奥斯曼人”。从1456年开始，对教皇的不满与日俱增，帝国议会上经常能听到抱怨，也有人提出“德意志民族的困境”，用这个说法来对抗罗马的权威。与此同时，改革的呼声不断加强，更多人开始谈论德意志民族。1473年至1474年，塔西佗的著作重新出版，受到启发的人文学者推动了上述词汇的传播。

1485年，马加什·科尔温占领维也纳，事态发展到了顶点。1486年，由于担心科尔温会争夺皇帝头衔，腓特烈在法兰克福将儿子马克西米利安成功推上王位，这是一个多世纪以来，首次出现子继父位的情况。此外，诸侯同意征税，以资助军队保卫帝国，应对匈牙利的威胁。同时他们还赞成继续维系国内和平，彻
底禁止私战。与此同时，他们要求更多参与司法管理。事实上， 75

他们掏出的钱很少，问题仍在延续。

1488年，腓特烈把行政管辖权移交给儿子马克西米利安。新的统治者从一开始就提出了雄心勃勃的计划，试图恢复帝国昔日的荣耀，并利用勃艮第和奥地利的领地作为根基来统治整个帝国，在此之前，没有哪个皇帝做过类似的大胆尝试。马克西米利安最终失败了，但他与德意志邦国的谈判达成了一项新的
76 宪法协议，改变了帝国的政治格局。

第四章

近代帝国（上）：从马克西米利安一世到三十年战争

新的帝国宏图及其社会思想动因

没有哪位皇帝比马克西米利安一世（1493—1519年在位）更注重形象。很可能他就是史诗《高贵骑士》的作者，这是一部关于他向勃艮第的玛丽娅求爱并订婚的虚构作品，借用了骑士文学的叙事套路。可以确定的是，他让秘书写了《白色国王》，这本书记录了他在1513年之前的生平经历。此外，他还让秘书编撰了《弗雷达尔》，这本书以绘图的形式，记录了他手持长矛骑马比武的形象以及盛装出行的节庆活动。这三部作品将中世纪文学传统与15世纪勃艮第宫廷丰富的文化想象结合在一起。其中，第一部作品还以印刷体出版。这些作品表明，马克西米利安喜爱新兴的人文主义。他身边有康拉德·策尔蒂斯这样的作家，他们宣传他的形象，赞美他古老的家族血统。新兴的印刷媒体展现出的潜力和文学艺术的宣传效果深深地吸引了他。

在马克西米利安统治时期，新旧文化逐渐交融。他想恢复

帝国的昔日荣耀，收回失去的土地和特权。虽然他未能实现这
77 一目标，但他与德意志各邦国的谈判推动了重大改革。德意志仍然是诸侯必须效忠皇帝的封建社会，但现在有了更多的成文宪法的内容。随后，帝国确立了一套宪法体系，范围超过了近代欧洲的其他君主政体。

这个重大转变的源头在于，1500年左右神圣罗马帝国领土范围内普遍存在的不确定性。到处都在讨论“改革”。这通常指的是帝国和教会的改革，但同时也涉及更广泛的内容。许多人认为，当时整个世界都已陷入混乱：上帝创造的自然秩序被颠覆了，世界被魔鬼统治。如果要拯救人类，就必须进行改革。许多人主张回归公正和自然的状态：帝国应该再一次像在霍亨斯陶芬家族统治下那样运作，教会也应该像使徒时代那样运作。

很难确认焦虑情绪的根源。欧洲其他地区也产生了类似观点，但在德意志本土，这种情绪尤为强烈。因为德意志人相信，他们对帝国和教会的改革负有特别的责任。这一点从14世纪后期就引发了辩论。到1440年左右，这场辩论一度停滞不前。但随着社会局势动荡不安，引起人们的担忧，辩论吸引了更多关注。

一些历史学家谈及过16世纪初德意志社会的普遍危机，但相关证据还远远不够。1470年后，随着黑死病过后人口恢复，物价开始上涨，社会的稳定发展成为这一时期的基本特征。利润丰厚的采矿业在中德意志和上德意志的许多地区蓬勃发展，促进了其他行业和贸易的兴盛。人口增长和繁荣创造了食品需
78 求，并促进了许多地区新的乡村产业的发展，尤其是纺织业。

许多人从这些发展中获利，但也有一些人失败。地主抓住这个机会，利用粮食牟利。农民被迫更加努力地工作，他们因为

不能推销自己生产的农产品而感到愤恨。一些城镇繁荣起来，另一些则因远离重要的资源、或是因为被新的贸易线路和商业线路所抛弃而停滞不前，甚至逐渐衰落。矿主收获了丰厚的回报，但矿工感到不满，因为他们的工作时间长，条件恶劣，工资却很低。乡村产业让许多人受益，同时也导致贫富差距拉大，农村经营者和城市管理者或经纪人已出现分化。此外，乡村产业也经常给传统的城市行会施加压力。

统治者试图加强对土地的控制，他们一再迫使农民缴纳更高的税收，或者剥夺他们进入公共森林或狩猎捕鱼的权利。从前的自由骑士变成了强大的邻国诸侯的臣民。当地主或诸侯同时也是教会人员（比如修道院院长或主教）时，人们的不满情绪往往会加剧，他们指责教会人员最善于迫害自己的同胞。

自15世纪初以来，帝国议会的申诉记录中出现了大量针对教会的不满意见。常见的话题是罗马教会的腐败以及教皇向世俗人员征税。后者在德意志尤其严重，因为没有一个强有力的中央政权来抵制教会。众所周知，这笔钱被用于世俗目的。此外，出售赎罪券的做法越来越常见，一些教会人员将其变为规模巨大的商业项目，由此可见罗马教会的贪婪，以及它对于基督教原则的背叛。

另外两个发展趋势壮大了教会批评者的队伍。首先，15世纪初由本笃会和奥古斯丁修会发起的复兴运动，加上现代虔诚派（1374年在德文特建立的一系列世俗团体的统称）的思想传播，共同推广了新的虔诚行为。具体包括：对圣人及其神殿的崇拜、大众的捐赠，以及朝圣运动。对教会的批评不断升级，社区参与教会事务的力度加强，尤其是在任命牧师或管理教会资 79

金方面。

其次，人文主义的发展为反对罗马教会、建立基督教共同体提供了新的思想依据。1473年至1474年，塔西佗的《日耳曼尼亚志》在纽伦堡出版，这本书的素材源自一本古代手稿，它于1420年左右被发现，并于1455年被带到意大利。对于倡导回归本源的人文主义者来说，这是一份完美的素材。与此同时，它也为教皇的批评者提供了更多支持。教皇的辩护者声称，塔西佗笔下的历史表明，原始状态下的日耳曼人要感谢罗马人的教化。德意志的人文主义者则反驳说，日耳曼人是本土民族，他们的祖先早于罗马人、甚至早于希腊人就生活在这里。罗马人只不过是为了剥削他们，限制他们原本享有的自由。一些人文主义者一心想要摆脱罗马统治并获得解放，他们的著作为帝国和教会的改革提供了有力的论据。

作为全新的媒介，印刷技术将要求变革的呼声联合起来，其规模超过了以往的任何运动。1439年左右，约翰内斯·古腾堡在美因茨改进了活字印刷术，这使得通信方式迅速产生了革命性的变化。虽然识字能力仍然局限于少数人，但是借助小册子和大幅印刷品，复杂的思想得以普及。为了取得更好的效果，许多印刷品还附有插图。真正的印刷革命要等到16世纪20年代才爆发，但早在15世纪70年代，专为普通人印制的《圣经》和宗教文献已大量生产，事实上，当时的大部分印刷品都是不同形式
80 的宗教文本。

1500年左右的帝国改革

最初，改革的目标是帝国。1493年，马克西米利安一世登

基，为帝国政治带来了新的活力。得益于父亲的努力，马克西米利安继承了勃艮第和奥地利的领土。他雄心勃勃，不仅巩固了自己在这两个地区的统治，还为他的王朝重新夺回波希米亚和匈牙利的王冠。此前，“遗腹子”拉迪斯劳斯在1457年去世后，马克西米利安的父亲腓特烈三世失去了对这两个地区的统治。

马克西米利安还想重新控制帝国在意大利和普罗旺斯（即原先的勃艮第王国）丢失的地盘。法国人在米兰和那不勒斯的野心，以及阿拉贡人（后来换成了卡斯蒂利亚人）对西西里岛的控制，让他的任务变得更加艰巨。强大的威尼斯共和国（有时还会和教皇联手）决心挫败马克西米利安得到戈里齐亚的野心，这使局势变得更加复杂。威尼斯甚至在1507年阻止马克西米利安进军罗马，导致他没能加冕成为皇帝，最终他自封为“经选举产生的罗马帝国皇帝”。再往北，瑞士军队迫使他于1499年签订了《巴塞尔和约》。旧瑞士联邦怀疑哈布斯堡家族对德意志西南部和奥地利西部领土怀有野心，最终于1505年脱离帝国。1648年，《威斯特伐利亚和约》正式承认瑞士的独立地位。

马克西米利安一世致力于巩固帝国的西部和东部边境，同时又想重新征服失去的领地，但他的资源不足以支撑这些军事行动。1495年，他向德意志诸侯和自治城市索要资金和人手。1495年，在沃尔姆斯举行的帝国议会上，德意志各邦国提出反对意见。他们愿意为保卫帝国做出贡献，抵御奥斯曼军队和法国的攻击，但是他们不支持重新征服意大利的计划。 81

此外，德意志各邦国也不愿意把自己的人员或资金交给马克西米利安支配：在紧急情况下，他们将提供全副武装的军队，但必须由他们自行掌控。他们还拒绝了马克西米利安发展帝国中央政府和征收帝国税的计划。这些诸侯提出的帝国改革方案旨在进一步确保稳定和安全，并维护他们的传统自由。帝国依然是由选举产生的君主政体；诸侯和自由城市将继续在自己的领地内享有治理权；他们将共同采取行动，保障国内和平。

沃尔姆斯会议还达成了几项关键协议：第一，《永久和平协议》宣布，任何挑起争端的人都将被剥夺所有的法律权利；第二，设立帝国最高法院，意在解决所有的国内纠纷，包括统治者与臣民之间的纠纷；第三，帝国议会的名称首次改为Reichstag，并被设为最高权力机构，“皇帝和帝国”将通过议会共同制定法律；第四，会议还同意征收一种被称为“共同芬尼”的基本税，用于提供帝国最高法院所需的资金。

诸侯挫败了建立中央行政机构的计划，随后议会设立行政区（或者说，区域性的领地联盟）以执行帝国最高法院的判决，实施皇帝和邦国共同商定的法律，并定期组织人员，募集资金。这些区域性机构取得了成功，因为它们完全由邦国掌控。邦国还决定将皇帝的权力控制在1495年至1500年间达成的协议范围内。1519年，他们迫使查理五世在举行加冕礼前签署了一份选举让步协议，进一步强化对皇帝的权力限制。之后加冕的所有皇帝都签署了类似的协议，近年来有学者认为这是一份重要的宪法文件。

82 马克西米利安的翅膀被剪断了。虽然他成功守卫了德意志王国，却在意大利和普罗旺斯战役中遭遇失败，从此陷入令他绝望的债务危机。到1519年去世时，他欠下的债务已高达六百多万荷兰盾。总的来说，在1500年左右，邦国成为新一轮政治协商的赢家。有一个变化足以说明这一点：他们现在坚持使用新的帝国名称，不再是神圣罗马帝国，而是“属于德意志民族的神圣罗马帝国”。

宗教改革与帝国

与此同时，图林根也出现了一场运动，它将从根本上改变宗教格局，巩固新的宪法秩序，决定未来三个世纪的德意志历史进程。1517年10月，马丁·路德对教会出售赎罪券的行为发起挑战，这标志着一场旷日持久的个人精神冒险出现了转折，而且当时不同的宗教潮流也相互碰撞。路德强调基督徒个人信仰的充分性，间接地挑战了教会的权威，许多人由此彻底拒绝教会，认为基督徒既不需要教皇也不需要主教，只需要组织良好、待人真诚的基督教社区。

罗马教会谴责路德，但他对于德意志民族的号召力反而增强。许多人将他视为领袖，希望他能继续反对教会，替他们申冤。路德拒绝了教皇要求他放弃异端学说的要求，并在维滕堡的城门前公开焚烧印刷版的教皇诏书和教规。1521年4月，他在帝国议会上觐见皇帝，公开坚持他的观点，皇帝只得以剥夺法律权利来威胁他。

皇帝和诸侯陷入争执，不知该如何收场。与此同时，路德在1520年撰写的关于宗教改革的三篇文章让他的思想广为人知，
并促成了一场成果丰硕的大众运动。城市和农村的社区以及德 83
意志各地的不满者都热情拥护新的宗教思想，他们认为《福音书》的全新解释为他们的不满提供了神学上的支持。许多人的想法比路德更加激进，他们渴望推翻现有的秩序，在地球上建立上帝的王国。不久，许多城镇都接受了宗教改革运动。骑士发

动起义，试图阻止上莱茵兰、施瓦本和法兰克尼亚的领土扩张。1524年至1525年，农民发动起义，最终在路德曾经的同伴托马斯·闵采尔的领导下向贵族和诸侯宣战。

宗教改革运动几乎没有遇到什么障碍。马克西米利安一世于1519年1月去世，此后的十八个月时间内，皇位一直空缺。1519年6月底，选帝侯投票选出马克西米利安的孙子查理担任皇帝，但他直到1520年10月才前往德意志加冕。第二年春天，他才开始召集帝国议会。

缓慢的开始足以说明查理五世的处境非常复杂。具有讽刺意味的是，这是因为他掌握的权力实在是过于巨大。马克西米利安对东西方都非常关注，但查理（见图6）专注于西方。他出生于根特，在布鲁塞尔接受教育，1515年成为勃艮第公爵，并于1516年从外祖父那里继承了西班牙王位（包括那不勒斯、西西里岛、撒丁岛以及美洲和亚洲的西班牙殖民地）。当他于1519年获得德意志皇冠时，似乎有望建立一个新的世界帝国。然而，控制帝国的各个部分并不容易。面对西班牙的叛乱（这里是他最重要的收入来源）、法国人在意大利的挑衅，以及奥斯曼帝国在地中海地区的威胁，查理不得不长时间离开德意志。1522年至1530年间（以及1532年至1540年间）他都在其他地方处理政务。

84 这些年的缺席导致查理在德意志本土缺乏权威。他宣布剥夺路德的全部法律权利，但萨克森选帝侯拒不服从，反而决定要保护他的臣民。此外，一些诸侯积极支持乃至主动推广新的宗教思想，以便更好地管理他们领土范围内的教区和其他教会机构。最重要的是，德意志各邦国团结一致，反对皇帝采取的任何单方面行动。他们很快得出结论，在教会的大公会议（或者至少

图6　荷尔拜因画笔下的查理五世；在德意志诸侯的反对下，他没能实现帝国宏图

是德意志教会的大公会议）对德意志民族的困境进行充分讨论之前，不要采取任何行动。

查理试图远距离处理这些问题。他任命他的兄弟斐迪南担任德意志的摄政王，后者继承了马克西米利安的奥地利领土。但他不愿意放权，斐迪南仅有相当有限的自由裁量权。他迟迟不肯履行马克西米利安的遗嘱，不想将奥地利领土的所有权交给斐迪南。他承诺让斐迪南成为他的当然继承人，但一直拖到1530年才采取行动。查理的这些做法似乎是为了压制他兄弟的 85
野心。查理和斐迪南需要德意志邦国协助他们对抗奥斯曼人和法国人，并且依赖程度日渐加重。这样一来，德意志诸侯和自由城市就有了讨价还价的余地。

与此同时，他们采取行动，阻止无政府状态继续蔓延。1525年农民战争的冲击使更多的诸侯相信，控制路德宗的唯一办法就是接受它。1526年，帝国议会决定，在全国性的大公会议召开之前，每一位地方统治者都应该遵循自己的内心选择。城市和地区政府很快就抓住机会，控制了教会和教育机构。1529年，第一所新教大学在马尔堡成立。与此同时，信奉新教的地区改造或新建了一批高级中学。新的宗教也需要新的艺术形式。前人崇拜的神圣物品和传统的礼拜仪式都被舍弃。比如，到16世纪20年代中期，之前由选帝侯“智者”弗里德里希收集的、帝国境内最大规模的圣徒遗物已不复存在，并迅速被画家卢卡斯·克兰纳赫及其团队创作的绘画作品和印刷品所取代。同样，新的礼拜仪式需要新的教会音乐，尤其是圣歌，路德本人为此创作了大量的赞美诗。新的宗教思想为各地区间的文化竞争增添了令人振奋的精神维度。

城市教会和地区教会迅速建立，很快整个帝国已不可能就任何政策达成一致意见。1529年，帝国议会再次重申《沃尔姆斯敕令》，试图阻止新教的传播，不让那些接受新教教义的人继续推行改革。然而，十四位诸侯和自由城市管理者对此提出正
86 式抗议：他们是第一批“新教徒”。

1530年正是查理春风得意的时候，他不仅战胜了法国，而且在博洛尼亚由教皇加冕成为皇帝。随后他前往德意志，要求新教徒就信仰问题表态。天主教用《反驳书》来回击新教的《奥格斯堡信纲》，查理裁定《反驳书》占据上风。面对《沃尔姆斯

敕令》对他们的制裁威胁，新教徒在施马尔卡尔登成立了防御同盟。1532年后，查理再次离开德意志，新教同盟进一步加强联系，而斐迪南仍然需要新教徒的军事援助来对付奥斯曼军队，后者于1529年再次围攻维也纳。

《奥格斯堡宗教和约》

到1540年，查理决心摧毁德意志境内的新教势力，此举遭到强烈反对。1552年，他的尝试最终宣告失败，各方于1555年签订《奥格斯堡宗教和约》。该协议再次确认了马克西米利安一世制定的宪法原则，查理被迫退位，斐迪南取而代之。一个横跨新旧世界的伟大帝国的梦想就此破灭。德意志民族的自由获得了胜利。

《奥格斯堡宗教和约》拓展了永久和平的适用范围，将宗教事务也包括在内。统治者（包括帝国城市的议会，甚至也包括帝国骑士）现在有权将他们的宗教信仰强加给臣民。唯一的限制条件是，他们有义务允许那些拒绝接受官方信仰的人移居其他地区。有些问题在当时没有厘清：最明显的是那些已经世俗化的教会领地如何处理，以及在天主教教会领地内的新教贵族和城镇应该享有哪些权利。但这些事情直到后来才引起争议。

有了这份和约，1495年至1500年间签订的各项协议才能够真正落实。此外，经历了几十年的不稳定政局，加上16世纪40年代战争造成的苦难，帝国内部普遍希望维护和平。这一点尤其体现在查理五世之后几位皇帝的态度以及德意志诸侯的所作所为上。 87

与查理五世不同，斐迪南一世（1558—1564年在位）和马克西米利安二世（1564—1576年在位）本质上都是德意志皇帝。查理的政治眼光总是关注整个欧洲，而不是从德意志的视角看待问题。斐迪南一世在德意志做了多年的摄政王，1526年成为波希米亚国王，1531年被指定为皇位继承人。相比查理五世，斐迪南一世对德意志帝国更加了解。作为奥地利领土的统治者，斐迪南本身就是帝国诸侯，他的地位与以往在帝国东南部边缘拥有土地的那些皇帝很相似。

马克西米利安二世出生于维也纳，曾与查理五世在1546年至1548年的施马尔卡尔登战争中并肩作战。随后，皇帝在德意志遭遇失败，他在西班牙担任行政长官的四年任期也宣告结束。他很同情德意志贵族的处境，不仅因为他自己在马德里的经历，而且因为查理企图剥夺他的继承权，让自己的儿子腓力成为皇帝。这使他与这位西班牙亲戚发生了冲突。1552年，马克西米利安回到维也纳后，与天主教和新教几大诸侯建立了密切联系。到了继任时，他对德意志的主要统治者非常熟悉，对德意志的政府管理和政治实践也非常精通。

斐迪南和马克西米利安对于宗教信仰都有着深刻的理解，并支持那些争取中立的人。斐迪南一世抵制新教在他自己的领土内传播，但他认为有必要妥协，避免有争议的神学家卷入帝国政治。他一再敦促教廷进行改革，并考虑采取措施，比如承认两种宗教的圣餐仪式均为有效，并提倡在禁欲问题上持宽松态度。他认为这些措施可能会吸引德意志的新教徒重新加入教会。

马克西米利安二世的宗教观念离经叛道，他几乎因此失去了继承权。他从西班牙返回维也纳后，喜欢与荷兰、西班牙和意大利的天主教和新教知识分子打交道。虽然斐迪南也善待这些人物，作为他妥协性的天主教改革计划的一部分，但马克西米利安实际上放弃了天主教信仰。为了继承帝国，他郑重宣誓不会离开罗马教会，但教皇不信任他，因为马克西米利安的观点有利于新教在他的领土内迅速发展。在帝国范围内，马克西米利安寻求和解与妥协。他坚决遵守1555年达成的和平协议，扮演帝国仲裁员的角色，并且和帝国议会联合执政。

斐迪南和马克西米利安超越了宗教分歧。他们与各方诸侯保持友好关系，借助私人会面和广泛的通信来培养友谊。通过不懈努力，他们帮助德意志上层贵族的传统社交网络做出调整，以适应《奥格斯堡宗教和约》签订后的帝国新局势。

1555年签订的和约为帝国的主要机构提供了新的动力。1556年至1582年间，帝国议会召开了七次会议，皇帝均亲自出席。会议遵循1500年左右制定的程序进行讨论和审议。1570年，帝国首辅、美因茨选帝侯以书面形式正式规定了这套程序。会议讨论了当前的国内和平、行政区的组织、货币、帝国法院的运作、帝国税等问题，特别是针对奥斯曼人的军事行动。与此同时，会议还将涉及宗教的议题下放给自由城市和领地政府，由后者来做出决定。此外，还举行了三次选帝侯会议，一次行政区会 89
议，几次议会代表大会（即，各邦国代表参加的特别会议，讨论帝国议会规定的一系列问题），以及一系列其他会议，讨论帝国法院的管理和帝国税负的分配等具体问题。

各行政区还定期举行会议，并设立专门委员会来处理货币管理等事务。他们任命官员作为本地区的管理者和民意代表，并任命一批职员来协调他们的业务。并非每个行政区都发展出了同等规模的组织机构：由许多小块领地组成的行政区，特别是在中德意志和上德意志，往往最为活跃。相比之下，在由大块领地主导的行政区，那些强势的诸侯往往会出面解决争端，并且管理涉及其他行政区的活动。同时，帝国伯爵和帝国骑士组成的新的区域组织将这些团体纳入帝国的制度框架，为他们提供更好的保护，并确保他们的领土安全。

1559年之后，皇帝在维也纳设立了由他本人掌控的帝国宫廷法院，从而和原先的帝国枢密法院一起，在帝国范围内形成了两个偶尔产生争端但基本上相互补充的最高法院。帝国枢密法院的人员配置得到加强，资金投入增加，程序有所改进。随着案件数量的增加，法院的权威不断增长。1559年至1585年间，只有七起案件的当事人不服从法院判决，选择上诉。

改革后的维也纳宫廷法院也为维系和平与帝国的“司法转型”做出了贡献。一些诉讼当事人更喜欢宫廷法院，因为这里的程序比帝国枢密法院的程序更加灵活，更加便捷。宫廷法院的惯例是派遣委员会实地收集证据，允许地方权力参与化解冲突的过程，并通过地方仲裁解决了许多问题。原先的看法认为，信奉天主教的诉讼人更青睐宫廷法院，事实上新教徒在这里打官
90 司的次数并不少于天主教徒。尽管后来有人声称宫廷法院有宗教偏见，但是1580年至1610年间，它受理的案件数量翻了一倍。两个最高法院都吸引了来自帝国西部和北部地区以及来自中德意志和上德意志的传统核心地区的案件，这表明帝国司法机构的影响力越来越大，法院对帝国一体化的进行做出了重要贡献。

历史学家经常认为，帝国议会没有发挥作用，影响力很有限，会议的程序常常令同时代人感到困惑。然而，帝国议会做出的一些关键决定表明，在1555年之后出现了全新的团结意识和

目标意识。在处理国内外问题时，帝国议会表现出了高度的合理性和实用性。

1500年左右，德意志各邦国明确表示，他们将捍卫自身利益，而不只是为哈布斯堡家族的利益服务。皇帝不断地向他们索要资金，来帮助帝国抵抗奥斯曼军队，这一要求迅速得到满足。事实上，1576年皇帝得到的资金总额约为370万荷兰盾，超过了1555年之前查理五世为了与奥斯曼人交战征收的税款总和。

16世纪70年代初发生的利沃尼亚事件清楚地表明，德意志的利益和纯粹的哈布斯堡家族利益之间存在区别，这一点非常重要。利沃尼亚并不属于神圣罗马帝国的正式版图，而是属于广义上的德意志邦国，用斐迪南一世的话来说，利沃尼亚是他心目中规模更大的帝国的一部分。然而，他们并不支持马克西米利安二世，后者先是声称他有权继承丹麦和瑞典王位，然后又觊觎波兰和立陶宛。传统的德国史学认为，这足以说明帝国议会有明显缺陷，并且缺乏民族精神。然而，议会在反对马克西米利安二世时，采取的标准与1500年左右他们评判马克西米利安一世的意大利计划时采取的标准完全一致。马克西米利安二世试图“收回”利沃尼亚，并且在1573年和1575年两次尝试让哈布斯堡家族的候选人登上波兰王位，这些做法都是为了哈布斯堡家族的利益。一些诸侯认为，一旦这些做法取得成功，皇帝将在北方拥有过于巨大的权力。 91

帝国议会也拒绝卷入1568年爆发的荷兰冲突。荷兰叛军呼吁支援，反对西班牙强加给荷兰的暴虐的宗教政策。然而，虽然许多德意志贵族都与奥兰治的威廉和拿骚家族有亲缘关系，而且许多人已改奉加尔文宗，但议会还是决心维持帝国的和平与稳定，而不是卷入毁灭性的冲突。

维护国内和平是另一个优先考虑的目标。1566年召开的帝国议会给人留下了深刻印象，它表明皇帝和邦国在维护和平方面具有共同利益，同时也说明行政区和其他的帝国机构都在有效运作。议会同意征收一笔史无前例的赋税，用于支持皇帝保卫帝国，对抗奥斯曼军队。1558年，威廉·冯·格伦巴赫对维尔茨堡主教公开表示不满。为了应对这一事件导致的不稳定局势，议会任命萨克森选帝侯为军事统帅，在皇帝的最终指挥下，消灭了格伦巴赫的军队。

1556年至1557年间，在两个宗教派系之间进行调解的尝试失败后，帝国议会再次确认了1555年签订的协议，但没有进一步讨论宗教统一问题。普法尔茨选帝侯改奉了加尔文宗，然而当其他改信新教的诸侯指出他是《奥格斯堡信纲》（路德宗）的支持者时，关于此事是否破坏帝国宗教和平的讨论却被回避了。

1570年，德意志诸侯再次否决了建立一支由皇帝指挥的常备军的计划，同时也否决了在各个行政区建立永久性军械库和战争基金供皇帝使用的计划。他们的理由是，建立这样的一支军队将会损害宪法。一些人担心帝国会变成一个中央集权国
92 家。在1576年的帝国议会上，萨克森和巴伐利亚否决了普法尔茨提出的一项倡议，这项倡议要求正式承认教会领地内的新教贵族和城镇的权利（即《斐迪南宣言》），这显然会遭到天主教徒的反对。

新的冲突

形势在16世纪80年代开始急剧恶化。1586年，萨克森选帝

侯奥古斯特一世（1553—1586年在位）去世，这意味着1555年达成和约的德意志诸侯全部告别了政治舞台。1555年和约的签订引发了大量的冲突和争议，国内局势变得十分紧张。到了16世纪80年代，许多主要的天主教领地和新教领地已经明确了宗教信仰，在三十年战争爆发前，帝国内部形成了一套全新的、毫不妥协的政治运作机制。

荷兰和法国境内的冲突，以及奥地利的部分领地开始实行决定性的反宗教改革政策，种种因素共同导致了局势的恶化。西班牙军队沿着莱茵河，从西班牙经热那亚到达米兰，并入侵帝国西北部。与此同时，普法尔茨选帝侯和其他人参与了法国的新教事务，这导致德意志国内政局动荡。然而，大多数人拒绝卷入外部争端，奥斯曼人的威胁让他们变得更加团结，在1594年、1597年至1598年以及1603年，帝国议会投票决定征收大量赋税（这是有史以来商定的最高征税额）。

始于1570年的“小冰河期”进一步加剧了16世纪90年代普遍存在的危机感。德意志领地面临着日益严重的问题，具体包括：生活贫困、社会动荡、农民叛乱，以及1580年后兴起的各种“巫术热”。到17世纪初期，短期气候变化破坏了德意志社会的稳定性。

鲁道夫二世（1576—1612年在位）一开始并没有偏离斐迪南一世和马克西米利安二世设定的路线。他在西班牙接受教育，因此被视为强硬的天主教徒。然而在1582年，他巧妙化解了一系列冲突。首先是信奉天主教的帝国自由城市科隆境内的新教信仰问题。其次，马格德堡大主教辖区的新教管理者提出，他应该作为马格德堡的代表，参加诸侯会议。最后是选帝侯、科隆 93

大主教格布哈特·特鲁克泽斯·冯·瓦尔德堡改奉新教后引起的麻烦。1584年，瓦尔德堡被强行罢黜，继任者是巴伐利亚的维特尔斯巴赫家族的一名成员，问题最终得以解决。

事实上，教皇对鲁道夫的怀疑并不亚于他的前任。无论是在波希米亚还是在帝国，他都像马克西米利安二世一样推广他的理念，即任何单一信仰都不应占据主导地位。他宣布将布拉格作为永久的统治中心，这使他与帝国的关系更加亲近：在斐迪南一世死后，哈布斯堡家族的土地遭到分割，维也纳与帝国的关系变得疏远，因为从那时候起一直到1665年，蒂罗尔和哈布斯堡领土的西南部一直掌握在家族的旁系手中，他们始终坚持反宗教改革的立场。相比维也纳，布拉格的地理位置更有利于与德意志的北部、中部和南部地区保持密切交流，而且它也远离奥斯曼军队的威胁。

然而，1599年至1600年之后，许多同时代的人开始谈论鲁道夫二世的回撤、他的疾病和心态转变，以及他执政期间日益混乱的局面。他抛弃了之前的顾问，重用一批信奉天主教的朝臣。他深受家庭矛盾的折磨，因为他的兄弟马蒂亚斯和其他人敦促他就继任问题做出决断。鲁道夫有几个私生子，但他从未结婚。他在继承权问题上犹豫不决，很大程度上是因为他非常讨厌他
94 的兄弟。

皇帝领导能力的欠缺不可避免地加剧了天主教徒和新教徒的争端，他们对于帝国法律有着不同的解释。在1555年和约解释引发的争端中，双方开始拒绝接受法院的判决，类似情况越来越多，帝国的司法体系因此不能正常运作。1608年，这些问题导致帝国议会陷入瘫痪。鲁道夫要求征税，用于资助一支二万四千

人的武装力量，对抗奥斯曼军队，但他的要求没能兑现。帝国议会因此遭到解散。

僵局直接导致新教联盟（1608年5月14日）和天主教联盟（1609年7月10日）的成立。1609年3月，为争夺于利希-克莱沃公爵约翰·威廉的继承权，勃兰登堡和普法尔茨-诺伊堡之间发生了一场冲突，眼看就要演变成战争。法国国王的介入和鲁道夫的军事安排（他把军队调到莱茵河下游，意图威胁居住在上奥地利的兄弟马蒂亚斯），使战争爆发的可能性增大，尤其是鲁道夫的军队洗劫了布拉格，促使波希米亚贵族罢黜鲁道夫，改为支持马蒂亚斯。然而，鲁道夫于1612年1月去世的消息让局势缓和下来，最终马蒂亚斯顺利成为皇帝。

作为皇帝，马蒂亚斯（1612—1619年在位）表现完美，他积极推动旨在弥合帝国内部的宗教分歧和政治分歧的计划。然而，他在自己的领土推行严苛的反新教政策，加剧了此前的一系列争端所造成的痛苦和不信任，并导致他在1613年重新召开帝国议会的尝试没能成功。但是，德意志贵族依然犹豫不决，不知道是否应该打破1500年建立的微妙的权力均衡。1614年，新教诸侯和天主教诸侯在于利希-克莱沃的继承权问题上都选择了克制，没有发动战争。大多数人不想卷入国际新教联盟，也不想参与西班牙皇室的宏伟计划。事实上，这些年新教徒的主流话语谈论的不是战争，而是爱国主义。 95

三十年战争

三十年战争（1618—1648）始于波希米亚人为反抗哈布斯堡家族统治发动的一场叛乱。当波希米亚叛军把王位交给信奉加尔文宗的普法尔茨选帝侯时，斐迪南二世（1619—1637年在位）做出了无情的回应。帝国军队没费多少周折，就在1620年11月的白山战役中镇压了起义。斐迪南随后将绰号“冬王”的选帝侯带到德意志，并将他的选帝侯资格转交给巴伐利亚的马克西米利安公爵。在这一过程中，斐迪南行使的权力不仅仅涉及反叛的普法尔茨公爵，而是对所有的诸侯都有影响。许多人担心斐迪南会将天主教重新定为帝国的官方信仰，这将导致更多的新教诸侯卷入冲突，丹麦的克里斯蒂安四世（他同时也是荷尔斯泰因公爵）将会趁机介入。

1629年，帝国军队取得了胜利。斐迪南颁布《归还教产敕令》，要求收回自1552年以来所有世俗化的教会资产，这激起了新教徒的强烈反对。与此同时，这也促使包括天主教徒和新教徒在内的全体选帝侯，要求罢免皇帝的军事指挥官华伦斯坦，他们担心，后者将使皇帝在德意志北部的影响力变得过于强大。

在法国的资助下，瑞典的古斯塔夫·阿道夫发动了军事干预，华伦斯坦因此被重新起用。1632年11月，瑞典国王在吕岑战斗中阵亡。瑞典军队于1634年被击败，但新教徒发动的持续抵抗促成了1635年签订的《布拉格和约》，斐迪南宣布放弃《归还教产敕令》，诸侯同意驱逐所有的外国军队。

尽管如此，法国还是持续进行干预，这样做的目的有两个：粉碎哈布斯堡家族在西班牙的势力（始于1659年），并迫使哈布斯堡家族的皇帝退位。他们在德意志南部毫不留情，发动了多次战役，追击皇帝的军队。

然而，德意志诸侯随即转变了态度，他们希望停战并回归“旧制度”，因为友善的斐迪南三世（1637—1657年在位）让他们看到了和平的希望。

这场为维护“德意志自由”而进行的战争持续了多年，最终各方于1648年签订了《威斯特伐利亚和约》。和约包括两个部分：《奥斯纳布吕克条约》针对帝国的内部矛盾，《明斯特条约》针对更广泛的欧洲冲突。和约重新调整了马克西米利安一世统治时期达成的宪法框架。《奥斯纳布吕克条约》正式承认加尔文宗、路德宗和天主教作为帝国官方宗教的地位。各方约定，将1624年作为所有权的基准年份，以此确定地产所有权的归属。天主教、路德宗和加尔文宗（德意志改革派）少数派的权利得到了保障，从而有效地限制了诸侯在确立领地宗教信仰方面的权力，哪怕新教统治者享有特权，可以担任领地教会的首席大主教。奥地利和波希米亚不受这些规定的约束，这使得哈布斯堡家族在1648年之后可以不受惩罚地推行天主教。关于宗教信仰的争端将通过帝国议会以友好的方式予以解决，协商将在两个会场（作为平行的部门或机构）分别进行，这样作为多数派的天主教就不能对作为少数派的新教发号施令。帝国各邦国之间的其他争端将通过法院和平解决。

帝国权力在形式上与帝国议会的决议联系在一起（所有的法律都是由“皇帝和帝国”共同颁布）；诸侯可以结成联盟，但前提是不得反对皇帝和帝国；巴伐利亚保留了选帝侯资格，普法尔茨的选帝侯资格得以恢复。条约的签订意味着斐迪南二世的雄心壮志宣告失败，德意志自由相对于君主制取得了胜利。根据条约，法国获得了阿尔萨斯；瑞典获得了波美拉尼亚以及世俗化的不来梅大主教辖区；这两个国家将与神圣罗马帝国皇帝一起，共同保障和平条约和帝国宪法的履行。在明斯特签订的另一份协议中，瑞士得到正式承认，从此脱离帝国，成为独立的国家。荷兰共和国和西班牙都在《明斯特条约》上签字，这也就意味着，各方在事实上承认了荷兰的独立地位，它不再属于帝国。

和以往相比，《奥斯纳布吕克条约》更加清楚地区分了德意志帝国和依附于帝国的范围更广的封建王国，后者的领土仍然存在于意大利北部、勃艮第旧王国和荷兰南部。哈布斯堡家族对这些地区的干预采取了多种形式：在荷兰南部直接通过政府来治理；在意大利则实施更宽松的封建领主统治，因为这里的地方势力和自由城市仍然将皇帝视为他们的保护者和争端的仲裁者。

然而，在德意志本土，哈布斯堡家族的立场却大不相同，因为他们现在受到成文宪法的约束，并且有外部势力作为担保。即使没有法国和瑞典的监管，1495年至1648年间德意志的发展，也足以保证帝国境内不可能形成强大的皇家势力。

第五章

近代帝国（下）：从《威斯特伐利亚和约》到1806年

重建与复兴

对帝国的大部分地区来说，三十年战争是一场灾难。帝国的总人口可能从约二千万人下降到一千六百万人或一千七百万人左右。受战争影响最严重的地区是东北部的波美拉尼亚和梅克伦堡、德意志中部的图林根和黑森，以及西南地区。在符腾堡，人口减少了57%，到1750年才恢复至战前水平。军队的反复掠夺摧毁了基础设施和农业生产。即使在物质损失有限的地方，平民和政府都背负了沉重的债务。1618年以前，许多贵族参与投机买卖，预期物价会上涨，但由于冲突导致经济长期低迷，他们都陷入衰败。直到19世纪，一些家族仍在偿还他们的先祖在这一时期欠下的债务。

然而，战后的新时代为幸存者提供了机会。人口减少导致劳动力需求增加；积极进取的个人和群体不仅恢复了以往的生产活动，还发展了新的技能。领地政府在重建时，采取了新的办法进行土地管理和创造税收。尽管战后普遍存在债务问题，但许多诸侯花费了大笔金钱，用于修建新的住宅，倡导新的文化。他们借助艺术、音乐、书籍和其他事物来提高各领地及其统治中
99 心的威望。从“软实力”的投资可以看出巴伐利亚、勃兰登堡、不伦瑞克和萨克森等地日益增长的政治野心，同时也可以看到面积较小的领地希望在新的竞争环境中继续生存。从1648年起，这样的环境延续了将近一个世纪。这些发展最终培育了德意志非凡的文化活力，尤其体现在18世纪和19世纪早期在文学、音乐和哲学方面取得的成就。

维特·路德维希·冯·塞肯多夫于1655年撰写的《德意志诸侯国》以萨克森-科堡-哥达作为范本，提出了一套政治理论和实践方法，适用于面积较小、管理精细、注重权威的德意志领地。后来的学者经常引用塞肯多夫的书，作为这一时期专制主义兴起的证据，然而当时的诸侯其实没有绝对的权力。某种程度上，他们都需要领地内各邦国的通力合作：贵族、城镇和神职人员作为代表参加会议，负责审议税收提案和其他立法事项。统治者仍然受制于帝国法律：他们在名义上是领地的最高统治者，但并没有完全的统治权。臣民有权向帝国法院上诉；如果统治者违规行事，皇帝有权干预。事实上，这种情况真的发生过。1648年以后，越来越多的强势诸侯对于他们在帝国内部受到权力限制感到不满。一些人渴望享有完全的统治权，但他们只能通过在帝国之外获得王冠来实现这一目标：萨克森、勃兰登堡和汉诺威选帝侯分别成为波兰、普鲁士和大不列颠国王。

1648年后，帝国经历了复兴。尽管在17世纪40年代遭受挫折，斐迪南三世还是重新确立了他的权威。他改革了位于维也

纳的帝国宫廷法院，《威斯特伐利亚和约》正式承认该法院为帝国的最高法院，与帝国枢密法院享有同等地位。1652年12月至1654年5月，他亲自主持了在雷根斯堡召开的帝国会议。这次 100
会议就帝国法院的改革和战争债务的削减达成了一致。然而，各邦国再次反对组建帝国军队。相反，他们决定每个诸侯都可以征税，用于自身领土和整个帝国的安全防御。其他问题没有得到充分讨论，代表们只是简单地推迟决议。

斐迪南的声望已经完全恢复。他成功提拔了八位伯爵和一位帝国骑士，让他们成为诸侯，这加强了帝国利益集团在议会中的影响力。1653年7月，他让长子（斐迪南四世）当选并加冕成为“罗马之王”，但后者在一年后突然去世，帝国的继承权出现危机。1657年斐迪南去世时，他的次子利奥波德尚未成年。然而，尽管经历了十五个月的空位期，当利奥波德于1658年成年后，他最终还是成为皇帝（见图7），因为没有更合适的替代人选。利奥波德一世的统治长达四十七年，不仅完全恢复了哈布斯堡家族的统治地位，而且使1648年确立的帝国框架获得了实质性内容。他的儿子约瑟夫一世（1705—1711年在位）和查理六世（1711—1740年在位）延续了他的政策。

外部威胁与帝国的稳定

三大外部威胁有助于维系帝国的内部团结。第一，在特兰西瓦尼亚的争端之后，奥斯曼军队于1663年再次入侵匈牙利和摩拉维亚，并威胁到维也纳的安全，这在德意志南部和东部地区引起了恐慌。1664年，双方经谈判后停战，并在随后的二十年时 101
间一直保持和平。但是和约内容在匈牙利引发了一场由贵族领

图7　利奥波德一世在三十年战争后成功恢复了皇帝的权威

导的独立运动，帝国官方一直密切关注着这场运动，直到1683年奥斯曼军队再次挑起战火并围攻奥地利，这是自1529年之后他们再次进攻这座城市。双方展开了旷日持久的一系列战斗。最终奥斯曼帝国于1697年落败，哈布斯堡家族在匈牙利和特兰西瓦尼亚的统治地位得到承认。1711年，匈牙利的反对势力被镇压，但奥斯曼人于1716年挑起了另一场战争，直到1718年才结束，双方签订了《帕萨罗维茨和约》。根据该和约，哈布斯堡家族得到了班纳特、塞尔维亚北部和小瓦拉几亚。然而，查理六世于1737年决定与俄国人结盟，联手向奥斯曼帝国发起攻击。1739年，他在战争中失利，不得不拱手让出上述这些领土。

反抗奥斯曼帝国的一系列战争在德意志境内激发了与16世纪相同的爱国热情。德意志诸侯提高税收，派遣军队，在某些情况下，他们甚至与皇帝并肩作战，保卫帝国，抵御奥斯曼军队的入侵。

第二，法国构成了来自西方的威胁。最初，法国仅仅满足于挑唆美因茨选帝侯组建莱茵同盟（1658—1668），借此操纵帝国内部的反哈布斯堡势力。1672年，法国宣布与荷兰共和国交战，随后洛林、阿尔萨斯、特里尔和普法尔茨也成为它的攻击目标。1679年签订的《奈梅亨和约》为德意志提供了短暂的休整机会，但很快法国又开始推行所谓的“大一统”政策。作为这项政策的一部分，法国充分利用封建时期遗留的古老权利，向帝国索要大片土地，理由是这些土地所依附的领地已经在《威斯特伐利亚和约》中割让给法国。1681年，斯特拉斯堡失守，法国还在莱茵河畔的弗赖堡和布雷萨克建立要塞。

在普法尔茨王位继承战（1688—1697）以及意大利和德意志之间展开的西班牙王位继承战（1701—1714）期间，双方依然保持敌对立场。1715年，路易十四去世，此后的一段时间里，波兰王位继承战（1733—1738）和奥地利王位继承战（1740—1748）延续了阶段性攻击模式。在没有直接冲突的情况下，德

102

意志帝国始终无法摆脱威胁。最终，七年战争促成了新的同盟关系，法国与奥地利结盟，共同对抗普鲁士和海洋强国（英国和荷兰）。

法国的攻击在帝国内部还构成另一种威胁，因为法国就像一块天然磁石，把德意志内部哈布斯堡家族的敌人或对手聚到一起。从17世纪60年代到18世纪40年代，美因茨、科隆、勃兰登堡和巴伐利亚等地都曾阶段性地与法国结盟。巴伐利亚甚至在西班牙王位继承权战和奥地利王位继承权战中与法国并肩战斗。

103 第三，北方的冲突威胁着帝国的稳定。勃兰登堡在1674年至1679年间与瑞典交战，时刻受到对方的威胁，而哈布斯堡在波兰的利益也不断受到损害。1655年至1660年间瑞典与波兰的战争突显出法国在帝国内部的影响力，因为法国的干预避免了瑞典的失败，并迫使奥地利和勃兰登堡接受和平。法国对瑞典的支持以及对波兰王位的兴趣一直持续到1700年。1700年至1721年，瑞典和俄国之间爆发了大北方战争，哈布斯堡家族和这场战争没有直接的利害关系，而且在大部分时间里他们的注意力都放在西班牙王位继承战上面。因此，皇帝开始依赖勃兰登堡选帝侯和新设立的汉诺威选帝侯，由他们出面对抗瑞典，捍卫帝国的利益。从中可以看到，世俗选帝侯的权力和欲望有了明显的增长，这是1648年后的这一历史时期的重要特征。

利奥波德一世得以重新确立权威，根本原因在于他战胜了法国和奥斯曼帝国，消除了帝国面临的生存威胁。不过，他作为帝国统治者的成就很大程度上要归功于他对于皇家特权和帝国政治的巧妙安排。

利奥波德广施恩惠，换取国内贵族的支持。他将枢密院官职和皇家名誉侍臣的头衔四处送人，并发明了新的头衔，比如听命于皇后的大元帅。他还提拔新的伯爵和男爵，把现有的伯爵升格成为诸侯。通过政治联姻，他与更显赫的贵族家庭建立了联系。他自己娶了普法尔茨-诺伊堡的一位女继承人作为他的第三任妻子。他的三个孩子分别与巴伐利亚的维特尔斯巴赫家族、不伦瑞克-吕讷堡家族、不伦瑞克-沃尔芬比特尔家族联姻。巴伐利亚反对哈布斯堡，但是不伦瑞克-吕讷堡成为利奥波德在北方对抗勃兰登堡的重要盟友。1692年，不伦瑞克-吕讷堡的地位得到提升，成为汉诺威选帝侯，这一事实足以说明皇帝与他们的同盟关系。胸怀壮志的勃兰登堡伯爵对于新设立的汉诺威选帝侯感到恼怒，但是利奥波德随即做出补偿，勉强承认前者的普鲁士国王头衔，当时普鲁士是帝国之外的领地。1697年，利奥波 104
德支持萨克森选帝侯争夺波兰王位，借此转移后者的政治目标。

利奥波德还参与了帝国的制度建设。1663年1月，他在雷根斯堡召集会议，这是帝国历史上的最后一届议会。在1806年之前，它在名义上一直处于会议状态（因此被称为“常设议会”）。起初，议会延续的原因是因为各方未能在关键问题上达成一致。之后，这样的状态逐渐显露出它的特殊作用。利奥波德本人只参加了五个月的会议，但萨尔茨堡大主教作为他的代表，始终以首席特派员的身份主持会议，所有的重要文件都寄到维也纳，由大主教来处理。议会的首要任务是为今后的帝国选举达成一份让步协议，这个目标直到1711年才完成。由于查理六世没有批准该草案，因此它没能成为正式法律，但各方仍然将其视为非正式的基本法。

在17世纪70年代，议会试图解决帝国军队的问题，最终各方就军队的规模达成了一致。和以往一样，增加军队人数的议案被交给行政区来处理。虽然各种形式的经济立法都失败了，但议会的立法记录与同时期欧洲其他国家（包括英国）的议会相比并不差。

能够连续召开会议，这一事实本身就是帝国统一的象征。此外，议会曾经讨论但没有执行的许多提议，后来被各行政区或各领地采纳并付诸行动。在地方层面，并不缺少立法行为。事实上，这个阶段只是序幕，德意志领地由此开启了立法活动的黄金时代。

利奥波德利用帝国议会来获取信息，并彰显他的存在感，尽管他只参加过五次会议，并且没有到过法兰克福以北的地区。出于同样的原因，他步步为营，将帝国的外交使节和居民的关系
105 网拓展到整个德意志。他甚至利用图尔恩和塔克西斯家族经营的帝国邮政服务，秘密监控城市和诸侯的行动。

宫廷法院或许是最能体现帝国影响力的机构。由于诸侯拖欠经费，加上法国军事活动的干扰，帝国法院只能断断续续地工作。1689年，法国的军事威胁导致帝国枢密法院从施佩耶尔迁往韦茨拉尔。与此同时，位于维也纳的宫廷法院确立了良好的口碑，被认为是一个可靠、迅速、公正和权威的机构。就连信奉新教的诸侯，比如图林根的地方诸侯，也越来越多地选择这里来调解他们的内部争端。必须承认的是，那些面积较大的领地越来越多地寻求全面豁免权，希望能摆脱最高法院的管辖。这个迹象表明，那些统治者渴望得到比其他诸侯更大的独立性和更高的地位，但即便如此，他们也必须建立自己的高等法院或上诉

法院。可以说，解决私战或暴力冲突已不再是难题；农民或市民的不满可以通过诉诸法庭来解决，而不是发动叛乱。

爱国主义

利奥波德的成功体现在以帝国为对象的新的爱国形式。从17世纪80年代开始，帝国未来发展的计划层出不穷，其中包括基督教内部的教会和解计划、体制改革、经济发展和法律编纂的构想，以及设立帝国艺术院、科学院或语言研究院的倡议。博学多才的哲学家戈特弗里德·威廉·莱布尼茨参与了多次讨论。他最初为美因茨选帝侯工作，随后又为不伦瑞克-吕讷堡公爵（后来成为汉诺威选帝侯）工作。莱布尼茨的社交网络胜过任何一个同时代的德意志知识分子：他和一千多人保持通信联络，这些人分布在欧洲的一百六十九个地点。他在帝国内部的社交范围也胜过他人，从他身上可以看到当时德意志知识分子之间的密切联系，有大约三十五所大学成为他们交往的主要渠道。繁 106
荣的图书贸易和第一批学术期刊的出现，进一步加强了德意志学术/科学共同体的彼此认同。代表性期刊《学术纪事》于1682年在莱比锡创办，致力于发表自然科学领域的原创文章，并针对欧洲各地出版的新书撰写书评。

莱布尼茨参与讨论的各个项目绝大多数都没能实现。1700年，德意志艺术和科学院在柏林成立，而不是在维也纳。然而，人们对帝国的热情一直持续到18世纪，其间提出了各项改进计划。基于维也纳的项目遭受失败，原因之一很可能就是利奥波德本人。自从1680年左右他在霍夫堡的侧面修建了利奥波德翼楼后，就几乎没有再营造任何大型建筑。维也纳宫廷仍然以13

世纪的城堡为中心，这座城堡在16世纪中期进行改造，变成了现代风格。从某种程度上说，这本身就是一种施政纲领：当其他的德意志王室家族以及哈布斯堡和帝国领地内的贵族，在他们的维也纳住所积极建造新的宫殿时，利奥波德却宣称他的宫殿历史悠久，传承至今。

利奥波德一世的两个儿子约瑟夫一世和查理六世在建造宫殿方面更加积极。约瑟夫在申布伦设计了一座夏宫（即后来的美泉宫），查理监督完成了这座宫殿，并在霍夫堡和位于维也纳的圣查尔斯教堂（1716—1739）外围增添了一些大型附属建筑。此外，他还试图仿效西班牙马德里的埃斯科里亚尔建筑群，将克洛斯特新堡的修道院改造成类似建筑（1723—1740），但直到他去世时，这项工程依然未能完工。这些建设项目创造出一种“帝国风格”，各地诸侯纷纷效仿。勃兰登堡-普鲁士和萨克森-波兰形成了自己独特的风格。巴伐利亚对哈布斯堡家族的敌意导致他们转向法国风格。但是，在天主教贵族和教会统治者中，帝国风格盛行一时，甚至一些新教诸侯也开始在他们的住处建造帝
107 国风格的厅堂。这些宏伟的厅堂摆放着各种雕像，墙壁和天花板用绘画装饰，此类带有寓意的图像突显出了皇帝的威严和地方统治者的地位。

另外两件事也足以表明，在查理六世统治时期，人们对帝国充满信心。1726年，约翰·克里斯托夫·戈特舍特接管了位于莱比锡的德语学会，用来宣传他关于德语和德语文学的改革主张。起初，他希望得到德累斯顿宫廷的资助，之后于1738年转投维也纳。早在1727年，他就写过一首颂歌《赞美德意志》，称查理六世为“新罗马”的统治者。维也纳最终让他失望，但他对德

意志的信心没有减损，他的文学改革主张仍然具有影响力。18世纪50年代，年轻作家针对他的主张提出不同看法，由此拉开了现代德语文学的序幕。

在此期间，关于帝国的著作大量涌现。这些作品试图界定领地与帝国之间的关系、帝国的性质、帝国独特的多级制度和复杂的法律体系，这些制度和体系既保护了诸侯的“德意志自由”，也保护了个人权利。德意志法律最全面的汇编文本是由符腾堡官员约翰·雅各布·莫泽编撰的53卷《德意志公法》（1737—1754）。这部具有里程碑意义的作品认为，只有通过历史才能理解帝国，并且详细描述了帝国的公法，因为它涉及上到皇帝下到农夫的每个人。和其他作家一样，莫泽认为帝国是一个独特的体系，看上去很奇怪，却始终保持一致。

利奥波德一世之后的新挑战

上述重要发展强化了帝国的德意志身份，但约瑟夫一世和
查理六世的命运却喜忧参半。约瑟夫一世去世时年仅三十一 108
岁，在位不到六年。其间他投入了大量资源，在西班牙王位继承战后期坚持控制意大利，他认为即便德意志诸侯并不重视，这仍是一项帝国使命。他还针对司法系统发起改革，但没有成功。

他的兄弟查理最初不情愿成为皇帝，因为他始终牵挂着西班牙王国，虽然自1711年后他再也没有回去过。1740年去世前，他一直念叨着“巴塞罗纳”。好在查理很快就接受了新角色。他效仿前辈查理五世，高度重视象征和意象。他还认真尝试，想要重振帝国的权利和税收。他在维也纳推动行政改革，最终将帝国事务与奥地利本土事务分开，这让帝国的次辅大臣深

感不安，因为他觉得自己的地位降低了。但查理和他的官员都不认为两者相互排斥，失去帝国将对奥地利造成巨大打击。查理积极维护帝国司法，他有效地干预了圣公会的选举，并在梅克伦堡罢免了一位暴虐的公爵。如果说有什么不同的话，在一些贵族看来，查理是个过于积极的皇帝。早在1716年，勃兰登堡-普鲁士公爵腓特烈·威廉一世（1713—1740年在位）就抱怨说："他想让我们所有人都臣服，只有他自己才是统治者。"

事实证明，查理无力解决两大难题。首先是勃兰登堡-普鲁士日益激烈的对抗行为。这是由于信奉天主教的普法尔茨选帝侯试图利用《里斯维克和约》的条款，让他的领地改信天主教。该和约依据1688年至1697年法国占领期间的宗教划分，确保天主教徒在任何条件允许的地方享有礼拜的权利。帝国议会没能促成解决方案，一些新教徒威胁要发动战争。最后，选帝侯做出

109 让步，新教徒没有采取暴力，皇帝得以保留他的权威。

整个事件似乎表明，新教徒和天主教徒之间的关系依然紧张。虽然传统上萨克森是新教领袖，但现在这一角色改由勃兰登堡-普鲁士担任。萨克森在雷根斯堡召开的帝国议会中保留了新教教团的主席位置，然而萨克森选帝侯为了获得波兰王位而皈依天主教，这削弱了萨克森在帝国的原有地位。为了保护新教徒在普法尔茨领地的权利，汉诺威发挥了关键作用，但是汉诺威选帝侯更关注大不列颠，而不是帝国。勃兰登堡充分利用了这一局面，虽然就连帝国内部的许多天然盟友都惧怕它，不信任它。由于在三十年战争和随后的大北方战争中面临威胁，勃兰登堡被迫建立了一支强大的军队，现在它是唯一能对奥地利构成重大军事威胁的德意志领地。

第二个问题是皇位继承。查理有四个子女，但只有两个女儿存活。约瑟夫一世也只剩下两个女儿。当时许多德意志家族都采取长子继承制，原本哈布斯堡家族也应该效仿。但查理提出了迥然不同的倡议：他认为可以由女性继承皇位，保留所有的帝国封地，并且保障哈布斯堡家族在帝国之外的财产。不过，有一点很清楚：查理的女儿玛丽娅·特蕾莎无法继承皇位。一些诸侯甚至担心，如果《国事诏书》正式通过，将来会出现公主或女王的丈夫继承皇位的局面，如果他是个德意志人的话。

1736年，玛丽娅·特蕾莎与洛林公爵弗朗茨·斯特凡成亲。1740年，当查理六世去世时，斯特凡因为实力不够，没能成为皇位候选人，虽然他已于1737年将封地从洛林换成了托斯卡纳大公国。经过十三个月的空位期，巴伐利亚选帝侯查理·阿尔 110
伯特当选，理由不过是因为他的两位先祖曾在中世纪登上帝国皇位。

那些怀着疑虑投票支持查理七世（1742—1745年在位）的人很快就发现他们的担忧很有道理。查理七世长期缺钱。自从1726年继承选帝侯头衔之后，他就一直依赖法国的资助，在他成为皇帝之后这种状况依然延续。在政治和军事上，他要仰仗普鲁士的支持。距离他在法兰克福加冕刚过去两天，奥地利军队就占领了巴伐利亚，除了1744年短暂的一段时间外，查理实际上被困在法兰克福。他想得到波希米亚和奥地利领地的主张很可笑，因为他的军队在1739年的贝尔格莱德战役中几乎已全部覆灭。

即使是建立政府机构——比如帝国枢密院或者新的帝国宫廷法院——也很困难，原因之一是奥地利人移交帝国档案的动作太慢，当查理于1745年1月20日去世时，这些档案还没有送到法兰克福。在他临终前，大多数支持者已经疏远了他，因为他认真考虑普鲁士提出的计划，打算把一系列南德意志的主教辖区和帝国城市变成王室地产，用于巩固他的统治。

面向巴伐利亚的尝试变成了一场灾难。从一开始，普鲁士的新任国王腓特烈二世（后来被称为腓特烈大帝，1740—1786年在位）就吸引了更多关注，他做的事情要比查理七世更加重要。他的继任时间与查理六世的去世时间恰好重合。其他家族只不过对哈布斯堡的领地提出主权声明，腓特烈却直接出兵强占，1740年12月他派遣一支三万人的军队攻入西里西亚。在1740年至1742年、1744年至1745年、1756年至1763年的三次战争中，奥地利始终没能收回领地。在前两次冲突中，法国也卷入其中，支持巴伐利亚和萨克森对于哈布斯堡领地的主权声明。但只有普鲁士实现了它的战争目标：1745年12月签订的《德累斯顿和约》确认了普鲁士对西里西亚的所有权。

哈布斯堡-洛林统治下的重建

虽然《德累斯顿和约》意味着奥地利失去了西里西亚，但它同时也预示着哈布斯堡家族的回归。查理七世死后，选帝侯发现洛林的弗朗茨·斯特凡是唯一可行的选择，甚至普鲁士国王也支持他。最终他顺利当选，成为弗朗茨一世（1745—1765年在位）。然而，柏林却竭尽全力，阻止哈布斯堡家族在帝国重新掌权。勃兰登堡的领地遍布德意志北部，这意味着腓特烈大帝在三个帝国行政区有代表权，他利用这个权力，在每个行政区都设法阻扰哈布斯堡。他自己与不伦瑞克-沃尔芬比特尔-贝沃恩的伊丽莎白·克里斯汀结婚，但这次婚姻是一场灾难。为了补救，他和八个兄弟姐妹保持密切联系，利用他们在德意志中部和北部建立同盟。他还化身新教徒的保护者，抓住一切机会在德意志西南部和中部地区干预政局。

在最后一次西里西亚战争（又称七年战争）期间（1756—1763），这一切都被证明对腓特烈有利，至少有助于减轻对他的反对意见。这场冲突是更大范围内的各方对抗的一部分，即法奥俄同盟与信奉新教的英荷普同盟之间的对抗。对于大多数参与者而言，关注焦点是英法两国争夺大西洋殖民地控制权的斗争。然而，奥地利利用它与法国新缔结的同盟关系，再次试图夺回西里西亚。

腓特烈占领萨克森，帝国议会宣布剥夺他的全部法律权利。普鲁士的官方宣传（以及后来的普鲁士-德意志历史学家）赞扬他们的国王再次站出来支持新教事业，并取得英勇的军事胜利。事实上，腓特烈很少打胜仗，他不过总是能幸运地在战争中幸存下来。俄国撤回对奥地利的支持，从而促成了《胡贝图斯堡和约》（1763），该和约确认了普鲁士对西里西亚的所有权，同时也让萨克森从前者的侵占中解放了出来。 112

与此同时，弗朗茨一世努力重建哈布斯堡家族在帝国的权威。在加冕之后，世俗选帝侯和出身于维特尔斯巴赫家族的科隆选帝侯拒绝续约他们的封地，并拒绝遵循传统向新皇帝致敬。这是帝国历史上首次出现这样的情况，许多世俗诸侯纷纷效仿。有关巴伐利亚的插曲也迫使设在维也纳的哈布斯堡政府比以往任何时候都更清楚地区分帝国利益和奥地利利益。虽然职位有所重叠，但现在有不同的大臣和官员分别来处理帝国事务和哈布斯堡领地的事务。奥地利枢密院听命于玛丽娅·特蕾莎，而帝国枢密院则听命于弗朗茨一世。

1746年，弗朗茨让下属完成了一份研究报告，分析帝国对于奥地利的作用。值得注意的是，报告清楚地给出结论，帝国和奥地利相互需要，让奥地利放弃争夺帝国头衔是不可想象的事。

弗朗茨最大的成就或许是重建了奥地利的财政，并为哈布斯堡-洛林家族创造了可观的财富。他还成功赢得了传统附庸的效忠，也就是那些主教、修道院院长、帝国教会的其他高级教士、帝国城市和帝国骑士的支持。出身于维特尔斯巴赫家族的科隆选帝侯展现的敌意，迫使弗朗茨密切关注主教选举。这为随后哈布斯堡主教政治的复兴奠定了基础，那时他的几个儿子均已成年，可以担任这些职务。然而，他没能改革法院。在他统
113 治期间，宫廷法院和帝国枢密法院的表现都很糟糕。越来越多的人直接求助于帝国议会，这给人留下了这样一种印象，即帝国不守规矩，皇帝无法控制局面。

约瑟夫二世及其改革的局限性

作为玛丽娅·特蕾莎的丈夫，弗朗茨一世永远无法享有利奥波德一世或查理六世那样的威望。他的儿子约瑟夫二世（1765—1790年在位）的前景更好，尽管在玛丽娅·特蕾莎于1780年去世前，他只是哈布斯堡领地的联合执政者。然而，帝国的形势对二十四岁的皇帝很有利。七年战争结束后，普鲁士国王和许多诸侯希望能避免对抗进一步加剧，过去几十年的宗教仇恨也随之冷却。

弗朗茨一世去世前不久，选帝侯自行起草了一份帝国改革议程，随后约瑟夫二世又做了补充。然而他很快就陷入困境。

现在所有的选帝侯和所有“老资格的诸侯”（他们的头衔在1550年之前就已经设立）都拒绝续约他们的封地。他完成了一些小规模的司法变革，并且成功帮助帝国骑士挫败符腾堡和普法尔茨吞并他们土地的企图，但诸侯仍然百般阻挠，不让皇帝增强他的实力。

从1778年起，约瑟夫以强硬的政策作为回应，这几乎激怒了所有人。他想通过改革让帝国适应现代发展，但最终却削弱了他在帝国的权威。帝国议会的阻挠让他不满，于是他默许议会在五年多的时间里停止运作。在德意志南部隶属于哈布斯堡家族（但是依附于蒂罗尔）的零星地区，他对当地的司法和行政结构进行改革，侵犯了贵族、城镇和农村社区的传统权利，因此遭到了强烈反对。在整个帝国范围内，他削减了所有的帝国养老金，严重损害了数以千计的附庸者的利益。与此同时，约瑟夫 114
重新启用了新皇专享的传统权利，他可以提名教会机构中的牧师人选。他充分利用了这一权利，任命自己的官员或家庭成员担任教职。最后，他试图调整奥地利领地内的主教辖区的边界，以便建立一个与领地范围相符的奥地利天主教教会。这一做法导致许多人疏远了他，包括他的兄弟科隆选帝侯马克斯·弗朗茨。

1777年至1779年以及1784年，约瑟夫多次尝试得到巴伐利亚，这造成了更大的负面影响。这个想法可以追溯到17世纪90年代，当时的巴伐利亚选帝侯没有子嗣，这似乎提供了一个理想的机会。最有希望的继任者是查理·特奥多尔，他是普法尔茨选帝侯，同时也是维特尔斯巴赫家族在帝国的第二大分支的首领，但他对巴伐利亚没有兴趣，他愿意做一笔交易，换取莱茵河下游的领地（最终他得到的是奥地利控制的荷兰南部地区）。当巴伐利亚选帝侯意外死亡时，这项协议被披露，普鲁士在联盟的领导下发动战争，以保护帝国不受奥地利扩张政策的影响。约瑟夫在《特申条约》（1779）中放弃了对巴伐利亚的所有主权，促成和平的俄国、法国和瑞典一同成为帝国的担保人。

1784年的第二次计划显然得到了俄国的暗中支持。由于陷入巨额债务，查理·特奥多尔现在更愿意做交易。他的行为在帝国内部引起警觉，勃兰登堡-普鲁士、汉诺威和萨克森的三位选帝侯结成联盟来挫败约瑟夫的计划。随后又有十四位诸侯加入联盟，其中包括美因茨选帝侯。该计划再次失败，联盟逐渐解体，许多成员既担心成为普鲁士野心的牺牲品，又担心约瑟夫的扩张企图。到1788年，联盟已不复存在。一年多后，皇帝去世。继任者是他的兄弟利奥波德二世（1790—1792年在位），后者试图恢复良好的秩序，尽管在他统治的两年时间里，他将面临另一
115 场危机，而这场新的危机最终将摧毁帝国。

在描述这一时期的帝国时，以往的德意志学者认为，1740年后勃兰登堡-普鲁士和奥地利之间的对抗日益加剧，这标志着帝国开始走向消亡。奥地利和普鲁士都不想再继续维系帝国，他们为争夺德意志的统治权展开斗争，帝国是最终的受害者。1765年后，诸侯拒绝续约封地，这进一步证明德意志统治精英的态度很冷漠。帝国没有遭受和波兰一样的命运，后者于1772年、1793年和1795年分别被奥地利、普鲁士和俄国瓜分，到了这一时期已不复存在。但也有一些历史学家认为，1806年解体时帝国的最终命运与波兰相似。

这些观点反映出后来的德意志历史学家对帝国的轻视，而

不是同时代人的冷漠。不过，即便依据最近的修正主义德意志历史叙事，关于1740年之后帝国必然走向衰落的说法仍然存在。然而，这并不符合实际，当时的人们对帝国依然怀有强烈兴趣。的确，当时有许多批评的声音。比如，弗里德里希·卡尔·冯·莫泽认为，在18世纪60年代和70年代帝国内部存在严重分歧，并且无力推行改革。他对此深表遗憾，许多人和他有着一样的看法。受启蒙运动影响，越来越多的人对于教会领地感到不满，他们认为这种做法已经不适应新时代的需求。

然而，这类抱怨其实是一种贡献，推动了当时要求改革的呼声。18世纪60年代，年轻的约瑟夫二世鼓舞了许多人，他们对他充满信心，希望他复兴帝国。18世纪80年代，他的举动又促使许多人相信，尽管他行事鲁莽，但帝国将会幸存下来，回归原有的历史演变的均衡态势。诸侯联盟的反帝国宣传重申了16世纪和17世纪新教宪政的所有旧主题。作为回应，维也纳方面提出了一个非常现代的看法。他们认为诸侯联盟对“德意志自由”的宣传不过是为了掩盖诸侯的暴政，而皇帝本人代表的是建立在大众主权基础上的君主政体。 116

许多评论者改用现代术语或启蒙术语来描述帝国。他们不再将它视为封建体系，而是当作联邦。用18世纪末一位重要的评论者、哥廷根学者约翰·斯蒂芬·皮特的话来说，帝国是“由几个特定国家组成的政体，与此同时这些国家仍然保持自身的独立性”。皮特的说法清楚地表明，他将帝国视为联邦政府，这也是当时诸侯联盟的想法。

皮特的话还表现出爱国情怀和对于帝国的认同，这种态度在当时很普遍。1765年至1790年间，维也纳的宫廷法院收到了约一万起案件的材料，其中约四千起案件牵涉到约八千名普通社会阶层的民众。同一时期，大约有七千名普通民众参与了位于韦茨拉尔的帝国枢密法院的案件审理。这些案件来自德意志各地，许多向法院起诉的人自称是帝国臣民，有些人甚至自称是帝国公民，他们起诉的对象是地方诸侯。从这些记录可以看出帝国臣民具有强烈的权利意识，许多人认为皇帝才是他们的最高统治者。

法国大革命与拿破仑

德意志评论者对法国大革命的看法再次验证了这一点。尽管许多人对法国的剧变表现出极大的热情，但人们普遍认为德意志的情况有所不同。典型的例子是波恩大学校长弗朗茨·威廉·冯·斯皮格尔男爵。他于1789年发表声明，宣称帝国宪法是“所有可能的政府形式中最好的（制度）”，因为“在这里，个人失去的天性自由和政治自由比其他任何地方都少，而且他不会失去公民自由”。换句话说，德意志人不需要像法国人一样起来造反，因为他们的权利从一开始就没有被剥夺过，因此没有必
117 要去争取。

这种信心持续了好几年。直到1795年，作家克里斯托夫·马丁·维兰德依然宣称：“德意志帝国的现行宪法，尽管有不可否认的缺点和问题，但总的来说，它更有利于本民族的内部和平与福祉，也更适合本民族的特性和文化水平。”

然而，就在三年前的1792年4月，新成立的法兰西共和国向奥地利和普鲁士宣战。法国军队吞并了莱茵河左岸的帝国领地，立即废除了当地所有的封建权利，并且越过莱茵河进入德意

志南部。尽管帝国在招募军队方面通常会遇到一些问题，但最初由地方民兵和地区部队组织的防御相当有效。1794年10月，各方同意招募二十万人作战。

然而，许多人很快就渴望和平。1795年，勃兰登堡-普鲁士与法国缔结了《巴塞尔和约》，德意志北部的大部分地区脱离冲突，进入中立状态，并一直延续到1806年。1797年，维也纳在意大利遭遇惨败，被迫承认对方吞并莱茵河左岸领地的做法。帝国内的各邦国也在拉施塔特大会（1797—1799）上发起挑战，认为应该将教会领地和面积较小的领地补偿给那些被法国抢走土地和权利的诸侯。

1799年，奥地利加入第二次反法同盟，与英国和俄国并肩作战，想要借此扭转局势，结果却导致进一步的失败，并于1801年签订《吕内维尔和约》，正式确认法国吞并莱茵河左岸领地的事实。由于弗朗茨二世拒绝主持改组帝国的会议，帝国议会别无选择，只能继续进行；事实上，失去土地的诸侯也颇为积极地参与了这一进程。

1803年，帝国议会代表团提议彻底改组帝国。莱茵河左岸被割让给了法国，在右岸，三位选帝侯、十九位主教、四十四家修道院、几乎所有的帝国城市以及帝国骑士的所有领地都消失了。在大约一万平方公里的土地上，将近三百万人被并入新的领地。从中获利的主要是勃兰登堡-普鲁士（在莱茵河沿岸）、巴登、符腾堡和巴伐利亚。教会领地的消失使新教诸侯第一次在人数上占据多数，这威胁到了哈布斯堡家族在帝国的地位。由于教会选帝侯被废除，新设立了四位世俗选帝侯，分别是巴登、黑森-卡塞尔、萨尔茨堡和符腾堡。

118

图8　拿破仑的最后通牒终止了弗朗茨二世的统治。就在两年前，他加冕
119 了皇帝头衔，号称奥地利皇帝弗朗茨一世

法国继续向帝国施压。1804年，弗朗茨二世（见图8）加冕成为奥地利皇帝（即弗朗茨一世），为的是抢在同年称帝的拿破仑之前正式获得皇帝头衔。1805年12月，奥地利又一次惨败，被迫在普雷斯堡签订了一份屈辱性的和约。拿破仑还承认巴伐利亚和符腾堡为王国，巴登和黑森-达姆施塔特为大公国。德意志南部和西部的十六位诸侯抛弃了帝国，转而加入法国主导的莱茵联邦。1806年8月1日，拿破仑写信给帝国议会，声称他认为帝国已不复存在，并威胁皇帝，如果不放弃头衔，他将再次占领奥地利。弗朗茨二世同意退位。1806年8月6日，帝国正式宣布解散。德意志所有的地方统治者从此无须再承担对皇帝的义务，因为帝国已不复存在。延续了约一千年的帝国历史就此终结。 120

后 记

神圣罗马帝国的遗产

1806年之后

1945年前编写的德国历史通常认为，神圣罗马帝国在1806年就消失在历史长河中，没有激起一点回响，几乎没有留下任何痕迹。事实上，有许多证据表明，人们对于神圣罗马帝国的消亡感到震惊和怀疑。许多人都对那段历史颇为怀念。然而，从1806年至1815年，事态的快速发展和更为重大的问题显然压制了这种情绪。

教会领地的世俗化，加上面积较小的领地并入大的领地，导致某些领地的面积迅速扩大，同时这些地区也首次成为主权国家。拿破仑为他的兄弟杰罗姆在威斯特伐利亚设立了一个新的王国；他还使巴伐利亚和符腾堡成为王国，使巴登和黑森-达姆施塔特成为大公国。这些地区都加入了新成立的莱茵联邦，从而与法国紧密联系在一起。这样做的目的是为了孤立东北部的普鲁士和东南部的奥地利。随后，帝国领地进一步发生了变化。

1815年，威斯特伐利亚的大部分地区割让给了普鲁士，因此只剩下三十九个州于当年加入德意志联邦。 121

在整个过程中，一部分原先的统治者变为臣民，数百万人有了新的统治者，有时类似的转变还不止一次。与此同时，还产生了一场争论，主题是德意志人的身份归属。帝国于1806年解体后，其领土分为四个区域：法国直接占领的地区、法国主导的莱茵联邦、普鲁士以及奥地利。这立刻引发了“德意志”能否再次统一的问题。一些人期待着神圣罗马帝国的复辟，另一些人则主张建立一个由奥地利和普鲁士共同管辖的国家，由美因河作为双方的势力分界线。很快又有人支持第三种选择，那就是建立联邦，这样既能维护主权国家，又能保证某种共同的纽带。

在这些讨论中，年轻的浪漫主义作家公开表示，他们相信中世纪帝国的伟大成就，并且支持要在未来建立新帝国的想法。这些年轻的爱国者，通常被视为第一批真正的德意志民族主义者，他们想要重新统一德意志，将所有的德意志人团结起来，并且摧毁那些自私的诸侯，他们认为是后者造成了当前的困境。约翰·戈特利布·费希特、弗里德里希·路德维希·雅恩、恩斯特·莫里茨·阿恩特等人时常被视为第一代预言家，因为他们预见了一种新的、危险的德意志民族主义。当时这些人的主要愿望是驱逐法国人，恢复统一，将权力交给德意志人民。对普鲁士政府来说，在1813年开始的对拿破仑的决战中，这些人激烈的民族主义思想和反法言论很有用。然而，一旦战争胜利结束，他们就开始质疑这些人的共和主义立场和民主信念。

人们往往高估了浪漫主义作家和爱国志士在反对拿破仑的

122 斗争中发挥的实际作用。赢得这场战争的主要因素是俄国、奥地利和普鲁士的军队，那些决定“德意志”未来命运的人更关心的是主权国家的利益。在1813年10月的莱比锡战役开始前，巴伐利亚脱离了莱茵联邦。随后，符腾堡、巴登、黑森-达姆施塔特和黑森-卡塞尔也先后离开。

施泰因男爵和他的秘书阿恩特在浪漫主义和爱国主义的影响下，提出了一份计划，想要建立一个属于德意志民族的强大帝国。但最终在关系德意志命运的复杂谈判中，起到主导作用的普鲁士首相卡尔·奥古斯特·冯·哈登贝格和奥地利外交大臣克莱门斯·冯·梅特涅没有采纳这份计划。

出于不同的原因，哈登贝格和梅特涅都对“民族国家”持怀疑态度。哈登贝格极为怀念昔日的帝国，认为一千多年来是帝国制度将德意志人团结在一起。但他也认识到，不可能建立新的德意志主权国家。梅特涅没那么多愁善感，他很快得出结论，奥地利领导下的神圣罗马帝国没有前途。梅特涅的先祖是特里尔选帝侯手下的贵族，后来成为帝国骑士。在法国占领莱茵河左岸以及随后的世俗化和领地归并过程中，特里尔失去了原有的土地。作为补偿，梅特涅的父亲得到了一块新的土地，梅特涅卖掉土地换取资金。他保留了位于莱茵高的约翰尼斯堡的所有权，这座城堡是弗朗茨一世赐予他的奖励，用于表彰他在奥地利战胜拿破仑的过程中做出的贡献，以及他在维也纳大会上为了维护奥地利的利益所做的努力。但他选择波希米亚的普拉西作为家族新的居住地点。对梅特涅来说，在1804年奥地利获得新的帝国头衔和1806年神圣罗马帝国解体后，建立由奥地利主导
123 的德意志联邦是必然的结果。

德意志联邦及其后续发展

新的主权国家决心保持自身的地位，并对新获得的土地和臣民施行统治。然而，德意志联邦确保了政治体制的延续性。它的边界与旧帝国的边界基本相同；普鲁士的东部省份（东普鲁士、西普鲁士和波森）在1848年之后才加入联邦。和旧帝国一样，联邦议会的代表只限于统治者，民众无权参与，尽管有越来越多的人对此提出批评。协议条款还试图确保德意志人今后能继续享有过去的权利，比如：德意志人的代表权、自由流动权、财产权、基督教三大派系的信仰自由，以及各派教徒在公民权利和政治权利方面的平等地位。此外，协议还承诺制定一部关于新闻自由的法律。

德意志联邦是国家联盟，而不是松散的同盟，但它包含了许多熟悉的元素，足以证明联邦实质上是旧帝国的延续。另一方面，越来越多的人批评联邦的国防能力不足，在界定公民权利方面缺乏进展，也没有旧帝国那种超越领地界限的最高法院。人们关注的另一个新问题是，联邦没有中央代表机构。不满情绪是导致1848年德国革命的原因之一，但是法兰克福议会未能带来变革。

法兰克福议会失败后，人们越来越看重统一，希望能解决联邦制的不足，重振关于强大帝国的浪漫主义理想。普鲁士的德意志政策展现出了信心和雄心，由此引发了1866年的普奥战争，
并于1871年建立了德意志帝国。奥地利被排除在外，这标志着 124
德意志历史翻开了新的一页。从新帝国的联邦性质可以再次看到旧帝国模式的影响。但是，新帝国其实与旧帝国没什么关联，

尽管出自霍亨索伦家族的新皇帝很愿意在合适的情形下提及中世纪的霍亨斯陶芬王朝。

20世纪20年代，霍亨索伦和哈布斯堡两个帝国都遭遇了失败，于是又有一些人提出要建立一个面积更大的德意志帝国。第一次世界大战结束时对德国和奥地利的惩罚，特别是领土损失，使许多人认为应该将德国和奥地利合并，但战胜国很快就压制了这种念头。希特勒计划建立一个面积更大的德意志帝国，他一方面否定德意志先前的历史，认为它毫无价值；另一方面却声称要实现德意志的历史夙愿。早在1934年，希特勒就强调了这一点，他用纳粹党地区组织取代了德国传统的联邦结构。

1945年以来的帝国观念

第三帝国的终结并没有立即改变人们的态度。在德意志民主共和国（简称“民主德国”），旧帝国被视为一个注定要灭亡的封建社会，与现在毫无关联。在德意志联邦共和国（简称“联邦德国”），人们对帝国的兴趣却在慢慢恢复。天主教历史学家认为，与普鲁士统治下灾难性的新教帝国相比，旧帝国的统治更加有利。旧帝国合作共治的社会结构也吸引了一些支持者，他们试图以基督教为基础，缔造强有力的社会结构，以此作为对抗纳粹思想和共产主义的堡垒。

最重要的是，旧帝国的历史与联邦德国的新兴叙述非常吻合，后者认为联邦德国超越了狭隘的民族主义，支持欧洲各国合
125 作。从20世纪50年代起，包括海因里希·卢茨、康拉德·雷普根、卡尔·奥特马尔·冯·阿雷廷在内的联邦德国历史学家为重新诠释近代帝国奠定了基础。从那时起，关于帝国的历史研

究数量远超以往。然而，这样的研究似乎仅限于学界，缺乏更广泛的回应。尽管2006年在马格德堡和柏林举行的纪念帝国解体二百周年的大型展览取得了成功，但没有多少证据表明德国公众认为帝国仍然具有真正的意义，大量民众对于帝国只存有模糊的认识。

奥地利的情况也差不多。1945年以后，奥地利基本抛弃了德意志民族的共同历史，该国学界对神圣罗马帝国恢复兴趣的时间晚于联邦德国，而且受到了更多的限制。奥地利的历史书写淡化了帝国对本国发展的意义。对于奥地利人和德国人来说，1945年以后，甚至连“帝国”这个词也失去了往日的荣耀。

因此，在当代元叙事中，尤其是旨在超越德意志民族主义的欧洲叙事中，我们应该在多大程度上认真对待希望重现旧帝国的说法？旧帝国可以作为当前参照模式的观点在多大程度上有效？昔日的德意志帝国真的能成为当代欧洲的典范吗？

旧帝国属于过去，不可能复兴。另一方面必须肯定的是，旧帝国的法律和权利传统与其他欧洲国家的传统一起，为现代欧洲的发展做出了贡献。这样的见解相当重要，因为德国史学界普遍主张否认德国社会对西方民主和自由观念的贡献。

不管大众是否认同，旧帝国必然会在历史学家和其他人构建的叙事中继续存在。如果欧盟在当前危机中幸免于难，那么 126
关于欧盟和旧帝国相似性的争论可能会再次成为热点。如果欧盟失败，不难想象另一种比较方式，即神圣罗马帝国的解体已经预言了欧盟的失败。历史叙事总是由当前事件所塑造。

然而，没有什么能减损帝国的真正成就。它的多层次治理体系为持久的联邦体系以及随之而来的地区和文化多样性奠定了基础。众多的宫廷和城市中心，诸侯的雄心壮志，以及自由城市的自豪感，都为各种形式的文化生产提供了大量资助。

从早期开始，帝国就在欧洲中心地带担负着维护和平的重任。尽管时常面临紧张的局势，但帝国发展出一套冲突解决机制，使得大大小小的领地能够共存。帝国内部也会有冲突或内战，但最终总是走向统一。整个过程靠的是谈判和妥协，而不是暴力和内战。它产生了重要的公共法律制度和广泛的法律体系，用于保护帝国的臣民。当16世纪面对宗教分歧时，它是除瑞士外唯一设计出令人满意的持久解决方案的欧洲政体。

帝国的寿命远远超出后来的任何一个德意志国家。从这个角度来看，它仍然是德国历史上最成功的政体。最重要的是，它提供了一个制度框架，在这个框架内，德语和德意志身份在一千多年的发展过程中逐渐成形。神圣罗马帝国起初是一个法兰克
127 王国，最终变成了真正的德意志帝国。

年　表

3世纪　包括日耳曼人在内的法兰克部落联合攻击罗马帝国；一些人定居下来，并与当地的罗马精英通婚。

324年　君士坦丁皇帝将拜占庭（后更名为君士坦丁堡）设为新的首都；但他没能收复罗马帝国的全部疆域。

395年　罗马帝国一分为二，东罗马帝国和西罗马帝国各自为政。

476年　哥特人的首领废黜了西罗马帝国的末代皇帝罗慕路斯·奥古斯都鲁。

481年　墨洛温王朝的克洛维成为法兰克国王。

534年　东罗马帝国皇帝查士丁尼一世颁布《民法大全》，这是一部为整个罗马帝国制定的民法典，尽管他只控制了西罗马帝国的极少数地区。

751年　墨洛温王朝的国王被丕平家族废黜，后者建立了加洛林王朝。

800年	查理曼在圣诞节由罗马教皇利奥三世加冕成为皇帝；他是自711年以来丕平家族唯一单独执政的法兰克国王。
840—843年	查理曼的帝国分为三个王国。
880年	《里布蒙条约》确定了东法兰克王国和西法兰克王国的边界。
911年	在“孩童”路易死后，东法兰克王国的加洛林王朝就此终结。
911—918年	法兰克尼亚公爵康拉德一世当选为国王，但他去世时没有可以继位的子嗣。
919年	萨克森公爵亨利当选为国王；他的继任者（即奥托王朝的历代君主）一直统治到1024年。
936—973年	从962年起，奥托一世（又称“奥托大帝”）以德意志国王的身份成为罗马帝国皇帝。
1024年	亨利二世去世，奥托王朝就此终结。法兰克尼亚的康拉德二世当选为皇帝，开启萨利安王朝的统治，一直延续到1138年。
1033年	康拉德二世加冕成为勃艮第国王；在鲁道夫王朝的最后一位统治者于公元888年去世后，将勃艮第纳入帝国版图。
1075年	教会和世俗君主围绕叙任权开始斗争。
1122年	《沃尔姆斯宗教协定》的签订结束了叙任权斗争。
1125年	亨利五世死后，苏普林堡的洛泰尔成为国王。
1138年	霍亨斯陶芬家族的康拉德三世成功捍卫了他的统治权，由此开启霍亨斯陶芬王朝的统治，直到

1250年。

1152年　康拉德的侄子腓特烈一世（绰号“红胡子”）即位。

1191—1197年　亨利六世当选为国王；他同时继承了西西里王位，但是只在位六年便去世。

1215年　亨利的儿子腓特烈二世在亚琛加冕，他努力想在意大利建立霍亨斯陶芬政权。他的统治在1250年以失败告终。

1250—1273年　由大空位期开始的历史阶段被称为“软弱国王”的时代（一直持续到1347年），先后出现了多位弱势统治者，他们都没能成为皇帝。

1273—1291年　哈布斯堡家族的鲁道夫试图重新确立皇帝的权威，但未能缔造王朝。

1315年　自腓特烈二世后，亨利七世成为第一位取得皇帝称号的国王；但第二年他就突然去世，留下了两个空缺的头衔。

1338年　在“软弱国王”时代，少数几位贵族领袖趁势崛起，他们在伦斯的一次聚会上宣称，只有他们才是真正合法的选帝侯。

1347—1378年　亨利七世的孙子查理四世将布拉格作为帝国的统治中心，这里因此成为大主教辖区，并于1348年建立第一所“德意志”大学。

1356年　《金玺诏书》规定，美因茨、科隆和特里尔的三位大主教以及波希米亚国王、普法尔茨伯爵、萨克森公爵和勃兰登堡公爵为七大选帝侯。

1378—1400年　查理四世的继承人瓦茨拉夫无法继续担任皇帝。

1400—1410年　普法尔茨的鲁珀特缺少可以媲美波希米亚的权力根基。

1410—1437年　查理四世的次子西吉斯蒙德（1433年加冕成为皇帝）在1414年至1418年举行的康斯坦茨大公会议上解决了教皇人选的难题。

1438—1439年　西吉斯蒙德的继任者是他的女婿奥地利的阿尔伯特二世，因为他的亲生儿子在他死后才出生，不能参加选举成为德意志国王。

1440—1493年　阿尔伯特二世的堂弟腓特烈三世当选，开启了哈布斯堡家族的持续统治。

1493—1519年　马克西米利安一世继承了奥地利和勃艮第公爵的领地；他还有夺回意大利和改革帝国的野心。

1495年　在沃尔姆斯召开的帝国议会决定推行改革。

1517年　马丁·路德在维登堡公开反对教会出售赎罪券，标志着宗教改革的开始。

1519—1556年　马克西米利安一世的孙子查理五世成为西班牙国王，并继承了皇帝头衔。1530年，他成为最后一位由教皇加冕的神圣罗马帝国皇帝。

1521年　在沃尔姆斯帝国议会上，查理宣布剥夺路德的全部法律权利，但萨克森选帝侯拒绝接受，他认为皇帝无权逮捕他的臣民。

1525年　农民战争促使许多诸侯约束领地范围内的宗教改革运动。

1531年　施马尔卡尔登同盟成立，意在保护新教诸侯和城市的利益。

1546—1547年　查理五世试图通过军事干预消灭德意志境内的新教势力，并将天主教信仰强加给帝国。到了1552年，他的努力宣告失败。

1555年　《奥格斯堡宗教和约》承认新教徒的权利，正式确立天主教和新教的平等地位；基本原则是"在谁的领地，就信谁的教"。

1556年　查理五世退位：他的西班牙领地归儿子腓力二世所有；德意志领地和皇帝头衔归兄弟斐迪南所有。

1556—1576年　马克西米利安一世在位期间推行的改革，加上1555年《奥格斯堡宗教和约》的签订，确立了新的制度框架，随后执政的斐迪南一世（1558—1564年在位）和马克西米利安二世（1564—1576年在位）都遵循了这套做法。

1576—1612年　鲁道夫二世统治时期，尤其从1600年开始，帝国的内部局势日益紧张，许多问题的起因都是宗教和约。

1612—1619年　马蒂亚斯以介于斐迪南一世和马克西米利安一世之间的风格进行统治。

1617年　施蒂里亚的斐迪南当选为波希米亚王位继承人，引发了三十年战争。

1618—1648年　三十年战争。

1618年　1618年，波希米亚的新教贵族废黜斐迪南；信奉加尔文宗的普法尔茨选帝侯当选为国王。

1619年 斐迪南以皇帝的身份发动战争，想要夺回波希米亚，并且掌控德意志。

1648年 作为《威斯特伐利亚和约》的一部分，《奥斯纳布吕克条约》恢复了诸侯与领地之间的权力平衡；这种平衡关系在1500年左右确立，并在1555年《奥格斯堡宗教和约》中予以重申。

1637—1657年 斐迪南三世结束了父亲斐迪南二世引发的冲突，并且度过了一段和平时期。

1658—1705年 利奥波德一世重新确立皇帝的权威。

1658—1668年 反对哈布斯堡家族的莱茵同盟。

1663年 帝国议会召开常设会议，一直持续到1806年。

1672—1678年 法荷战争。

1674—1677年 法国进攻洛林和阿尔萨斯。

1679年 法国和帝国签订《奈梅亨和约》。

1679—1684年 法国吞并了帝国西部的部分领土，包括于1681年占领斯特拉斯堡。

1683年 奥斯曼军队围攻维也纳。

1692年 汉诺威成为新的选帝侯。

1697年 萨克森选帝侯当选为波兰国王。

1699年 与奥斯曼帝国签订《卡洛维茨和约》。

1700—1721年 大北方战争。

1701年 勃兰登堡选帝侯在普鲁士加冕成为国王。

1701—1714年 西班牙王位继承战，在签订《拉施塔特和约》后宣告结束。

1705—1711年 约瑟夫一世。

1711—1740年 查理六世。

1713年 查理六世颁布的《国事诏书》提出，由他的女儿玛丽娅·特蕾莎继承哈布斯堡家族的领地，但不会继承皇帝头衔。

1716—1718年 奥土战争，在签订《帕萨罗维茨和约》后宣告结束。

1732年 《国事诏书》得到帝国的确认。

1733—1735年 波兰王位继承战。

1740—1742年 查理六世去世后的空位期；玛丽娅·特蕾莎继承了哈布斯堡家族的领地。

1740—1742年 腓特烈二世击败奥地利，夺取西里西亚（第一次西里西亚战争）。

1742年 巴伐利亚的查理·阿尔伯特当选为皇帝，即查理七世。

1744—1745年 第二次西里西亚战争。

1745年 洛林的弗朗茨·斯特凡当选为皇帝，即弗朗茨一世。

1756—1763年 七年战争（第三次西里西亚战争）。

1765—1790年 约瑟夫二世。

1767—1768年 尝试改革帝国最高法院。

1772年 首次瓜分波兰。

1778—1779年 巴伐利亚王位继承战，在签订《特申条约》后宣告结束。

1780年 玛丽娅·特蕾莎去世，约瑟夫二世成为哈布斯堡家族领地的唯一统治者。

1785年	在勃兰登堡和普鲁士的大力支持下，诸侯同盟挫败了约瑟夫二世第二次试图吞并巴伐利亚的企图。
1789年	法国大革命。
1790—1792年	利奥波德二世。
1792—1797年	法国对奥地利和普鲁士宣战。
1792—1806年	弗朗茨二世。
1795年	《巴塞尔和约》签订，普鲁士与法国停战，奥地利继续战斗。
1797年	《坎波福尔米奥和约》签订，法国迫使奥地利接受莱茵河左岸领土被吞并的事实。
1797—1799年	拉施塔特会议：帝国讨论了法国占领莱茵河左岸的影响。
1801年	《吕内维尔和约》签订，奥地利和帝国被迫接受法国吞并莱茵河左岸的事实。
1803年	帝国议会代表的重要决议：帝国议会同意取消教会领地，并将大多数帝国城市变为领地城镇，以此补偿失去莱茵河左岸土地的诸侯。
1804年	弗朗茨二世接受奥地利皇帝的头衔（号称“弗朗茨一世”），作为对拿破仑的回应，后者即将成为法国皇帝。
1806年	拿破仑将巴伐利亚和符腾堡升格为王国，并成立莱茵联邦。在拿破仑发出最后通牒后，弗朗茨二世同意解散神圣罗马帝国。

索 引

(条目后的数字为原书页码，见本书边码)

A

B

C

D

E

F

G

H

I

J

K

L

M

N

O

P

R

S

T

U

V

W

Z

Joachim Whaley

THE HOLY ROMAN EMPIRE

A Very Short Introduction

Contents

Acknowledgements

I am most grateful to Andrea Keegan, Jenny Nugee, and Rebecca Darley at Oxford University Press for their support and advice during the writing and production process. Tom McKibbin was extremely helpful with the illustrations. Dorothy McCarthy and Clement Raj also provided invaluable assistance during the final stages as the manuscript turned into a book. I am also grateful to the anonymous readers of my original proposal and of my manuscript who made some valuable suggestions and pointed out some errors.

In Cambridge I am particularly grateful to the Master and Fellows of Corpus Christi College for allowing me to use the image of Otto the Great that appears as Illustration 3. Gonville and Caius College continues to provide me with a congenial place to read, think and write, as well as generous research grants.

My main reason for writing the book was to answer the questions that I have been asked by students, colleagues and friends so many times. What exactly was the Holy Roman Empire? Was it in any meaningful sense, to paraphrase Voltaire, Holy, or Roman or even an empire? I hope that this book provides answers to those questions and offers a wide-ranging introduction to the pre-modern history of the German lands.

Yet again at the end of a research project I must express my gratitude to my wife Alice, who always shows great interest in my work and puts up with me when it hits a difficult patch. She makes all the difference to everything.

Joachim Whaley

Cambridge
12 April 2018

List of illustrations

List of maps

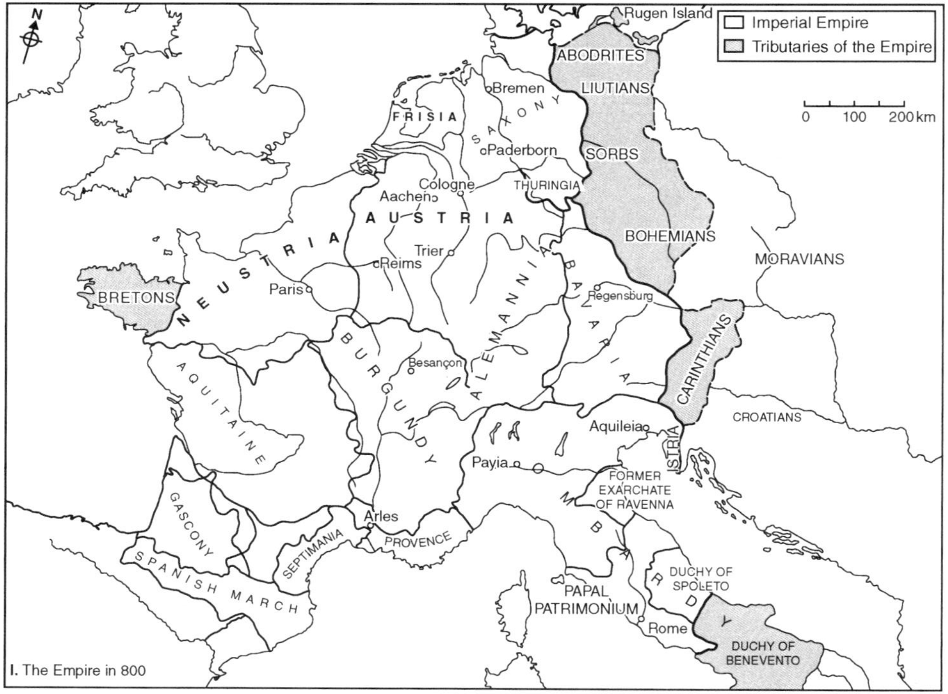

Map 1. The Holy Roman Empire, *c.*800.

Map 2. The Holy Roman Empire, 1195.

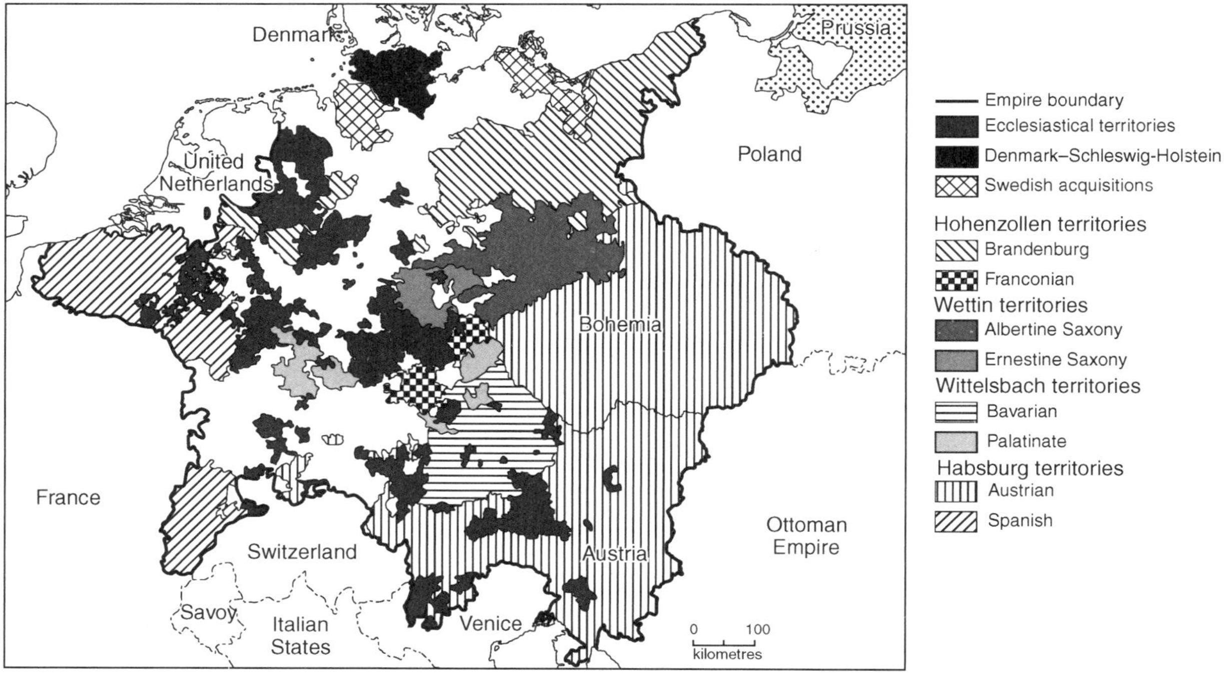

Map 3. The Holy Roman Empire, 1547.

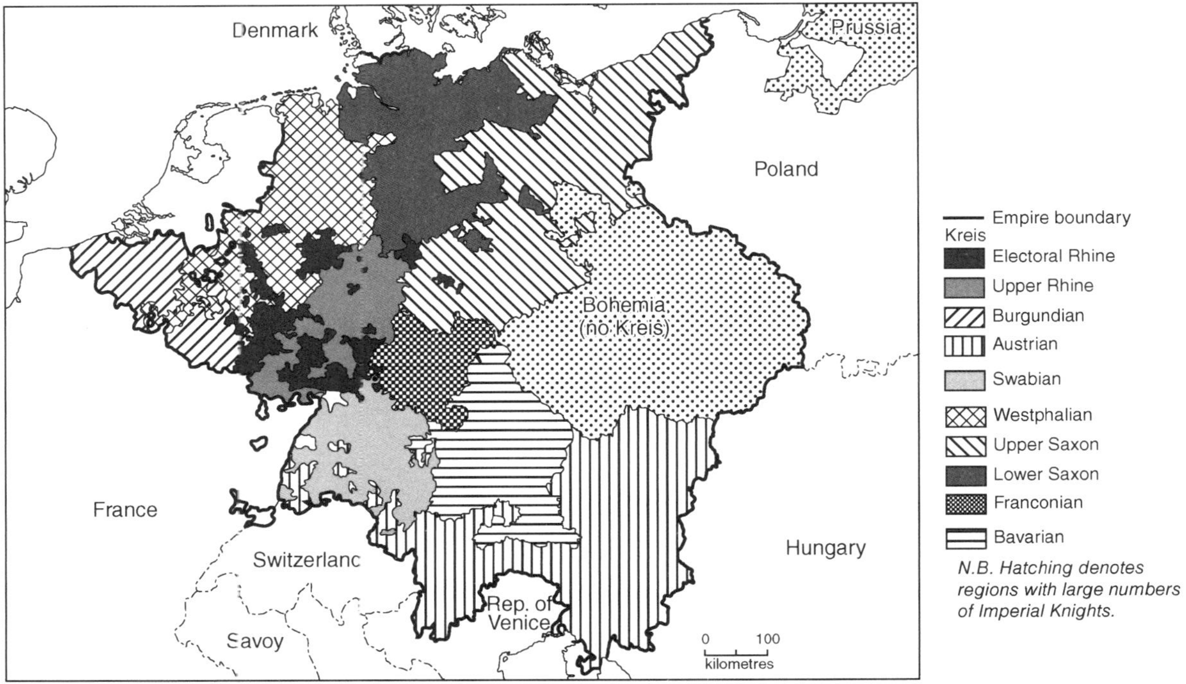

Map 4. The circles (*Kreise*) of the Holy Roman Empire, *c*.1648.

Introduction: what was the Holy Roman Empire?

What kind of polity?

'Neither holy, nor Roman, nor an empire'—Voltaire's sardonic characterization of the Holy Roman Empire of the German Nation, recorded in his essay on the customs and spirit of nations published in 1756, has seemed to many to be a just description of a much misunderstood entity. The empire was dissolved in 1806 and by common consent it was founded in 800. Yet Charlemagne's coronation as emperor by the pope in 800 did not launch a fully fledged entity. When the German kings assumed the imperial title in 962, the empire was not yet 'holy', still less wholly 'German'. The imperial dignity established them and their successors as the premier monarchs at the head of the European table of rank until 1806. But the appellation of their realm evolved slowly until the title 'Holy Roman Empire of the German Nation' became established around 1500. The polity to which this title was attached also underwent substantial changes.

The original Frankish kingdom was essentially a tribal society which followed an elected leader. On this foundation subsequent ruling dynasties developed what became a fully fledged feudal system. At one level this continued until the empire was dissolved in 1806. The emperors and the German princes constantly performed their relationship in rituals such as the renewal of fiefdoms. Questions of rank and precedence—who should stand or sit where at key ceremonies and other formal occasions—were often the subject of bitter controversy into the 18th century. In this sense the empire remained what German historians call a 'Personenverbandsstaat' or personal association rather than a territorial state.

It was characteristic of this association that the princes and free towns retained most of the rights of government over their lands, which limited the power of the monarch and made him more of a supreme judge and military commander than an active ruler of the German lands. No general measures could be introduced unless they had the consent of all, a notion that around 1500 was articulated as a fundamental constitutional principle governing the relations between the emperors and the imperial diet. This was an assembly of the princes and free cities which originated in the gatherings of nobles summoned to the royal court from time to time by the kings and emperors. Around 1500 its procedures were formalized, regular meetings were envisaged, and it was known as the Reichstag (literally, assembly of the estates of the empire). From 1663 the Reichstag remained in permanent session in Regensburg and the princes and cities sent envoys rather than attending in person.

The princes and free towns never became sovereign, however, and they remained subject to the higher authority of the emperor and imperial law until 1806. Indeed, from the middle of the 14th century, the empire developed institutional and legal structures which ultimately became more important than the feudal relationship between the emperor and his vassals. Throughout the empire's history its government was conducted by the monarch with the aid of a relatively small core team comprising the imperial arch-chancellor and other individuals, but the framework in which they functioned changed greatly. Gatherings of notables for royal elections gave way to the establishment of a college of seven designated electors. Gatherings of nobles at court became more formal 'court' diets (Hoftage) and then imperial diets (Reichstage) by about 1500. By the 16th century, too, justice by special session at gatherings of nobles presided over by the monarch himself was replaced by two supreme courts (the Reichskammergericht at Speyer and the Reichshofrat at Vienna), each staffed by legally qualified judges.

The link between the papacy and the empire loosened after the 14th century and was severely undermined by the Reformation. The papacy never in fact recognized the Peace of Westphalia of 1648, which finally confirmed the rights of Lutheran and reformed Protestants in the empire. The German imperial church (Reichskirche), a key instrument of imperial government under Charlemagne, was reduced to a core of mainly south-western and Rhineland supporters of the crown by the later 16th century. From 1519, finally, the powers of the monarch were formally circumscribed in a lengthy electoral capitulation which a newly elected emperor was obliged to sign before his coronation.

By the 18th century the accumulation of fundamental laws from the Golden Bull (1356) to the Peace of Westphalia (1648) was regarded as more than the equivalent of any other pre-modern constitutional regime. The rights that Germans held under these laws were more extensive and more explicitly coded in published legislation than those of the inhabitants of any other European polity. Furthermore, imperial law guaranteed that all German subjects had the right to appeal to a higher court, if necessary to the emperor himself, if their rights had been transgressed. They could thus take legal action even against their own rulers.

Territories

Charlemagne's empire straddled what are today France and the western part of Germany but it did not endure more than a few decades. The Saxon successors of the Carolingians shifted the kingdom further east while the western Franks laid the foundations for what soon became the French monarchy. The

Saxon kings were replaced by Franconian and Swabian dynasties, and by the 13th century the German kingdom was supplemented by the kingdoms of Burgundy and of Italy. The Luxemburg and Habsburg rulers once again shifted the focus, now to Bohemia and the Austrian lands in the south-east. By the 16th century, Burgundy had disappeared and all that remained of Italy was a small collection of north Italian fiefdoms—Habsburg Italy rather than Imperial Italy—that remained under imperial overlordship until 1806. The Swiss cantons effectively left the empire in 1505 and their independence of it, along with that of the Dutch Republic which had once been its Netherlands provinces, was confirmed in the Peace of Westphalia in 1648.

The lands of the German East which so preoccupied many nationalist German historians in the later 19th and first half of the 20th century were never part of the empire. The territories settled by the Teutonic Knights in the 13th century which became the duchy of Prussia in 1525 were a fiefdom of the Polish-Lithuanian Commonwealth and inherited as such by the electors of Brandenburg in 1618. They became sole rulers of the duchy of Prussia in two stages, 1657/60 and 1772, but it was never part of the Holy Roman Empire and only formally amalgamated with Brandenburg after 1806. The idea that the Germans had always been driven by a *Drang nach Osten* (a 'drive towards the East') was essentially an invention of the later 19th century when some German nationalists advocated the colonization of the East, allegedly following in the footsteps of their medieval forebears. The core of the early modern Holy Roman Empire from about 1500 was the old German kingdom.

Imperial coronations

The complexity of the empire's history from start to finish is exemplified by the absence of a centre and by the procedures for the election and coronation of its rulers. The empire never had a capital city. Its notional centre was simply the court of the individual who happened to be emperor at the time. From the mid-15th century that was by and large Vienna, though not continuously so until after the Habsburgs abandoned Prague as a place of residence and government after the death of Rudolf II in 1612. Vienna became the court centre both of the Habsburg lands and of the empire, and its significance was enhanced by the presence of the Reichshofrat, the emperor's supreme court, and the Reichskanzlei or imperial chancellery. As the seat of a major European dynasty its significance outshone all other German cities. Under the brief reign of the Bavarian Wittelsbach Emperor Charles VII (1742–5), neither Munich nor Frankfurt proved to be a plausible alternative to the Habsburg court.

Yet both the imperial diet and the other main court of law met elsewhere. For several centuries gatherings of nobles, the precursors of the late medieval Hoftag and the early modern Reichstag, were summoned to wherever the emperor happened to be. The Golden Bull of 1356 decreed that Nuremberg should be the location for the first diet of every reign, though this did not always happen. From 1663 the imperial diet resided in permanent session at Regensburg, which became an increasingly important diplomatic centre. The empire's other main court, the Reichskammergericht, paid for by the imperial estates, was established at Nuremberg but settled in Speyer in 1527, where it remained until a French invasion necessitated relocation to Wetzlar in 1689. Neither Speyer nor Wetzlar attracted anyone but judicial officials, lawyers involved in cases, and young aspirants such as Goethe in search of training in imperial law.

The empire had no natural ceremonial focal point. It is not known whether or how Charlemagne was either elected or crowned king of the Franks, but he was crowned emperor by the pope on Christmas Day 800 and he certainly insisted on the coronation of his son in Aachen in 813. The subsequent traditions of the empire remained deeply influenced by these two events. Medieval German rulers were first elected kings in Germany, then crowned emperor in Rome by the pope. There were no clear rules for the election of a king. The first Saxon king was elected in 919, following a deal between two (out of five) dukes, regional overlords in the Carolingian monarchy. His successors tended to be elected with the support of the dukes and other leading nobles. The precise number of those entitled to vote was unspecified until 1356 when the Golden Bull designated seven princes as electors; two more were added in the 17th century.

There was initially no fixed place of election, though Mainz and Frankfurt were most commonly chosen: the former because it was the seat of the imperial arch-chancellor the archbishop of Mainz, the latter because of its centrality and its ability to host, and pay for, large gatherings of notables and retainers. In 1356 the Golden Bull specified that Frankfurt would be the sole place of election, though some subsequent elections also took place at both Augsburg and Regensburg.

Until the 16th century, the coronation of the German king tended to take place in Aachen, followed by his imperial coronation at some later point in Rome. Initially the title conferred was *rex Teutonicorum* (king of the Germans) but this changed to *rex Romanorum* (king of the Romans) from the 12th century; the king then assumed the imperial title after his second coronation in Rome. Maximilian I was elected *rex Romanorum* in 1486 and he succeeded his father in 1493. His perpetual disputes with Rome, however, made a papal coronation impossible. From 1508 Maximilian thus simply assumed the title 'elected German emperor' ('Erwählter Römischer Kaiser'), as did all his successors until 1806. The only exception was his son, Charles V, who was the last emperor crowned by a pope. Since Charles's troops had virtually destroyed Rome in 1527, however, the coronation took place in Bologna in 1530.

From the later Middle Ages, the heir apparent was generally elected and crowned 'Roman king' before an emperor's death, though the election could take place simultaneously with the imperial election after an emperor's death, if necessary. With one exception, Charles VII who ruled for only three years from 1742, all Holy Roman emperors after Frederick III were Habsburgs.

After 1562 the imperial coronations took place in Frankfurt as well as the elections. One reason may have been the fact that, owing to an untimely death, there was simply no archbishop of Cologne to place the crown on the emperor. Frankfurt was also a large and prosperous free city with enough grand houses to accommodate those who needed to attend and it was closer to the Habsburg territories than Aachen.

The imperial insignia

To the end in 1806, the coronation involved the use of the same collection of insignia and holy relics that had been collected during the Middle Ages. Emperors were clothed in what was claimed to be Charlemagne's coronation mantle, though in fact the robe was probably made around 1133–4 in Sicily of silk imported from Byzantium, and it was first mentioned in German sources in 1246. A century later, however, it was already being referred to as Charlemagne's mantle and was complemented by other items, also largely of 12th-century Sicilian origin, such as the alb, the dalmatic or tunic, a stole, undergarments, belt, gloves, and shoes.

The same mythology had developed earlier about the imperial crown (see Figure 1), which was almost certainly made in the western Rhineland around 1024, and the orb, which was acquired by the Staufer emperors in the 12th century. Other items of the imperial insignia included the sceptre, sword, and the Holy Lance, which allegedly had embedded in its head a nail from the Cross, and which came into the possession of the German kings in the 10th century. Practically the only item with real Carolingian links was the so-called 'Coronation New Testament', an ornately bound, illuminated manuscript produced in the palace school at Aachen shortly before 800.

1. The Imperial Crown of the Holy Roman Empire, probably made in the lower Rhineland in the 10th or 11th century.

The imperial insignia and other items, together with various relics, such as a splinter of the True Cross and a fragment of the tablecloth used at the Last Supper, were initially handed down personally from king to king. They travelled frequently and were kept at various locations. In the 14th century Charles IV began the custom of displaying them annually. In 1423, when Prague was threatened by the Hussite uprising, Emperor Sigismund moved them from the nearby Karlštejn Castle to the Church of the Holy Spirit in the imperial city of Nuremberg, to which he gave the privilege of perpetual guardianship of the collection. The practice of annual exhibitions ceased when Nuremberg became Protestant in 1523, but the imperial insignia and relics remained there until they were removed to Vienna when French forces invaded in 1796. Hitler ordered their return to Nuremberg in 1938 but they were relocated to the Hofburg in Vienna in 1946, where they remain to this day.

The history of the imperial symbol of the double-headed eagle reveals a similar evolution. The single eagle of the Roman Empire also adorned Charlemagne's palace at Aachen. The Ottonians too used the single eagle, notably inscribed on a Roman cameo which was mounted amid jewels and pearls and items formerly owned by the later Carolingians on the cross which Otto III (r. 983–1002) presented to Aachen cathedral. Until the 14th century the single eagle sufficed to indicate the claim to Roman succession.

The double-headed eagle originated in Asia Minor in the 4th century and was increasingly used in the eastern or Byzantine Empire until the Palaeologus dynasty adopted it in the 13th century. It then began to be used in the Holy Roman Empire until Emperor Sigismund formally designated the black double-headed eagle on gold as the imperial standard in 1433. This was increasingly depicted with the arms of towns and princes on its feathers, initially organized in ten groups of four (hence its name, the *Quaternionenadler* or 'quaternion eagle') but later often including many more than ten groups. The double eagle could stand for the emperor (with the ruler's coats of arms on its chest) or for the empire (with a crucifix on its chest); it came to be widely used throughout the empire, for example in the coats of arms of imperial cities or in the pennants and documents of craft guilds.

Whether single headed or double headed, the eagle provided one of many enduring points of identification between German subjects and their rulers and the German polity. Many scholars in the 19th and 20th centuries denied that the empire ever generated patriotic enthusiasm or a sense of German identity among its inhabitants. A key theme of this book, by contrast, will be the identification of the empire with the German nation, which developed continuously throughout the Middle Ages. The definition of this German empire was further refined by the conflict over reform of the church which preceded the Reformation. This led many writers to deny the empire's Roman origins and to argue that it had really been a German empire from the outset. The empire's title remained unchanged and some Catholic theorists continued to believe in the idea of Roman origins and of a special relationship with the papacy but, increasingly, most dismissed this as myth.

The later Holy Roman Empire

By the 18th century the question of origins was less important than the consensus among both Protestant and Catholic commentators that the empire was a kind of federation. The German princes and cities exercised legislative power jointly with the emperor in the diet; the emperor, on the one hand still feudal overlord over the princes, acted on the other hand as a kind of supreme judicial official in overseeing that the laws thus jointly agreed were observed. This German polity was commonly referred to simply as 'the empire' ('das Reich') or 'the German empire' ('Deutsches Reich'), or even simply 'Germany' ('Deutschland').

This view of the empire was also widespread among major foreign commentators. Montesquieu visited the Holy Roman Empire in 1729 and concluded that it was a federation which worked effectively. Voltaire himself was more favourably inclined to the empire than is often assumed. His apparently disparaging characterization of the empire actually referred specifically to the conclusion of the reign of Charles IV (r. 1346) when he commented on the stabilizing function for the German kingdom of the Golden Bull of 1356, on the way that it limited the emperor's powers, and on Charles's apparent indifference to Italy and his acquiescence in the authority of the papacy. Voltaire understood the empire in his own day to be a republic of princes presided over by the emperor, a polity whose fundamental laws succeeded in limiting royal power and preserving German liberty. Its title was archaic and anachronistic in the 18th century; its system of government was not.

Observers in the 17th and 18th centuries found it difficult to classify the empire in relation to other European polities. Pufendorf famously opined that it was 'like a monster'. What he meant by that was simply that the empire could not straightforwardly be classified as a monarchy, an aristocracy, or a democracy, the categories of government that Aristotle had defined. 'Germany', as the great legal and constitutional commentator Johann Jacob Moser declared, 'is ruled in German'.

German historians in the 19th and early 20th centuries despised the empire for not being a nation state and blamed it for delaying the development of the Germans. They often praised the territories for their cultural achievements but refused to recognize the ways in which the empire made them possible. Critics of Germany before and after 1945 often sought to establish the continuity from First Reich to Third Reich, which cast sombre shadows over the centuries before 1806. More positive assessments of the empire since 1945, either as a transnational precursor of the European Union or as the first German nation state, have been criticized as strained and inappropriate.

At many points over the last two centuries, the narrative of the Holy Roman Empire has served the needs of the present rather than reflected the objective reality of the old empire or even the subjective experience of those who lived in it. This survey will present an alternative view. Organized as a chronological narrative, the book will show how the empire developed through very different phases over a thousand years.

Chapter 1
Roman Empire and German kingdom: from Charlemagne to the Ottonians

Roman and Frankish origins

When Pope Leo III crowned Charlemagne as *Imperator Romanorum*, emperor of the Romans, in Rome on Christmas Day 800, he was already the successful and powerful ruler of the Frankish kingdom, as well as king of upper Italy. To his title of *rex Francorum et Langobardum* he now added an imperial title that seemed to convey vast authority but was in fact vague. It was not clear then that his coronation in Rome presaged the emergence of a new imperial system. Yet it was an important turning point in the slow transition from the Roman Empire to what, several centuries later, would become referred to as the German empire or Reich.

The Frankish kingdom resulted from the decline of the Roman Empire and the establishment of the Germanic tribes of the Franks on its north-western periphery. The Roman Empire had reached its apogee under Trajan around AD 110. Soon, however, strains began to appear in the administration of this vast area, which stretched from western Europe to Asia Minor and contained perhaps as much as 20 per cent of the world's population.

Controlling this vast empire became increasingly difficult and it was progressively decentralized until Diocletian (r. 284–305) formally subdivided it, so that four emperors ruled simultaneously.

The competing ambitions of the four soon led to renewed instability before Constantine (r. 324–37), who became the senior western emperor in 310, established himself as sole ruler of both east and west by 324. He moved his capital to Byzantium and renamed it Constantinople, embraced Christianity, and established the principle of dynastic succession.

Yet the revival did not endure. Internal conflicts and attacks on the Rhine and the Danube by migrating northern warriors such as the Huns led to the empire being divided once again, this time into eastern and western parts, in 395. By then, Rome itself was under threat from the Goths, who sacked the city in 410, and the new western imperial capital was in Ravenna.

The eastern Byzantine Empire, with its capital at Constantinople, flourished for several centuries and survived until it was conquered by the Ottomans in 1453. The western empire, by contrast, suffered repeated invasions by various Germanic peoples. These were not Germans, as later German commentators often asserted: 'Germanic' was simply a generic term used by the Romans to denote the barbarian tribes which lived east of the Rhine and north of the Danube, an area they called *Germania*.

As Rome's authority declined, these tribes soon drifted west and south and even before the deposition of the last western emperor in 476, Germanic kingdoms had been established in Africa, Spain, France, Switzerland, Italy, and Dalmatia. The new Germanic kings continued to recognize the authority of the eastern emperor; they sought his approval for their kingdoms and none ever sought to usurp the imperial title; they also adopted his currency. But they ruled independently and their world was dominated by almost constant warfare and by the rise and fall of Roman, Germanic, and Hunnic warlords. Only gradually, between the 3rd and the 10th centuries, did various clusters of these tribes begin to develop a common ethnic identity and ultimately a common language. The two most important were the Franks and, later, the Germans.

The Franks originated as an amalgamation of several smaller Germanic tribes who migrated from the lower and middle Rhineland to northern Gaul in the 4th and 5th centuries. At first they worked for the Romans as soldiers, then with them as allies, marrying into the Gallo-Roman elite. When they supplanted the Romans as rulers, they retained the Romans' language, their roads, and their administration.

The Frankish tribes were unified by Clovis, the first ruler of the Merovingian dynasty (r. 481/2–511). An extraordinarily successful military commander, energetic and ambitious, Clovis published the *Lex Salica*, a law book, around 500, in which he referred to himself as the *primus rex Francorum*. The eastern emperor Anastasius I (r. 491–518) made him an honorary consul of the Roman Empire and recognized him as Frankish king in 508. One of the reasons why the emperor honoured Clovis was probably the fact that he had converted to Nicene Christianity or Roman Catholicism, the official religion of the Roman Empire since 380, while other Germanic leaders embraced Arianism or simply remained heathen. The link with Roman Catholicism certainly helped him win over the majority Roman population; he soon assumed the role of protector of the church and even convened a church council at Orleans in 511.

Although Clovis divided his realm among his four sons, the idea of a common kingdom endured. Each took a share of the core area, known as Austrasia (or the 'eastern lands') around Metz, and of Aquitaine. From their four capitals at Rheims, Orleans, Paris, and Soissons, some 200,000 Franks dominated the region between the Seine and the Somme. By about 650, Clovis and his successors had conquered much of Gaul with its six or seven million Gallo-Roman inhabitants and had even extended their dominion into Thuringia and Bavaria.

Merovingian rule rested on the foundations of friendship between extended family groups rather than on feudal structures. The overlapping bonds of loyalty, cemented by marriage agreements, formal contracts, oaths, and other public ceremonies, created a dense network of interdependent clans. These managed communal tasks, including defence, and generally resolved disputes by arbitration according to unwritten laws. Friendship was publicly performed in ritual procedures such as the great feasts which marked the end of a dispute.

The kings adopted the Roman system of regional administrators, appointing counts (*comes*) and, east of the Rhine, dukes (*duces*) to administer royal business. This system seems to have been sufficiently flexible to take account of local circumstances. The Alemanni of Swabia, for example, were allowed to retain their own system of law and the Bavarians, an amalgamation of numerous tribes who emerged in the region between the Danube and the Alps in the 6th century, also enjoyed considerable autonomy under their duke. The rulers' alliance with the church also enhanced their influence.

Four kings successively managed to reunite the various parts of the Frankish kingdom but thereafter repeated partitions took their toll. The frequent inheritance of minors required complex wardship arrangements and enhanced the authority of local elites. The latter ensured that, increasingly, counts were appointed exclusively from among the landowners of the relevant area, which accelerated their evolution from royal officials to quasi-autonomous local authorities. The greatest beneficiaries were the highest court officials, the major-domos, who increasingly acted as regents on behalf of the monarchy and forged extensive alliances within the Frankish nobility. By 751 the descendant of one such individual, Pepin the Short, became king (r. 751–68), having asked the pope for permission to depose the last Merovingian ruler, Childeric III (r. 743–51).

This shifted the centre of Frankish power away from Paris and the Seine region to the area between the Meuse and the Moselle, where Pepin held estates. He proved relentless in rooting out internal opposition and in attempting to regain control over Aquitaine, Swabia, and Thuringia. Wisely, he left the office of major-domo vacant.

Pepin's anointment by the papal legate Boniface gave his rule the aura of divine election and approval. Before long Pope Zachary (r. 741–52) asked for assistance against the Langobard or Lombard kings of northern Italy. Pepin's promise to secure the former Byzantine territories of middle Italy for the papacy led to a second anointment by Zachary personally in the Basilica of Saint Denis, after which he was styled *patricius Romanorum*, protector of the Romans and of the Roman Church. When he transferred the Exarchate (or province) of Ravenna into the hands of the pope he laid the foundations both of the future papal state and of a continuing cooperation between his dynasty and the papacy. Pepin's good faith was further underlined by his support for a mission to Frisia, for which he established a bishopric at Utrecht.

Charlemagne and the Carolingians

Pepin's endeavours bore fruit in the reign of his son Charles, later known as Charles the Great or Charlemagne (see Figure 2), whose achievements account for the fact that his dynasty is referred to as Carolingian rather than as Pepinid. In many ways Charlemagne (r. 768–814) simply carried out Pepin's programme. For over thirty years he fought the Saxons on his north-east frontier, finally subjugating them in 804. In Italy he pursued a successful campaign against the Langobardian kings, culminating in the wholesale slaughter of the Langobard royal family, the capture of the royal treasury and the elaboration of his title to *rex Francorum et Langobardorum*. By the end of his reign, in addition to Saxony and Lombardy, he had fully subjugated Aquitaine, Swabia, Bavaria, and Carinthia, and turned the Slav provinces to the east of his realm into dependent territories.

2. Charlemagne as imagined by Albrecht Dürer, 1514.

As in Pepin's reign, military offensives were complemented by careful attention to both secular and ecclesiastical administration. Charlemagne continued to appoint counts and now also appointed special governors in the various marches or frontier zones (*comes marcae* or margraves). Since these were invariably chosen from among the local nobility he also created a new type of royal official, the *missi dominici* or royal envoys: these had no permanent base but travelled on behalf of the monarch. The appointment of dukes, who had the potential to become strong regional leaders and challengers to the crown, now ceased.

At the same time Charlemagne promoted church reform and the establishment of monasteries, and paid careful attention to the appointment of bishops and other high ecclesiastical dignitaries. The church became a key agency of Carolingian government. Alongside Charlemagne's own residence at Aachen, episcopal centres such as Cologne, Mainz, Trier, and Salzburg were training centres for clergy who would also serve as administrators. Charlemagne's general concern to foster a moral and religious reform of his lands gradually attracted scholars and teachers to his court and to the key episcopal and monastic centres. Their main preoccupation became the copying of ancient texts, an activity facilitated by invention of a new script. The Carolingian minuscule was uniform and rounded, with capital letters and spaces between words, written on parchment rather than papyrus: it was relatively quick to write and easy to read. Over 90 per cent of all classical texts known to us today derive from these Carolingian scribes.

Yet these things contributed little to Charlemagne's acquisition of the imperial title. In 797 the eastern emperor, Constantine VI (r. 780–97), was deposed by his mother Empress Irene, leaving a vacuum in Constantinople not filled until Irene was herself overthrown by the Byzantine patricians in 802. In Rome in 799 Pope Leo III (r. 795–816) was attacked by his enemies who tried to render him incapable by blinding and maiming him. After being rescued by the king's envoys (*missi dominici*), Charlemagne escorted Leo back to Rome, where the pope publicly proclaimed his innocence of adultery and perjury and crowned the Frankish king as Emperor of Rome. Since Empress Irene could not be regarded as legitimate because of her sex, the proclamation was held to be justified.

The new eastern emperor, Nikephoros I (r. 802–11), refused to recognize Charlemagne for he himself still claimed the title Emperor of Rome. Yet Byzantium's disapproval made little difference. What mattered in the west was that Leo's action implied that he, the pope, held ultimate power. This question was to become central to the relationship between the emperors and the papacy until the 13th century.

That issue, however, only later became a bone of contention between rulers and papacy and it did not play a role during Charlemagne's reign. The Byzantine court might mock the self-important Frank with his barbaric and uncouth retinue, but Charlemagne's new title enhanced his prestige immeasurably. He already held two crowns (king of the Franks and the Langobards); the award now of the imperial crown set him apart from all other western rulers. The scope of his powers was not clearly defined; indeed he and his advisers only later settled on a precise title which expressed both ambition and ambiguity: 'Charles, the most illustrious Augustus, the great and peace-bringing emperor crowned by God, who rules the Roman Empire, and at the same time through God's mercy king of the Franks and the Langobards.' His immediate successors simply abbreviated this as *imperator augustus* or *rex* without an ethnic qualification (of the Franks, etc.), thus proclaiming their overarching authority over their various realms.

The next years marked the high point of the Frankish kingdom. Military success and the influx of booty taken from the vanquished had given the Frankish elites and their Gallo-Roman affiliates a sense of cohesion and identity. Tales of famous victories and of bravery and loyalty in battle generated myths of the prowess of Frankish warriors which united the disparate Germanic peoples and their cultures and legal traditions.

Yet the Germanic tribes still lived in a multilingual society in which Latin was the common language, supplemented predominantly by Vulgar Latin in the west and by Alemannic, Bavarian, and Saxon and other regional languages in the east. The imperial coronation endowed the monarchy with the aura of the Roman succession and an important sacral or religious dimension. Charlemagne viewed himself as the servant of

God whose wars were pursued in the service of a higher idea: the creation of the Kingdom of God on earth. The Franks consequently viewed themselves as God's chosen people, the representatives of good against evil.

Reality, however, soon undermined visions of a new world order. As an idea rather than a geographical reality, the *imperium* remained undivided under a single emperor. The *regna* or kingdoms, by contrast, were the terrestrial basis of the emperor's power and were subject to Frankish tradition which allowed both brothers and sons to lay claim to succession. Charlemagne's two eldest sons died in 810 and 811. The year before his own death in 814 and following the eastern Byzantine practice, he crowned his surviving son Louis co-emperor, without involving the pope but having gained the approval of the leading Frankish nobles. Louis the Pious (r. 814–40) achieved relative stability but his death led to a bloody civil war which ended in a tripartite division in the Treaty of Verdun (843). This created three kingdoms: western, middle, and eastern. The imperial title went to Lothair I, son of Louis the Pious, whose middle realm included the Italian kingdom.

This was the beginning of the end of the Frankish-Carolingian dynasty. The imperial title remained in the hands of whoever ruled the kingdom of Italy. By the end of the century, however, the Carolingians became extinct. For several generations the imperial title was passed around among several Roman families and ceased to have any real meaning. Between 924 and 962 there was no western emperor at all.

From eastern kingdom to German kingdom

Meanwhile, the eastern kingdom of the Franks, like the western kingdom which ultimately became France, developed a distinct sense of identity. Its rulers, the sons of Louis the German (r. 843–76), second son of Louis the Pious, successfully defended their claims against their uncles, thus establishing once and for all the succession rights of sons over brothers. They also took Lorraine, thereby pushing the western frontier back to a line formed by the Scheldt, the Meuse, and the Saône. The northern seas and Alps in the south formed stable natural frontiers, while in the east the frontier against the Slavs, from Carinthia, through the Bohemian Forest, up the Saale and the Elbe, remained constant.

The eastern realm was culturally backward compared with the western, but it was more successful militarily and it developed the elements of its own distinctive language. The Latin term used was *lingua theodisca*, though this did not mean 'German' in the modern sense. The word 'diutisc', first used in Latin translation in 786, simply meant 'common' and even when the term 'teutisci' appeared in 843 it simply denoted those who were not Langobards. The eastern Franks had no grammar or written language, but their sustained political union over several generations gradually created the basis for a common tongue distinct from the Romanic language of the western and southern Franks: a mix of Latin, Celtic, and various regional forms of northern and eastern Germanic.

After the Treaty of Ribemont (880) finally settled the boundaries between the eastern and the western Frankish kingdoms, Louis III (r. 876–82) established the capital of the eastern kingdom at Frankfurt am Main, whose central location helped him integrate the nobles of his lands into his court. And while his western Frankish counterparts lost control of the church to the papacy, Louis was able to retain the right to nominate bishops and control over church property.

Continuing internecine conflict, however, weakened the Carolingian dynasty and exacerbated a growing sense of crisis. On the eastern frontier the Great Moravian Empire posed a growing threat from the 830s, which persisted after Hungary overran that empire in the 890s; Viking raids penetrated the Rhineland around Aachen in 881 and down to the Moselle in

882 and 892. The last Carolingian king, Arnulf (r. 887–99), succeeded in becoming king of Italy in 894 and emperor in 896, but was unable to sustain the military initiatives required simultaneously in virtually every direction. His heir, Louis the Child (r. 900–11), was only six years old when he was crowned king at Forchheim in Upper Franconia in 900, and he was merely a pawn in the hands of the powerful nobles and bishops. The court itself was increasingly dominated by the bitter competition of the Conradines from the Wetterau and the Babenbergs from near Mainz for the dukedom of Franconia. Long after the award of the dukedom to Conrad, the Babenbergs remained eager for revenge.

As the monarchy faltered, the powerful eastern margraves, on whom the defence of the realm depended, gained in power. New leaders began to emerge from the ranks of the counts and other nobles and began to call themselves dukes. The Liudolfings of Saxony and the Bavarian Liutpoldings were particularly powerful malcontents. The new dukes became established in the traditional Germanic regions of Swabia, Bavaria, Thuringia, Saxony, Franconia, and, later, Lorraine, but they were not the direct successors of the Germanic dukes of the late Roman and Merovingian periods nor were they ethnic or tribal leaders. They were originally Carolingian nobles and they now asserted themselves to represent regional interests and to defend the integrity of the kingdom as a whole.

Their intense rivalry, however, nearly destroyed the kingdom they claimed to protect. With the support of Franconians, Saxons, Swabians, and Bavarians, the Conradines were able to secure the election of Duke Conrad as king at Forchheim in 911 (r. 911–18). He was the first non-Carolingian but, as a Frank, pursued the objectives of his Carolingian predecessors: to regain Lorraine from Charles the Simple, the ruler of western Francia, who had claimed it in 911; and to reassert the prerogatives of the monarchy against the powerful nobles. He failed in Lorraine. He partially achieved the second objective but he was handicapped by his lack of royal ancestors: without the aura of royal lineage, he was reliant on armed force; he died of a wound sustained in battle against Arnulf of Bavaria in 918. Since he had no male heir, the field was open for his enemies to arrange the election of Henry of Saxony as King Henry the Fowler (r. 919–36), so called because he was allegedly hunting birds when Franconian messengers arrived to inform him of his elevation.

The Saxon-German kingdom

Henry I's power base lay around Gandersheim, Hildesheim, and Quedlinburg, and his election represented a significant eastward shift of the centre of power of the eastern Frankish kingdom. He seems to have been chosen by a coalition of powerful Saxon and Franconian nobles who regarded him as *primus inter pares*; he himself declined anointment, which would have set him apart from those who had selected him. At first his power was limited, for the Bavarians elected their own anti-king, but his approach to such opposition was novel: after military threats he concluded a friendship treaty and within a few years had formally recognized all the dukes; unlike Louis III, he even acknowledged the dukes' authority over the bishoprics and monasteries in their lands. Equally novel was his decision in 929 to designate Otto, the eldest son of his second marriage, as his sole heir, thereby excluding three other sons from the succession.

The crown was no longer regarded as a family property to be divided among multiple heirs. The affirmation of the rights of dukes over their duchies would have made this impossible anyway. Yet when Henry arranged Otto's marriage to Edith, daughter of Edward the Elder of England, and then crowned and anointed him at Mainz in 930, he also signalled his determination to assert the singularity of the monarch above even the grandest nobles.

Otto I himself (r. 936–73) (see Figure 3) highlighted this theme in the ceremonies played out at Aachen when he inherited the crown

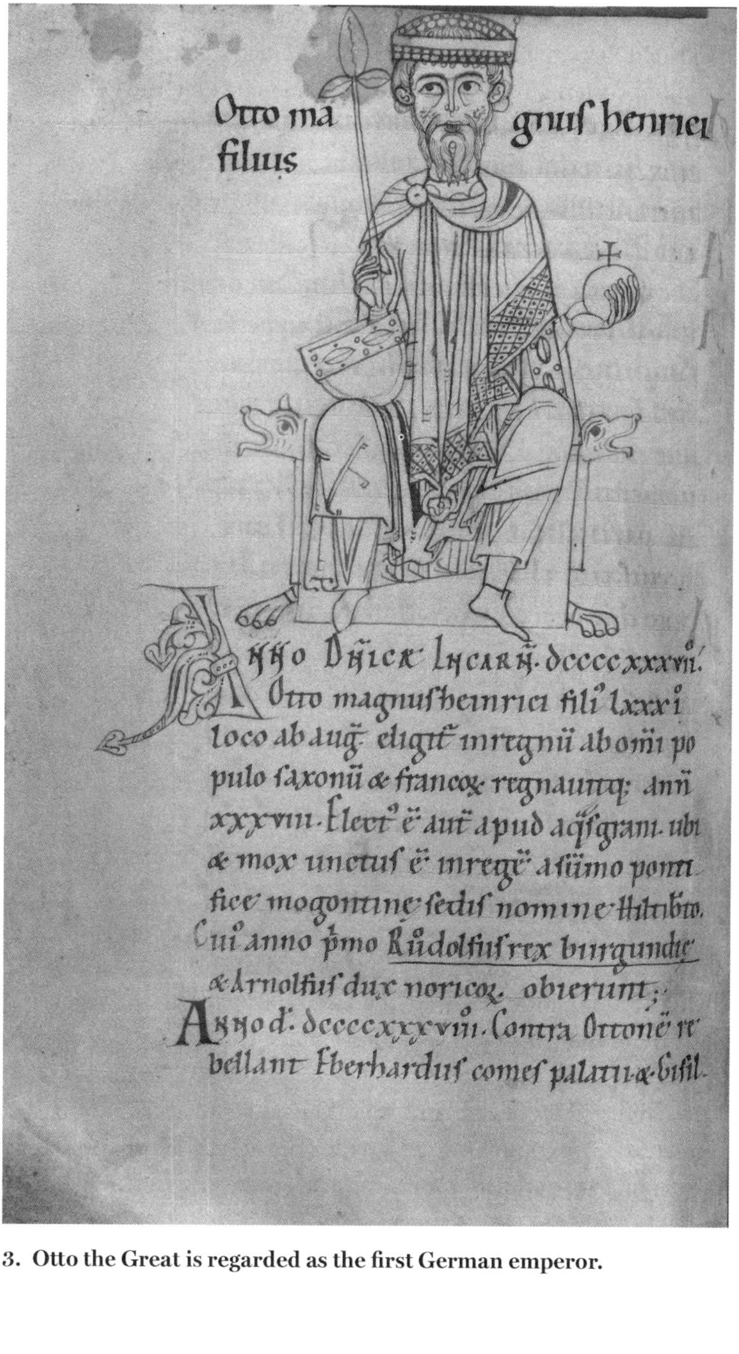

3. Otto the Great is regarded as the first German emperor.

in 936. Outside Charlemagne's chapel he was elevated by the leading nobles who swore their loyalty to him. In the chapel itself he was anointed and crowned by the archbishops of Mainz and Cologne. Then the dukes rendered service to the king symbolically at a festive meal by assuming the roles of steward, cupbearer, and so on. These offices were the basis for the ceremonial titles later held by the imperial electors.

For many years Otto was embroiled in bitter conflict with his brothers. His efforts to regain control over the church to restore its Carolingian role as agency of government and tool of royal patronage also generated tension, and his interest in Italy irritated Swabia and Bavaria which had aspired to take over the German role in northern Italy.

Italy and empire

Otto's Italian policy was piecemeal rather than the execution of a master plan to regain the kingdom of Italy and the imperial crown, but that was the ultimate outcome. The extinction of the Italian royal line in 950 left a vacuum which Margrave Berengar II of Ivrea attempted to fill by imprisoning the last king's widow, Adelaide, at Garda Castle and usurping the throne with his own son Adalbert as co-ruler. Berengar had become a vassal of the German king when he fled to Otto's court in 940 following a failed uprising against King Hugo of Italy. The prospect of him now establishing himself as the master of northern Italy clearly threatened the traditional claim of the German kings to the Italian crown and access to Rome. The situation was aggravated by the fact that Adelaide was the daughter of the king of Burgundy, in whose lands the German kings also had an interest.

Adelaide soon escaped and appealed to Otto for help. He swiftly inflicted a decisive defeat on Berengar, assumed the title of king of the Langobards, and, a widower since the death of Edith in 946, he married Adelaide in 951. The following year, however, he installed Berengar and Adalbert as kings under his overlordship and placed the marches of Verona and Aquileia under Bavarian stewardship.

An uprising led by Otto's own son Liudolf, who felt threatened by his father's new marriage, immediately jeopardized the new status quo. Liudolf was soon marginalized and deprived of his duchy of Swabia but the episode allowed the malcontents to make contact with the Hungarians, whose forces besieged Augsburg in 955. Otto's decisive victory over the Hungarians enhanced his prestige enormously and enabled him to respond to Pope John XII's call for help against Berengar's growing aggression. After securing the succession of his infant son by Adelaide by crowning him king, Otto marched south, took personal control of the Langobardian kingdom, and was crowned emperor in Rome on 2 February 962. Adelaide was crowned empress at the same time, the first medieval papal coronation of an empress.

Pope John XII (r. 955–64) himself had offered the coronation. It is no coincidence that a splendid copy of the forged Donation of Constantine was prepared at this time to show the new emperor: the document purportedly proved that Emperor Constantine had given authority over the western empire to Pope Sylvester I (r. 314–35) out of gratitude for having cured him from leprosy. Pope John saw the creation of a new emperor as an opportunity to enhance his own prestige and to reassert Rome's primacy.

Otto did not hesitate to accept. Even before he set off for Rome, his brother Bruno, archbishop of Cologne and imperial chancellor, designed a new imperial seal. The old image of the ruler as warrior with shield and lance was replaced by a frontal image which showed him bearing the insignia of crown, sceptre, and orb, the first medieval depiction of the orb which had been the Roman symbol of world domination.

Otto's ambitions were more modest. The relationship between the king and the papacy, between secular and ecclesiastical power, remained undefined: Otto recognized papal ownership of various Italian territories; the pope agreed that in future any pontiff elected by church and people should take an oath of loyalty to the emperor before his consecration. But many of the territories specified were not in fact controlled by either emperor or pope, and never had been. The idea of a papal oath of loyalty proved to be no more than a general reassurance that could easily be set aside.

Otto spent another ten years in Italy, where he consolidated his rule by creating new counts, reasserting royal feudal prerogatives, and building a new citadel at Ravenna, the old Byzantine centre. He failed, however, to persuade Basileus Nikephoros II Phokas (r. 936–69) in Constantinople either to recognize his title or to agree to a marriage between a Byzantine princess and his son. Nikephoros's successor, John I Tzimiskes (r. 969–76), was more amenable and Theophanu, possibly John's niece, aged about thirteen, married Otto II in Rome in 972. Marrying into the eastern imperial dynasty reaffirmed the primacy of the Saxon rulers over other western monarchs.

Imperial rule in Germany

North of the Alps, meanwhile, Otto set about consolidating his power by controlling episcopal appointments and endowing the bishoprics and other ecclesiastical foundations with land and rights. With papal permission he established a new archbishopric in 968 at Magdeburg with a suffragan bishop at Merseburg. The intensification of the Merovingian-Carolingian system of church patronage was now so pronounced that contemporaries referred to the German church as the Reichskirche, over which the king had authority as 'vicar of Christ'. Otto's generous endowments to the German bishoprics, monasteries, and convents stimulated what is often termed the 'Ottonian Renaissance', characterized by the foundation of cathedral schools and the production of new editions of the classical texts, as well as a wealth of new liturgical literature, the epic poems, sacred comedies and plays of the nun Hrothsvitha at the imperial convent of Gandersheim, and Widukind of Corvey's history of the Saxons and other works.

At the same time, the perennial struggle against the Slavs on the eastern borders gradually eased: in some regions Slavs entered into various forms of tributary contract with the German crown; Slav leaders such as the Bohemian Přemyslids and the Polish Piasts married into Saxon noble families and became margraves in the marches bordering their own lands; almost everywhere persistent Christian missions began to have a lasting impact.

Overall, Otto followed Frankish-Carolingian tradition. His monarchy was itinerant, reliant on the hospitality provided by the archbishops and other church leaders to enable him to travel around his realm. Indeed, such travel seems to have been more important to him than to his predecessors. Unlike the Carolingians he had relatively few officials; the old-style royal servants had now turned into hereditary aristocrats. The king's cultivation of a network of personal ties, friendships, and family relatives was crucial.

The written decrees and missives on which Charlemagne and his immediate successors had relied were now less important than rituals acted out in full view of the court. Grants of privileges and the like were made by means of ceremonies which enacted rank and status; the church services that marked Easter or Whitsun were events where power relations were played out by both king and nobles, the former asserting his authority, the latter accepting it. Otto I travelled largely in Saxony, to the Lower Rhine and to the central Rhine-Main region; his immediate successors extended the range to Swabia and other parts.

The eastern kingdom still had no formal title. Otto generally referred to himself as *rex*, later *imperator*, without specifying a specific territory or a subject people. His father's title had initially simply been king of the Franks and the Saxons, which excluded Swabia and Bavaria; Otto later styled himself, as Charlemagne had, *Rex Francorum et Langobardum* (*Italicorum*), a ruler of people rather than lands.

Yet Otto's preference for a more general regal or imperial title did not break with tradition. After Charlemagne, the simple designation of the ruler as *rex* had become the norm in the eastern realm, while in the western realm the title of *rex Francorum* was used consistently from the 10th century. The difference perhaps reflected the greater uncertainty in the east about which parts the king actually ruled. Furthermore, the various chancelleries often used different styles, to which historians have often attached significance because they have suited their arguments concerning the emergence of a German monarchy or empire. In reality the Ottonians ruled over what essentially remained a Frankish kingdom into the 11th century.

New aspirations under Otto II and Otto III

Otto II (r. 973–83) also established his authority in an entirely traditional manner north of the Alps. At the start of his reign in 973 he was obliged to parry western claims to Lorraine and a northern challenge from Denmark. At the same time granting Swabia to his own cousin aroused the hostility of Bavaria, whose duke, Henry II (the Quarrelsome), he deposed in 976.

Yet there were signs of new aspirations. Having been crowned co-emperor in 967, Otto II's adoption of the title *Romanorum imperator* betrayed larger ambitions in Italy. In 980 he imposed his authority on Rome but his aim to take the south failed when he suffered a devastating defeat in July 982 at the hands of forces of the Muslim Emirate of Sicily at Capo Collone by Cotrone in Calabria. Nonetheless he was able to persuade the leading German and Italian nobles to elect his two-year-old son as king in Verona on Pentecost 983. This success was, however, overshadowed by a major uprising of the Slavs, which pushed imperial forces back to the Elbe; the emperor had no time to respond before he died in Rome in December 983.

The succession was secure, but only just. The deposed duke of Bavaria emerged to claim the guardianship of Otto II's infant son but was thwarted by the archbishop of Mainz and the Saxon nobility, who bought him off by promising to restore him in Bavaria. They insisted on installing the Empress Theophanu, who managed to stabilize the empire north of the Alps while renewing imperial claims in Italy and Rome. Following Theophanu's death in 991, Adelaide, the young ruler's grandmother, took over briefly until Otto III himself assumed power in 994, aged fourteen, and set about regaining lost ground. Having secured the loyalty of the Christian Obotrite Prince Mstivoj in Mecklenburg, he travelled to Rome where he installed his cousin Brun of Carinthia as Pope Gregory V and was crowned by him as emperor in 996.

A subsequent campaign against the Slavs east of the Elbe secured Otto's position north of the Alps sufficiently for him to place the government in the hands of his aunt Matilda, Abbess of Quedlinburg. He then returned to Italy where he aimed to break the power of the Crescentii clan in Rome and to make the city the centre of his power. He proclaimed a *Renovatio imperii Romanorum*, a renewal of the Roman Empire, and he adopted the title *Romanorum imperator augustus*. He also built himself a new palace on the Palatine Hill, where he introduced Byzantine court titles and ate alone on a raised half-moon table in the manner of the Byzantine emperors.

Even his decision to travel to Gniezno in 1000 to establish an archbishopric in memory of Archbishop Adalbert of Prague, who had died a martyr on his mission to the Prussians in 997, can be seen as part of his ambition to renew both church and empire.

As with his support for the establishment of the archbishopric of Esztergom in the same year, Otto aimed both to promote Christianity and, by securing recognition from the Polish and Hungarian rulers, extend his own *imperium*. When he returned to Rome, however, he was almost immediately driven out of the city by the citizenry. He died in January 1002 before he could retake it.

The succession of Otto III's second cousin, Henry of Bavaria (r. 1002–24), was challenged by several powerful noble aspirants, which no doubt reinforced his determination to proclaim a *Renovatio regni Francorum*. Though Henry also secured coronation as king of Italy in 1004 and the imperial crown in 1014—retaining the imperial title remained key—his priorities lay north of the Alps. Following Carolingian and Ottonian tradition, he founded a new bishopric in Bamberg and reinforced control over the church by promoting more royal chaplains to bishoprics than ever. He also struggled constantly against challenges to his authority in Lorraine and against the ambitions of Duke Boleslaw I of Poland in the east. His focus on Germany was reflected in contemporary references to him as the *rex Teutonicorum*, king of the Germans; he was the first ruler to be so styled.

With Henry's death in 1024, however, the Ottonian dynasty ended. Their achievement had been to construct a German kingdom on the foundations laid by their Carolingian predecessors and to maintain control of the church there. They had also secured the right of the elected German kings to the imperial title, though their control of the kingdom of Italy remained precarious and their authority over the papacy was limited. These issues were to play a central role in the rule of the Salian and Hohenstaufen dynasties over the next two and a half centuries.

Chapter 2
The high medieval empire: from the Salians to the Hohenstaufen

The early Salian kings

While the Ottonians established the link between the German crown and the imperial crown and claimed the Italian crown, the real focus of their attention was north of the Alps. By contrast, the Salian and Hohenstaufen dynasties who ruled until the mid-13th century were forced to look south as the issue of the relationship between empire and papacy became increasingly problematic.

Following Henry II's death in 1024, the bishops, abbots, and nobles summoned by his widow Empress Kunigunde to Kamba on the Middle Rhine swiftly chose a successor. Two cousins, each named Conrad, seemed eminently suitable. Both were descendants of Otto I and scions of a Franconian dynasty (known as Salians after the Franconian legal code, the *Lex Salica*) with a strong regional power base in the Middle Rhine region. The younger had more land but the elder's wife, Gisela, was a direct descendant of Charlemagne and a potential heiress to the Burgundian crown; he also already had a male heir.

Conrad II (r. 1024–39) soon faced opposition. He won over the Saxons by affirming their laws but the nobles of Lorraine resisted until the death of their duke in 1026. Conrad's stepson, Ernest II of Swabia, remained a perennial antagonist until his death in

1030, while the younger Conrad, the king's erstwhile rival, smouldered until he was awarded the duchy of Carinthia in 1035.

From the outset the new king was determined to establish his right to succession in Burgundy, which Henry II had held since 1006. When Conrad succeeded Rudolf III of Burgundy in 1032, the *imperium* rested on the threefold foundation of Burgundy, Germany, and Italy. Royal powers in Burgundy were limited but Conrad gained control over the main Alpine passes. At the same time he ruthlessly asserted his rights in Italy against regional opposition fomented by the north Italian princes. By 1027 he was recognized as king of Italy and progressed to Rome for his imperial coronation. The following year his son Henry III was crowned king of Germany at Aachen.

In Germany Conrad worked to contain the power of the dukes, partly by adopting a policy which also proved successful in Italy: supporting the efforts of the vassals of the secular and ecclesiastical princes to establish the heritability of their fiefs. He also exercised his authority more harshly than his predecessors. Previously, noble transgressors had only to apologize to be forgiven their crime; those who appeared before Conrad's court were almost invariably punished, a prospect that cowed many. Equally important, he sought to neutralize the threats posed by Bohemia, Hungary, Poland, and the Wendish territories in the north-east and to establish good relations with the major northern ruler, King Canute of England, Denmark, and (after 1030) Norway.

Conrad followed Ottonian ecclesiastical policy by asserting his right to appoint bishops and extract substantial fees from his appointees. Yet he rarely bothered to consult a synod, and if the nascent church reform movement flourished in the 1030s it was because of the patronage of Empress Gisela. She became regent when Conrad returned to Italy in 1037 to deal with a new crisis precipitated by the archbishop of Milan's high-handed treatment of his vassals and to resolve matters in southern Italy.

Conrad deposed the archbishop temporarily but failed to subjugate Milan itself. He was equally unsuccessful in the south. Byzantium continued to hold Apulia and Calabria; the Lombard duchies of Benevento, Capua, and Salerno existed free of imperial control; the Saracens ruled Sicily. The dominant actor was the Norman mercenary commander Rainulf Drengot, who had been hired originally by the Byzantine duke of Naples and created count of Aversa by him. Conrad acquiesced, thereby recognizing the first Norman foothold in Italy. Soon after returning north he died at Nijmegen in February 1039.

Consolidation and church reform

Like his predecessors, Henry III (r. 1039–56) began his reign with an extensive progress round the German and Burgundian kingdoms. By 1046 he had visited most parts of each realm at least once, despite being distracted by a seditious uprising of the dukes of Lorraine and renewed military assaults from Bohemia and Hungary.

Henry was even more ambitious than his father, and the increasingly interventionist nature of his government was reflected in the fact that the chancellery, the source of all imperial documents, ceased to be part of the imperial chapel and was now established as a political office under the management of the chancellor. Deeply pious and given to public demonstrations of penance for his sins, Henry saw himself as Vicar of Christ with a mission to pacify the world. The appeals he made between 1043 and 1046 for a perpetual peace resonated with a widespread peace movement in western Europe which had generated numerous local and regional pacts over the previous half century. But they also aroused suspicion, for Henry's harsh treatment of those who transgressed seemed to deny the rights of princes and nobles and even bishops.

Henry's early episcopal appointments showed that he favoured the cause of church reform. The movement originated at the

Benedictine foundation established at Cluny in 910 and gradually spread to the German monasteries, winning adherents throughout the church. The key issues were secular control over the church and the morality of the clergy: simony (selling or buying ecclesiastical benefices) and Nicolaism (clerical marriage), both formally prohibited by canon law.

Previous monarchs, like their vassals lower down the hierarchy, had practised simony as a matter of course: the fees paid by newly appointed bishops and other clerics were a vital source of income. By the 1040s attitudes had changed and Henry was among those who believed that this sin must be eradicated. His expedition to Italy in 1046, a logical sequel to his travel in Germany and Burgundy, provided the opportunity to act.

He aimed to receive homage as king of Italy in the north, secure his imperial coronation in Rome, and establish his authority in the south. He prepared the ground by making strategic appointments to the three major northern metropolitan sees of Milan, Aquileia, and Ravenna. On his arrival he summoned a synod of bishops to Pavia, where he denounced the sale of benefices. At another synod at Sutri in December he resolved a two-year-old crisis in the papacy by deposing three competing popes and installing Bishop Suidger of Bamberg as Clement II (r. 1046–7).

Following Henry's and his wife Agnes's coronation on Christmas Day, Clement excommunicated all simoniacs. The people of Rome gave Henry the title Patrician (*Patricius*), with authority over Rome and papal elections. He took this to mean that he had the right of nomination, which he subsequently exercised three times in favour of German bishops. In southern Italy he managed only to transfer the Norman warlords to his own direct vassalage, which failed to contain their growing power.

Henry received much posthumous praise for having restored imperial authority over the church and the three kingdoms.

Yet his intervention in Rome prompted many bishops to question his right to dictate to the church. Some argued that in the Donation of Constantine the Eastern Emperor had given overall authority over the west to the pope. Others denied that Henry's consecration was equal to that of a bishop and doubted the sacrality of his kingship.

These matters became burning issues in the long reign of his son who succeeded, aged six, as Henry IV (r. 1056–106). The regency of Empress Agnes was initially backed by the archbishops of Cologne and Mainz and the bishop of Augsburg. She also appeared to buttress her authority by awarding the three vacant duchies to potential opponents: Bavaria to the Saxon Count Otto of Nordheim; Swabia to Rudolf of Rheinfelden, who also married her daughter Mathilda; Carinthia to the Swabian Count Berthold of Zähringen, who had been promised it by Henry III. In fact the re-establishment of powerful duchies created hostages to fortune, but what really undermined Agnes's position was a serious blunder in her dealings with the church.

The cause of reform had made significant progress in Rome during previous decades. The campaign against simony and for celibacy had now become central to the papacy's sense of mission and both issues were combined in the rallying cry *libertas ecclesiae*, freedom of the church. Furthermore, Leo IX (r. 1049–54) transformed the role of the papacy. His predecessors had rarely left Rome; he travelled like a monarch and, in doing so, asserted the authority of the bishop of Rome over the church more stridently than ever before.

At the same time, the rise of the Normans offered potential military support both against local opposition in Rome and against the emperor. Nicholas II (r. 1058–61) attempted to reinforce the independence of the papacy by decreeing that the cardinals would henceforth elect the popes and that the acclamation of a pope by the Roman clergy and laity would be purely symbolic. The

Roman nobles and their supporters in the church responded by persuading Agnes to support the election of their own antipope. The reform-minded German bishops promptly sidelined her, however, and the archbishop of Cologne became de facto regent.

On coming of age in 1065, Henry IV faced serious problems in both Germany and Italy. Rumours of a conspiracy to assassinate the king led to Otto of Nordheim, duke of Bavaria, being summoned to an imperial court in 1070 and, after he refused to participate in a duel to prove his innocence, he was deprived of both his dukedom and his Saxon allodial properties (i.e. those which he owned outright, independently of any overlord). This harsh treatment precipitated a major Saxon uprising in 1073.

Otto profited from the opposition to Henry's regime in Saxony. Wherever possible, Henry had demanded the return of royal property previously given away. Like other lords at the time, he also extracted onerous payments from his fiefs and transformed former communal lands, such as woods, into lordship domains. The construction of hilltop castles exacerbated the sense of an oppressive concentration of power, for they seemed designed to dominate a region rather than, as before, to provide refuge for the population in emergencies. They were invariably manned by royal officials from Swabia and elsewhere, some of them, even, non-nobles; the king's insistence that they marry daughters of Saxon noblemen gave rise to complaints about the abduction and rape of Saxon women.

The Saxon duchy which had prided itself on being the main pillar of the Ottonian and early Salian monarchy now resented the king's frequent visits: many said that Saxony had been reduced to serving as little more than a kitchen, good only for the sustenance of the largely non-Saxon court.

Henry's refusal to hear the Saxons' complaints prompted an uprising. He fled west to Worms, where the townspeople had just driven out the bishop and welcomed his promise of privileges. His fortunes only really turned when a band of Saxon peasants desecrated the graves of members of the royal family, which split the Saxon opposition and persuaded south German princes and bishops to come to his aid. In June 1075 he crushed the Saxon and Thuringian peasants led by Otto of Nordheim and the rebel leaders were imprisoned and deprived of all their property. At Christmas a gathering of princes at Goslar agreed to elect his one-year-old son Conrad as king. Otto once more sought Henry's forgiveness and was restored to his duchy of Bavaria and made administrator of the duchy of Saxony.

Conflict with the papacy

Henry's victory proved hollow. Pope Gregory VII (r. 1073–85) had urged the Saxons to remain peaceful and loyal to their king, but he himself now turned against him. Building on the ideas of his predecessors, Gregory declared that Christ himself had founded the Roman church and that its bishop was St Peter's representative. He consequently claimed authority for himself and his legates over all other bishops, as well as the right to depose even the emperor and to release his subjects from all obligations to him.

Yet another crisis in Milan triggered action on these claims. A coalition of townsmen and lesser nobles (*valvassores*) demanded both church reform and participation in the government of Milan. In 1067 the rebels had undermined the episcopate of Guido da Velate, whom Henry III had installed in 1045, and secured papal support for their own candidate, Atto. Henry, however, appointed Gotofredo II da Castiglione, which had prompted Alexander II (r. 1061–73) to excommunicate all Henry's advisers. Still embroiled in the Saxon uprising, Henry apologized to Gregory and promised to eschew simony in future.

Following the death of the rebel leader Erlembaldo Cotta in 1075, Henry created his own Italian court chaplain Tebaldo da

Castiglione (r. 1075–80) archbishop and appointed new bishops in Fermo and Spoleto, both in the pope's own metropolitanate of Rome. When Gregory threatened excommunication, Henry summoned a synod to Worms, where twenty-four bishops renounced their obligations to Rome and supported a public letter demanding the pope's abdication. In the German version Henry referred to himself as the anointed of the lord; in the Italian version he styled himself Roman *Patricius*.

Gregory's response was draconian. He excommunicated Henry and deposed him, formally releasing his subjects from any obligation to him. Henry's weakness rapidly became apparent. A new Saxon uprising gathered ground. The murder of Duke Godfrey of Lower Lorraine in February 1076 had deprived him of a key ally. The Upper German dukes summoned a diet at Tribur in October 1076 to tame the errant king. Henry's episcopal support also evaporated, for few bishops were willing to defy the pope by following an excommunicate.

The presence of papal legates added spiritual authority to the diet's deliberations. The Saxon proposal to depose the king failed but it was agreed that he should be humiliated and subjected to the will of the princes. Encamped on the other side of the Rhine at Oppenheim, Henry was obliged to promise to obey the pope and to secure his release from excommunication within one year. Pope Gregory was to be invited to preside over a new diet at Augsburg on 2 February 1077 to consider the future of the kingdom.

Henry did not await that discussion. He set off over the wintry Alps to intercept the pope. On 27 January 1077 he appeared barefoot in his penitent's robe before the walls of Canossa Castle where Gregory had taken refuge with Countess Matilda of Tuscany. The same ritual was repeated on the two following days; Gregory then released Henry from his ban and gave him the kiss of peace before celebrating Mass with him.

German historians traditionally referred to the 'road to Canossa' as the greatest humiliation ever suffered by a German ruler. Their Italian counterparts presented it as the first great Italian victory, the first blow against German domination, which led to Italy's 'self-liberation' from the Holy Roman Empire in the 15th century. The truth is more prosaic. By travelling to Canossa, Henry effectively forced the pope to rehabilitate him though he had to recognize the pope's higher authority to judge him.

Neither Gregory nor Henry attended the diet which opened on 13 March. The princes resolved to declare Henry an unjust king and depose him; two days later they elected Rudolf of Rheinfelden, duke of Swabia. The princes thereby abandoned the principle of dynastic inheritance in favour of a free election (*electio spontanea*): in future no one would be elected simply because he was the son of the monarch. The discussions envisaged the kingdom as a collective entity comprising those who held responsibility for it: the princes had the right to decide who should be king.
As hereditary monarchies began to emerge in France and England, the Germans thus took a decisive step away from the hereditary principle.

Most bishops, towns, and lesser nobles, however, distrusted the princes. The pope, too, while he recognized the princes' right to elect a king, disputed whether they could depose one. By 1080 Henry had re-established his authority in most of Germany except Saxony and demanded Rudolf's excommunication. Gregory responded by excommunicating and deposing Henry again.

Now, however, Gregory's enemies among the German and Italian bishops convened a synod at Brixen (Bressanone) to demand his abdication. They nominated Henry's former chancellor, Wibert of Ravenna (deposed and excommunicated by Gregory in 1078), as his successor. The Roman people opened their city gates as Henry arrived; Gregory was deposed and Wibert elected as Clement III (r. 1080–100). On Easter Sunday Henry and his wife Bertha were finally crowned emperor and empress. Meanwhile in Germany, Rudolf had died in October 1080 and his successor, Hermann von Salm (r. 1081–8), was unable to prevail outside Saxony and ultimately withdrew to his homeland in Lorraine.

Gregory attempted a comeback with the help of Norman forces but their plundering provoked a Roman uprising against him and he retreated to Salerno where he died in 1085. As Pope Gregory's star waned, the emperor's authority in Italy revived. In Germany, the death of Otto of Nordheim in 1083 left the Saxons leaderless. Carinthia and Swabia were awarded to loyal followers. The rebel Welf IV, duke of Bavaria, was deposed, but after he attempted an uprising against Henry in northern Italy in 1092 he was bought off with reinstatement as duke of Bavaria. When Henry promulgated a forty-year domestic peace in Germany with the support of the princes in 1103 he seemed to be back in control. Yet in 1104 his own son, Henry V, led a rebellion against him. Henry IV was obliged to abdicate; he escaped to Liège but died in August 1106 before he could launch a counter-offensive.

Henry IV had neglected to cultivate long-term relations with the upper nobility, relying on lesser nobles and royal servants or ministerials. His harsh treatment of offenders from the upper nobility gave him the reputation of being unjust and arbitrary in the exercise of his power. It was said that he was unreliable and morally corrupt; he was allegedly sexually perverse, unfaithful, and violent towards women. It is not clear whether this was true, but the fact that the accusations were made at all reflects his poor reputation and explains why he faced repeated rebellions.

Henry V (r. 1106–25) was initially warmly supported by the episcopate and the pro-reform princes, so there was hope that Rome might also welcome him. However, Gregory VII's successor, Paschal II (r. 1099–118), was now determined to abrogate all royal prerogatives over the church.

Henry's German allies fully supported the superiority of the kingdom over the church and the king's right to install bishops. In German tradition the bishops were, after all, the real pillars of the monarchy, agents of royal government, the monarch's most important supporters. Thus Henry sent the archbishops of Cologne and Trier to Rome in 1109 to argue the case for the German king's traditional rights. The pope countered that if Henry gave up his investiture rights the German bishops would return all the property they had received.

The bishops were incensed, and they stood by as Henry kidnapped the pope and the cardinals and forced them to confirm the king's investiture rights, promise that the pope would never excommunicate the king, and agree to his coronation as emperor. Victimizing the pope, however, soon once more turned the German bishops against Henry, and before long they were endorsing Paschal's demands.

Henry also faced other problems. Saxon nobles objected strongly to his energetic attempts to enforce his rule by building castles, employing ministerials, and seeking to enlarge the royal demesne by reclaiming fiefdoms which local families had expected to inherit. In the Middle Rhine region he clashed with Archbishop Adalbert of Mainz, in Thuringia with Count Louis and the duke of Saxony. All three were imprisoned for disobedience; the duke of Saxony was pardoned after a public act of capitulation; but the feeling that the king sought to humiliate his vassal rather than seek reconciliation rankled.

Things were better in Italy where Henry inherited the lands of Matilda of Tuscany in 1115. This further enlarged the fortune he had gained from his marriage to the twelve-year-old Matilda of England in 1114 (the engagement took place when she was just eight), whom he also managed to have crowned empress. News of a planned gathering of German princes, however, forced his hasty return to Germany. Having been excommunicated again, Henry was now forced to resolve the investiture issue.

At the 1121 Würzburg diet the princes insisted that he obey the pope. The following year the agreement later known as the Concordat of Worms distinguished between the ecclesiastical role of a bishop (the *spiritualia*) and the secular or temporal aspects (the *temporalia*). The king could endow a bishop appointed by a free election with his *temporalia*, i.e. make him a vassal. That, however, did not imply that the king was Christ's representative. Only the subsequent anointment and consecration by the relevant archbishop accompanied by two other bishops created a true bishop. Calixtus II (r. 1119–24) conceded only that the emperor might be present at elections of bishops and abbots in Germany and that following a tied vote he might tip the balance in favour of the person supported by the most senior electors.

Neither the monarchy nor the church really won the investiture controversy. Its most important outcomes concerned Germany. First, the bishops were no longer royal officials with unlimited obligations to the monarch; they became princes who owed feudal obligations to the king. Second, as the bishops' feudal overlord, the king gained new rights over the German church which compensated for the loss of reputation he had suffered. Third, the controversy strengthened the German princes. They failed to engineer a free royal election, but the principle had been established. They had prepared the compromise with the pope and then forced Henry to agree, bolstering their right to participate in decisions that affected the monarchy and the empire. The refusal of the duke of Saxony to sign underlined Saxony's continuing resistance to royal power.

The development of a German identity

In his correspondence with Henry IV, Gregory VII had referred pointedly to the *regnum Teutonicorum* or the *regnum Teutonicum*, which implicitly denied Henry any rights over Italy. The adoption of the term also reflects the development of German identity under Henry IV and Henry V. The internal conflicts of the period mobilized wider sections of the population than ever before: not only clergy, lesser nobles, and towns, but also peasants who supported the king against his internal opponents or against Rome. That could work against him too, as it did in Saxony, but the extent of popular support for the monarchy is striking nonetheless. The term 'diutisc' or 'diutsch' (the Old High German form of the modern word 'deutsch') was increasingly understood to mean subjects of the German kingdom rather than just the community of those who spoke the common tongue. The expression 'deutsche Lande' or German lands also came into usage in the late 11th century.

Germans continued to believe that the larger polity to which they belonged was the Roman Empire rather than a German empire and they developed myths of origins that explained how this had come about. The *Annolied* (Song of Anno), a posthumous eulogy to Archbishop Anno II of Cologne (d. 1075) composed around 1080, recounted that Caesar had been sent to fight the Germans and subjugated them after a ten-year struggle. In Rome he met with ingratitude and so he returned to Germany, where he was hailed as a hero. The Germans helped him conquer Rome and establish the empire, since which time Germans had been welcome there. The *Kaiserchronik* (Chronicle of the Emperors), probably composed about 1140–50, told a similar story and, reflecting the usage re-established by Henry V's chancellery, equated the *regnum Teutonicum* with the Roman Empire (*Romanum imperium*). According to this source, Charlemagne had first united the two kingdoms and the German kings had been emperors ever since.

The Staufer or Hohenstaufen

Italy also played a central role in the policies of the next major dynasty, the Staufer or Hohenstaufen. The electors initially chose

Lothar von Supplinburg, duke of Saxony (r. 1125–37). He was the clear favourite of the reformers but he was an old man of fifty. He failed to recuperate the Salian dynastic lands in Swabia or to defend papal claims against Byzantium, the Normans, and Venice. He was crowned in Rome in 1133 but his son-in-law, Duke Henry the Proud of Bavaria, was never recognized as his successor. Strongly supported by the papal legate, the princes opted for the modest but well-connected Conrad III of Hohenstaufen (r. 1138–52) rather than the boastful and more powerful Bavarian.

The Staufer of Swabia had established a power base in Upper Germany by remaining loyal to the crown when it was under attack from the dukes of Bavaria, Carinthia, and Swabia. Moreover, Conrad's mother, Agnes, was a daughter of Henry IV. Following his election as king in 1138 Conrad faced opposition from Henry the Proud and Welf VI of Bavaria, which was only slowly mitigated by calculated marriage agreements, though his dispute with Welf remained unresolved. Overall his reign was perceived as a period of war and uncertainty, marred by the total failure of the Second Crusade and another crusade against the Wends in the southern Baltic coastal regions in 1147–8. It was also blighted by a great famine in 1151.

Yet Conrad laid the foundations for future developments. The royal chancellery continued to develop as the key instrument of government, now under the active management of a non-clerical royal appointee rather than the arch-chancellor, the archbishop of Mainz; such was the prestige of the office of chancellor that its incumbents were often rewarded with archbishoprics when they left office.

Royal revenues were enhanced by recovering former royal properties and by acquiring new ones. Some became important residences, and the king's travels now invariably featured the great fortresses that were constructed at Hagenau, Gelnhausen, Nuremberg, Eger, Frankfurt, and Wimpfen, in addition to the old residences, such as Aachen, Goslar, and Kaiserswerth. His growing reliance on royal officials or ministerials and lesser nobles also slowly created a network of crown vassals that ultimately replaced the old system of duchies. Although Conrad was the first German king since 962 who was not crowned as emperor, his chancellery habitually referred to him as *imperator Romanorum*.

Frederick I Barbarossa

Conrad's successor, his nephew Frederick I Barbarossa (r. 1152–90), followed his uncle's example. He immediately proclaimed a perpetual peace in Germany, the first of several during his reign. He created new dukes, margraves, and landgraves, which further undermined the position of the traditional German duchies. By the 1170s the court regarded all the ecclesiastical and secular vassals as princes of the empire; Barbarossa himself compared them with the Roman College of Cardinals: supporters and advisers of the crown.

Traditional accounts of Barbarossa's reign emphasized his supposed long-running feud with his cousin Henry the Lion, duke of Saxony and Bavaria. Henry was much wealthier than the king and often behaved regally. But their relationship was good until 1179 when the Saxon bishops and nobles denounced the duke as a tyrant. This prompted Henry's arraignment before an imperial court, and when he refused to answer the charges against him he was outlawed and deprived of all his property. While Henry's substantial allodial properties (the properties he owned independently of any higher authority such as the king or emperor) were returned to him after his submission in 1181, his vassals were all transferred to the crown, which extended royal authority across the whole of northern and eastern Germany.

Developments in Burgundy also buttressed Barbarossa's position. Royal power there was mostly exercised by the powerful Zähringen dynasty from Swabia. Following Barbarossa's marriage to Beatrice, the heiress to prosperous Upper Burgundy, as his second wife in 1156, however, he dispensed with the services of his deputy. Though he removed Upper Burgundy from the kingdom again in 1169, turning it into the imperial fiefdom of Franche-Comté, his interest in Burgundy endured and he was crowned king at Arles in 1178. Burgundy still had some strategic significance for imperial control over the Alpine passes, but perhaps the most important benefit of his marriage to Beatrice was the money that enabled him both to compete with the duke of Saxony and Bavaria and to pursue the Italian campaigns that became so central to his reign.

German historians in the 19th century often reproached the Hohenstaufen for pursuing glory in Italy at the expense of Germany. Such arguments, however, reflected the national preoccupations of modern times. The medieval empire was understood as the totality of its three constituent kingdoms. An *imperium Romanorum* without Rome was unthinkable. Frederick achieved his imperial coronation in 1155, more swiftly than any previous king, and he made no less than six expeditions to Italy, spending over a third of his reign there to re-establish the *honor imperii*, the rights of the crown. The obstacles to his success lay in renewed conflict with the papacy over jurisdiction, the problems of the kingdom of Italy, and the advance of Norman power in the south.

In the Treaty of Constance 1153 the emperor promised to defend the possessions of the papacy and not to make peace with either the Romans or the Normans without papal approval. The pope undertook to support the crown and to sanction those who harmed it. Both parties agreed to make no concessions in Italy to the Byzantine emperor. They soon disagreed, however, over the question of the formal relationship between pope and emperor.

In a letter of protest at Barbarossa's abduction and imprisonment of the archbishop of Lund in Burgundy in October 1157, Hadrian IV (r. 1154–9) reminded the emperor he had endowed Barbarossa with his powers. But his reference to the empire as a *beneficium*, perhaps maliciously translated as 'fiefdom' by the imperial chancellor Rainald von Dassel, aroused consternation at court. Barbarossa vehemently rejected the pope's claims; his advisers argued that the pope's only function was to crown the person whom the German princes elected as emperor.

Barbarossa's attempt to force the issue led to nearly two decades of strife. Along the way, Alexander III (r. 1159–81) twice excommunicated him and ultimately obliged him to engage in a three-week process of public apology and obeisance in Venice. Canossa had been a pleasant stroll in the winter sunshine compared to this.

Managing the kingdom of Italy also proved difficult. By supporting some smaller towns against the tyrannical behaviour of Milan, Frederick simply incurred the animosity of others. Throughout middle and northern Italy the towns had developed a strong sense of communal identity in the later 11th century; their fierce pride in their autonomy could just as soon turn against the emperor as against the local hegemon in Milan. Furthermore the nobles had developed a similar autonomy and often made common cause with the towns against any royal intervention.

In 1158, at a diet at Roncaglia by the banks of the Po near Piacenza, Barbarossa commissioned a review of the crown's rights in Italy. Seeking to remedy the diminution of royal prerogatives under absentee monarchs since Henry IV, his commissioners used Roman law precepts to assert the uniform higher authority of the monarch over the kingdom, including traditional regalian rights over coinage, tolls, and taxes as well as overlordship over all fiefs, even if they had been sold. The Roncaglia programme was intended to re-establish royal authority in all three kingdoms, but even applying it to Italy was problematic.

Milan was only temporarily subjugated at the end of Barbarossa's second expedition (1158–62). By 1164 he was confronted by the

League of Verona comprising Verona, Padua, Vicenza, and Venice, and from 1167 he faced the hostile Lombard League with some twenty-five members, including Milan. It was not until 1183 that Barbarossa made peace and turned the Lombard League into an instrument of imperial policy.

Meanwhile, efforts to recuperate royal rights had generated friction with the papacy, since Frederick now claimed authority over towns in the papal lands, and even over Rome itself. The dispute was resolved in 1189 but the emperor still refused to recognize a distinct papal territory exempt from his authority.

Relations with Rome were further complicated by the growing power of the Normans south of Rome. In 1130 the papacy had assisted the creation of the Norman kingdom of Sicily and it played Sicily off against the emperor when the need arose. Threatened by a Byzantine army in 1150 and expelled from Rome by the local population, Hadrian IV concluded the Treaty of Benevento with William I of Sicily in 1156. This recognized William's kingship over Sicily as well as his possession of all peninsular Italy south of Spoleto and the papal lands.

With Sicilian support, Hadrian's successor, Alexander III, survived the challenge of four antipopes. Norman rule in Sicily was stabilized under William II (r. 1166–89) and the Byzantine threat receded. Barbarossa's only remaining option was an alliance with Sicily in 1186 when William's aunt, Constance, married Barbarossa's son Henry VI (r. 1191–7), with the provision that Constance be designated the childless William's heir. This was worth little at the time, for William was only thirty and his wife twenty, but it laid the foundations for the last and most spectacular attempt to establish a truly Roman Hohenstaufen empire only a few years later.

Barbarossa was celebrated in the 19th century as the founder of the German empire, but he was nothing of the kind. He aimed to establish a Roman empire that could compete with the church. Significantly, the term *sacrum imperium* was first used by his chancellery in 1157 to denote an empire that was sacred in itself, independently of the papacy; around 1180 the title *sacrum Romanum imperium* was used. Barbarossa fostered the cult of Charlemagne and had his antipope, Paschal III (r. 1164–8), canonize his great predecessor in 1165. The cult persisted long after the Third Lateran Council abrogated the canonization in 1179.

Barbarossa's veneration of Charlemagne as the great enemy of all unbelievers emphasized Charlemagne's supposed plans for a crusade. In that at least Barbarossa came close to his role model. When the Third Crusade was announced following the fall of Jerusalem in 1187, Barbarossa took the cross at Mainz and set out with 20,000 knights and 80,000 men. He never reached the Holy Land, for he drowned while crossing the River Saleph in southern Turkey on 10 June 1190. The fact that his bones subsequently disappeared soon gave rise to the myth that he had not died at all.

He had at least ensured the coronation of his son, Henry VI, as German king in 1169 so that Henry could be consecrated and crowned as emperor on Easter Sunday 1191. The key to his reign was that his wife was a claimant to the throne of Sicily. Following William II's death in 1189 it was usurped by Constance's nephew Tancred of Lecce (the illegitimate son of Duke Roger III of Apulia), but Tancred's death in 1194 finally left Sicily in the hands of the Hohenstaufen and Henry had himself crowned king in Palermo.

Frederick II and failure in Italy

Knowing that his son Frederick would succeed him in Sicily, but not necessarily in Germany, Henry VI (r. 1191–7) proposed transforming Germany into a hereditary monarchy and appeared to indicate that he intended to make Sicily the fourth kingdom of the empire. His ultimate aim was grander still: to be the 'peace emperor' who would reconcile east and west, conquer the heathens in the Orient, convert the Jews, and usher in the end of the world. The German princes were promised that their fiefdoms would become hereditary; the pope was offered the most lucrative benefice in every German bishopric. The princes, however, baulked at these plans, though they subsequently elected the infant Frederick as their king without demur. Henry, meanwhile, had mustered forces for a new crusade but succumbed to malaria at Messina in September 1197 before they departed.

Henry VI's early death destabilized Hohenstaufen rule in both Italy and Germany. The young Frederick was crowned king of Sicily at Whitsun 1198 but his mother's death later that year left the regency in the hands of Pope Innocent III, who swiftly removed the papal lands from imperial control. In Sicily, regional warlords schemed to enlarge their landholdings and competed for influence over the young ruler, weakening central power. In Germany, an anti-Staufer movement gained ground, resulting in the double election of Philip of Swabia, Barbarossa's younger son, and Otto IV, son of Henry the Lion, resolved by Innocent in favour of Otto, who was crowned at Aachen in July 1198.

The pope's intervention was accompanied by claims regarding the rights of the papacy in imperial elections. This incensed the German princes who regarded themselves as the rightful electors of the German kings. Decisively, Otto was supported by the three Rhineland archbishops and the count Palatine. This core group had often voted first in previous elections; now they took the initiative in a disputed election, a crucial step towards the formation of a specifically defined group of imperial electors. Yet Otto's energetic approach soon provoked opposition in both Germany and Italy, and by 1212 he was deposed in favour of Frederick of Sicily, the 'child of Puglia', as the *Kaiserchronik* called him, whose government was effective from his coronation as king in Aachen in 1215.

4. Frederick II's efforts to secure Italy ended in failure.

Frederick II (see Figure 4) spent almost his entire reign in Italy. He left Germany in 1220 and returned only in 1235–6 and 1237. He transformed the government of the Sicilian kingdom with the groundbreaking constitution of Melfi in 1231, the first comprehensive code of administrative law since Justinian's in the 6th century. Like Henry VI, Frederick II developed a grand vision of the world-historical significance of his rule, and he defied the pope and incurred excommunication by uniting Sicily with the empire.

Was Italy more important to him than Germany? Germany was crucial, for possession of its crown was the precondition for Frederick's imperial coronation in Rome in 1220. The succession was equally important. By the time he left for Italy he had ensured that his son Henry VII (b. 1211) had been elected king and was installed as duke of Swabia and rector of Burgundy. When Henry later showed signs of independent ambition in Germany and allied himself with his father's Italian enemies in the early 1230s, Frederick replaced him with his younger son Conrad.

Yet Frederick did not simply use Germany to promote his Italian ambitions. In his early years of itinerant kingship in Germany he followed the traditional policies of German kings. He extended his royal progress beyond the Upper and Middle Rhine regions to include Ulm, Augsburg, and Nuremberg. The areas of direct royal property ownership now included Alsace in the west and the Egerland and the Pleissenland adjoining Thuringia and Bohemia in the east. Royal government was largely carried out by officials and ministerials under the supervision after 1220 of regents, first the archbishop of Cologne and then the duke of Bavaria. In 1225 the Golden Bull of Rimini underlined the crown's continuing support for eastern colonization and Christianization by granting privileges and protection to the Teutonic Knights, though there was no question of these eastern lands being incorporated into the empire or formally 'colonized' by it.

Frederick avoided confrontation with the nobility. In his first years he established thirty-nine towns in south-west Germany alone, which indicates both the vitality of urbanization in Germany at this time and the continuing pressure of royal recuperation policies. In 1235, he issued a new imperial peace at Mainz: unlimited in time, reiterating royal prerogatives while at the same time confirming the rights of the princes. Until his position in Italy began to crumble in the 1240s, Frederick made the German system work effectively.

Italy was an entirely different matter. First, he had to secure Sicily. Then he became embroiled in conflict with Milan and the Lombard League. Problems with the papacy were postponed by the pope's wish that Frederick would lead a crusade, for the Fourth and Fifth Crusades (1201–4 and 1217–18), in which no monarch participated, had failed. Frederick promised a crusade in 1225 but its postponement led Honorius III (r. 1216–27) to excommunicate him, though he regained Jerusalem nonetheless and crowned himself king there in 1229.

The papal ban was lifted in 1230 but in 1239 Gregory IX (r. 1227–41) imposed another one after Frederick invaded Lombardy; in 1245 Innocent IV (r. 1243–54) also deposed Frederick for good measure. Both emperor and pope pursued the controversy as a holy war: the emperor fighting as 'hammer of the world' (*malleus mundi*) to return the church to its original condition; the pope waging war against the antichrist, the 'brood of vipers' on his threshold. With Frederick's death in December 1250, however, the conflict ended. His heirs failed to survive in either Italy or Germany. The Hohenstaufen imperial vision, born of the inherited aspirations of the Ottonians and Salians, had failed.

Chapter 3
The later medieval empire: the emergence of the Habsburgs

The electors

Older histories of Germany generally referred to the period after the end of the Hohenstaufen as the 'end of the age of emperors', allegedly the start of what was portrayed as the long decline of the Holy Roman Empire. The end was, in fact, over five centuries away. But it is true that between 1250 and 1312 no German king was crowned emperor and that until 1493 only one was succeeded by his son. From 962 to 1250, the empire had been ruled sequentially by three dynasties; now, following two decades of weak kings, the so-called Interregnum, several dynasties competed for the German crown before the Habsburgs emerged as dominant in the 15th century.

It was precisely in this period, however, that the German kingdom evolved constitutional structures which institutionalized the elective monarchy. The most important was the establishment of a formal group of royal electors. Previously, participation in royal elections had been variable: first, election by the people divided into tribal groups, then by gatherings of ecclesiastical and lay princes. By the late 12th century it was accepted that no election could be valid unless the three Rhineland archbishops of Cologne, Mainz, and Trier and the count Palatine of the Rhine had participated, with the archbishop of Mainz playing the key coordinating role. Eike von Repgow's *Sachsenspiegel* ('Saxon Mirror') law compilation of *c*.1220–35 noted that the duke of Saxony and the margrave of Brandenburg were also among the privileged electors.

These six had the right to vote first; after them, any other bishops or princes present could also vote. The entitlement of the six, Eike explained, derived from the largely honorific royal court offices they held since the coronation of Otto I in 936: the arch-chancellors of Germany (Mainz), Italy (Cologne), and Burgundy (Trier), and the steward (count Palatine), marshal (Saxony), and treasurer (Brandenburg).

Before 1250 elections had usually followed the dynastic principle: a new king had to be a blood relation of his predecessor and he was almost invariably the person designated as heir by the previous monarch. With the extinction of the Hohenstaufen, free election was inevitable and that ultimately required a more formal electoral system and majority votes. This may have been the reason why the king of Bohemia (cupbearer), excluded by the *Sachsenspiegel* because he was not of German birth, now became the seventh elector. In 1257 the seven acted alone for the first time, but the rules were only formalized in the Golden Bull in 1356. Elections occurred in Frankfurt, coronations in Aachen; majority votes were recognized, provided at least four electors had been present; the electorates could not be subdivided nor could the number of votes be multiplied by a dynasty claiming the equal entitlement of two members of equal status.

In 1338 the electors declared at Rhens on the Rhine that the person they elected was entitled to call himself king of the Romans and to rule in Germany without further reference to the pope. A century later they were meeting as a separate college in the imperial diet, another reflection of their growing sense of themselves as pillars and guardians of the empire. At the same time the emergence of the diet as a more formal body also reflected the development of a more elaborate constitutional framework.

The new challenges of monarchy

The post-Hohenstaufen era posed new challenges for potential monarchs. The king needed to be both a military commander and a peacemaker. He had to secure the loyalty of large numbers of retainers, advisers, and supporters, enticing them with rewards but also on occasion disciplining them with ruthless brutality. Both he and his itinerant court had to project power and mastery; he had to be an imposing sovereign figure, a supreme judge with authority.

New royal castles were now much grander and more imposing. The new court etiquette that spread to Germany from France in the 1170s and 1180s also dictated more elaborate clothing, skill in behaving at court festivals, or engaging in jousts and the other games of the medieval knights; the rituals of courtship were as complex as the rituals of combat. Pressure on the monarch was increased by the need to compete with the larger territorial courts in the empire. The more powerful nobles also invested in imposing buildings, lavish courtly rituals, and sponsorship of troubadours and other court entertainers.

Kingship had never been cheap but the costs now soared. Without regular taxes, finance was a permanent headache. Traditional sources of income remained essential: the money and goods in kind that flowed from the royal treasury or from the bishoprics and abbeys which were essential staging posts in the kings' itineraries or which provided sustenance for royal sojourns nearby. The church also rendered other *servitia* (services), including men and money for military campaigns. The most lucrative payments in the 12th century had been those from Lombardy because they were invariably paid in cash, which seems to have been a growing trend in Germany in the 13th century as well. The consolidation or recuperation of royal property was always in tension with the necessity to raise money by mortgaging or pledging it.

The crown also competed with the nobility in establishing mints and founding towns, with charters guaranteeing their freedom and subordination only to the emperor himself. The Hohenstaufen had established Jewish communities in their imperial towns and in 1236 Frederick II declared that all Jews in Germany were under royal protection, which meant of course that the crown could turn to them for levies, loans, and help with currency management. From around 1300 authority over the Jews was devolved to the princes, though by then the largest and wealthiest communities were those in the free or imperial cities. In 1415 Emperor Sigismund tried to regain the protectorate over the Jews and impose a tenth penny tax on them, which might have amounted to one-third of their income.

These developments reflected key characteristics of the evolution of the German monarchy in this period. The English and French monarchies sought to accumulate as much land and power as possible, governing through the creation of central bodies staffed initially by clerics. The German crown appointed unfree ministerials or crown agents to whom the functions of government were delegated. The Concordat of Worms had turned the bishops into vassals and in 1231 Frederick II had confirmed the rights of all princes, both secular and ecclesiastical. The old tribal duchies were gradually fragmented and transformed into fiefdoms. This marked the beginning of an extraordinary proliferation of the feudal system in Germany. While some counts managed to join the upper nobility, most former ministerials and the free townspeople came to be integrated into a multi-tiered system of vassalage.

In political terms, and in the absence of a written constitution, the order of ranks was a way of visualizing and acting out the complex hierarchy of the empire. The earliest written description of the system in the *Sachsenspiegel* elaborated a *Heerschildordnung* (literally, a 'ranking of military shields'), with seven ranks from the king down to ordinary free men. Regional variations meant that this scheme was never more than an idealized version of reality. Nor was it a static structure: the monarchy itself adjusted the hierarchy, for example by creating princes and, in the later Middle Ages, new dukedoms. Yet the *Heerschildordnung* nonetheless articulated the empire's structure and the nature of the ties that bound the nobility to the monarch.

Feudalism and the territories and cities

The main practical consequence of the development of the German feudal system was the devolution of government to the territories and imperial cities. Broadly speaking, the seven electorates, seventy ecclesiastical and twenty-five secular principalities, roughly eighty free or imperial cities, and other small entities all developed governmental functions more or less in parallel; only the very smallest territories of the imperial knights lagged behind. Most of the others assumed key governmental rights that elsewhere in Europe belonged to the crown: the administration of justice, tolls, a mint, the guarantee of safe conduct (and the right to charge for it), and so on.

This did not endow the territories with sovereignty, for the term *Landeshoheit* meant government subject to the empire and the authority of the monarch. In some parts, larger and more concentrated principalities developed written legal codes from the early 14th century. Many other principalities became rather fragmented: agglomerations of lordships and jurisdictions, some owned outright and others held as fiefs, constantly changing as a result of marriages, partitions, purchases, sales, or mortgage and lease agreements. Many, if not most, owned jurisdictional rights that lay on land owned by someone else, just as some of their own lands frequently fell under another's jurisdictional right. In much of the south-west of the empire this pattern prevailed into the early modern period.

The apparent drift in the empire towards fragmentation was balanced by developments which aimed to preserve peace. The imperial *Landfrieden* or peace ordinances of 1103, 1152, and 1235 expressed aspirations but were not effective, or only intermittently so; nor did they say much about how or by whom breaches of the peace would be punished. Nonetheless the general peace legislation was renewed by Rudolf I (r. 1273–91) and from the early 14th century such initiatives proliferated on a regional basis throughout the empire and some larger territories began to issue their own *Landfrieden*.

Other forms of peacekeeping organizations also developed. As early as 1226 a Rhenish league of royal and territorial towns formed, followed by a Wetterau league of four royal towns in 1232. A second and larger Rhenish league formed in 1254. In the north, the Hanseatic League, which originated in associations of merchants from about 1160, developed into a league of towns by the mid-14th century. It was dedicated to the protection of trade routes from the eastern Baltic to the North Sea and it proved more durable than most others, surviving into the early 17th century. From the 14th century, leagues formed by princes, counts, and knights also flourished.

The Perpetual League of Schwyz, Uri, and Unterwalden formed in 1291 renewed an earlier association and aimed to secure the best route to Italy over the St Gotthard pass against feuding lords in the valleys. It developed into an extensive self-defence association against the incursions of Habsburg overlordship, with military forces and, from 1315, a diet (*Tagsatzung*) which met as required. It was the core of the Old Swiss Confederacy that formally left the empire in 1505.

A plethora of local and regional arrangements also existed. Noble dynasties formed marriage, inheritance, and mutual defence agreements. These created a web of relationships which acted as a deterrence and as sources of support in a crisis.

Interlocking territories and overlapping jurisdictions and the ceaseless to and fro of land and other transactions created the need for local agreements on conflict resolution and provision for arbitration tribunals.

None of this prevented disputes, of course, and some inevitably ended in violence. Yet the empire was more stable and more cohesive than has often been claimed. The sense of a common identity among its noble, ecclesiastical, and urban elites—perhaps up to 10 per cent of a population of 14–15 million in 1340—was further reinforced by the crisis of the monarchy but also by the experience of being part of a distinctively German polity. During the 13th and early 14th centuries, the German language began to be used more frequently in legislation and in the correspondence issued by the imperial chancellery. Language acted as a unifying and identity-creating factor and references to the 'German lands' became routine.

Regional and local loyalties remained strong but myths of common origins and of a common past also proliferated. While France developed a cult of the monarch and the royal bloodline, German identity developed around the belief that God had chosen the German people to be the heirs to the Romans. Their elected king automatically became emperor and it is striking that imperial affairs figure prominently in 13th- and 14th-century writings throughout the empire. Indeed, in vernacular writing it was common to use the same word, *riche* or *Reich*, for both German kingdom and Roman Empire. At the same time the clashes of the monarchy with the papacy reinforced the Germans' sense of their unique relationship with the universal Roman church.

In 1281 the German scholar and canon Alexander von Roes (*c.*1225–*c.*1300) reiterated all these ideas in a tract on the prerogatives of the Roman Empire, asserting the empire's continuing independence of the papacy and rebuffing French claims to primacy following the death of Frederick II. The empire was a universal empire, Alexander argued; it had been translated from the Romans to the Germans, who would manage it until the end of time; they alone held responsibility for the universal Christian commonwealth. These were lofty claims in the first post-Hohenstaufen decades.

The 'lesser kings' and the first Habsburg king

After Innocent IV deposed Frederick II in July 1245 the German princes rapidly marginalized his son, Conrad IV, whom they had already elected king in 1237. Their first anti-king, Henry Raspe, landgrave of Thuringia, lived only nine months. Their second, the twenty-year-old Count William of Holland (r. 1247–56), collaborated with the cities and nobles of the Rhenish League, but he was constantly distracted by the need to defend his own lands in Holland and he died in battle against the Frisians in 1256.

The first election by the six electors ended in the double appointment of Richard of Cornwall (r. 1257–72), brother of Henry III of England, and Alfonso X, king of Castile (r. 1257–72/84), who claimed the duchy of Swabia through his mother. Both were essentially interested in Italy and the imperial title. King Alfonso never even set foot in Germany. King Richard was crowned at Aachen with his wife Sanchia of Provence and spent a total of three years in Germany, but he had limited interaction with the German princes.

Following Richard's death in 1272, the electors simply ignored Alfonso's notional kingship and for the next century they opted for candidates who had a territorial base but did not threaten the electors' own interests. Each of these kings inevitably exploited his position to advance the interests of his own dynasty, but none of them was able to secure the succession of his son by having him recognized as heir to the crown before his death. Each was thus dependent on cooperating with the electors and princes and spent the early years of his reign establishing his authority.

The first was Rudolf of Habsburg. He was not a prince of the empire but the energetic and successful ruler of a spread of territories in the Aargau, Upper Alsace, and Swabia. His age—fifty-five—might also have helped his election. His main rival, King Ottokar II of Bohemia, would have been too powerful.

Once elected, Rudolf arranged marriages between his daughters and the families of all the secular electors, which turned meetings of electors into an imperial family council. He endeavoured to recover all imperial property lost since 1245 and followed Richard of Cornwall by organizing the crown properties in Swabia and Alsace into bailiwicks (*Landvogteien*) under the management of loyal counts or knights rather than ministerials. He successfully transformed many payments in kind into cash payments and renewed the privileges of the imperial cities, updating their fees. He also renewed the public peace and demanded the abolition of illegal tolls.

In 1274 Rudolf called a diet at Nuremberg and required that all fiefs should be renewed within a year and a day. King Ottokar's refusal to do this in respect of Austria and Styria—he held Bohemia and Moravia in his own right and occupied Carinthia and Carniola, today's Slovenia, without legal title—was a major challenge. In January 1275 Ottokar was outlawed; three years later he was killed in battle. His son Wenceslas II (r. 1278–1305) married Rudolf's daughter Judith and was allowed to keep Bohemia and Moravia. The duchy of Carinthia was given to Rudolf's ally Meinhard II of Goriza or Görz-Tyrol, though Carniola and the Wendish Mark were now granted to Styria. Rudolf initially retained Austria and Styria personally, which generated a substantial annual income of 18,000 marks in silver; but in 1282 he conferred them jointly on his two sons, making them, and all his successors, imperial princes.

Rudolf's attempts to turn Thuringia into a crown land after the death of Landgrave Henry the Illustrious in 1288 failed, however, though he regained some old crown property and presided over a redistribution of the landgraviate's lands among Henry's heirs, which at least re-established the rights of the crown as judge and overlord. In Burgundy, he forced the count of Savoy to return some royal property and obliged Otto IV of the Franche-Comté to pay homage.

The electors and the papacy, and the death of two sons, thwarted his plans for the succession. His remaining son, Albert, would have inherited everything. Before that was even discussed, however, Rudolf himself died aged seventy-three. Sensing that the end was near, he rode to Speyer to be buried in the cathedral alongside his Salian and Hohenstaufen predecessors, whose legacy in Germany he had done so much to rescue.

Three short-lived kings followed. Adolf of Nassau (r. 1292–8) was a minor count and essentially a creature of the archbishop of Cologne. He incurred the enmity of the archbishop of Mainz when he tried to turn Thuringia and Meissen into crown lands, was deposed, and died a month later.

The election of Albert of Habsburg (r. 1298–1308) was declared illegal by Pope Boniface VIII (r. 1295–1303), but he styled himself *rex Alemanniae* and *in regem Romanorum electus* anyway. He gained control of Thuringia and took over the vacant Bohemian throne but was murdered by one his nephews, John of Swabia (later known as John Parracida), before he could use either.

Henry of Luxemburg (r. 1308–13), thirdly, secured the Bohemian crown as a fief for his fourteen-year-old son John, for whom he arranged a marriage to the young Princess Elizabeth of Bohemia. This was as important for the future as Rudolf's acquisition of Austria in 1278. Henry VII also gained papal approval and was crowned king of Italy in Milan in January 1313, but he enraged the papacy when he marched south to reclaim the Hohenstaufen lands and titles. His death at Buonconvento south of Siena in April 1313 put paid to his ambitions, however, and effectively reduced the Italian monarchy to a loose collection of northern vassals. Many of them remained tied to the German crown until 1806.

Yet again the electors shied away from electing the obvious heir, Henry's son, John of Bohemia, fearing that he might be too powerful. Some now favoured Albert's son, Frederick the Fair, duke of Austria, who was crowned king at Frankfurt by the archbishop of Cologne. The majority, however, opted for Duke Louis of Upper Bavaria (Louis IV, r. 1314–47), who was subsequently crowned at Aachen. Frederick recognized Louis as the legitimate ruler in 1325.

Securing the pope's support proved more problematic. Though located in Avignon since 1309, having fled from unrest in Rome in 1305, and under pressure from the new Franciscan Order which demanded that the papacy emulate the poverty of Christ, Pope John XXII (r. 1316–34) still claimed primacy. When Louis intervened in Italy John excommunicated him, though in 1327 Louis nonetheless had himself crowned king of Italy and emperor by the Roman nobleman Sciarra Colonna.

The papacy's critics rallied to Louis's cause. The Parisian scholar Marsilius of Padua wrote his *Defensor Pacis* (Defender of the Peace) to defend the man whom the pope contemptuously referred to only as 'the Bavarian' and to deny the pope's role in secular government. William of Ockham, who proclaimed the independence of the emperor from the pope and denied that the church could issue decrees, also spent time at Munich. Both men influenced German theorists of empire in the 14th and 15th centuries. The electors also joined in, declaring at Rhens in 1338 that the imperial crown was not dependent on the papacy and that they had the right to select the emperor without nomination, approbation, confirmation, agreement, or authorization by the pope. The pope's implacable hostility to the king ensured that Louis enjoyed considerable support in Germany for some time.

Louis made peace with the Habsburgs in 1330 but was immediately faced with the ambitions of King John of Bohemia. Ostensibly on behalf of Louis, John had made an unauthorized expedition to Italy in 1330 and entered separate negotiations with the papacy to gain recognition for his conquests. Trouble flared up again in 1335 when both the Habsburgs and the Luxemburgs claimed the right to succeed Henry, duke of Carinthia and count of Tyrol. Hoping to acquire Tyrol for himself, Louis supported the Habsburgs, but he merely precipitated a Habsburg–Luxemburg alliance against him. Carinthia went to the Habsburgs and Tyrol to the Luxemburgs. Louis finally wrested control of Tyrol from the Luxemburgs in 1342. Three years later he also acquired Holland, Zeeland, and Hennegau on the death of William II of Holland.

Yet when Clement VI (r. 1342–52) excommunicated Louis in April 1346 the tide turned against him. Five electors now voted for the young Luxemburg heir, Charles of Moravia; only the Wittelsbach electors of the Palatinate and Brandenburg remained absent. Charles's first duty, however, was to honour a Luxemburg commitment to fight on behalf of the French king against England. The Battle of Crécy on 26 August was a humiliating defeat and King John of Bohemia died in the field, but Charles returned home as king of Bohemia. He was crowned king of Germany in November, and when Louis died on a hunting expedition in October 1347 there was no obstacle to him becoming emperor.

Charles IV, Bohemia, and the Golden Bull

Within eight years Charles IV (see Figure 5) saw off a weak anti-king, Günther von Schwarzburg, divided the Wittelsbach opposition by marrying the daughter of the count Palatine, head of the second Wittelsbach dynasty, secured his re-election and coronation at Aachen, and was crowned emperor in Rome. Unlike many predecessors, he avoided involvement in Italy and focused on the German kingdom. His kingdom of Bohemia provided the necessary economic and military resources.

5. Charles IV re-established imperial government in the empire.

Consolidating the lands of the Bohemian crown was thus a priority. Charles incorporated Upper and Lower Lusatia and the Silesian duchies and ensured that they were safeguarded against intervention by any future emperor. He persuaded the pope to establish the archbishopric of Prague, which removed Prague from the metropolitan province of Mainz and offered the prospect that all the bishoprics of the lands of the Bohemian crown might be gathered in a single province. He made Prague his capital and employed Peter Parler, one of the leading architects of the day, as chief mason of the cathedral, designer of the New Town and the Stone Bridge (now known as the Charles Bridge). The foundation of a royal university in 1348, the first university in Central Europe, underlined the significance of this flourishing city.

In Germany, Charles IV diminished the crown lands by awarding some of them to loyal allies, apparently believing that doing so would make it more difficult for the electors to find an alternative to his dynasty. He travelled energetically, particularly in Upper Germany, spending half his reign in the area between Frankfurt and Breslau and one-tenth in Nuremberg alone. He also visited Metz in

1356–7 and Lübeck in 1375, the first German monarch to do so since Barbarossa and the last until Wilhelm I visited in the 1870s.

Numerous written privileges and instructions complemented the traditional itinerary. Charles's most important law was the Golden Bull of 1356, the first written constitutional law of the German kingdom, which set out the procedure for electing an emperor and remained in force until 1806. It codified the practice that had developed since the 1250s, but it also captured the hierarchy of the empire: the seven electors would sit closest to the emperor at ceremonial feasts; the order of the electors was specified; the other estates of the realm followed them.

Charles fully understood the significance of symbolism. In Bohemia he invested heavily in the cult of St Wenceslas. He paid for a magnificent reliquary bust to house Wenceslas's remains in St Vitus Cathedral; the crown on its head was one which had been used in his own coronation. Both the sacred insignia of Bohemia and of the empire were kept in his castle and publicly displayed once a year. Charles also initiated the imperial Christmas ceremony when in 1347, sword in hand, he read from St Luke's Gospel at Christmas Mass: 'there went out a decree from Caesar Augustus, that the entire world should be taxed'.

None of this, however, could guarantee lasting success. His son was crowned king of Bohemia in 1363 and of Germany in 1376, but Charles's plans to acquire Brandenburg and to promote the territorial ambitions of his brother in Luxemburg, Brabant, and Limburg galvanized a formidable alliance of princes against him. When he imposed taxes on the Swabia cities to pay for Brandenburg they too resisted and in 1376 fourteen cities formed a league against him. These events destabilized his rule before he died in 1378 and they cast a shadow over the start of his son's reign.

The early years of Charles IV's reign coincided with the Great Plague, which swept the empire in 1349–52, reducing its population by about a third. There were repeated outbreaks until about 1400 and the population did not reach the pre-plague level again until about 1450. Many survivors took refuge in the towns; about 25 per cent of all rural settlements were abandoned. The following decades were characterized by frequent peasant uprisings and lawlessness among impoverished minor nobles who turned to feuding for the income that their estates no longer generated. The imperial cities responded best to the crisis, developing political elites, new approaches to government, and engagement in economic activity. Some princes, however, also managed to intensify their hold over their lands by introducing the system of administrative districts (*Ämter*) under the supervision of bailiffs (*Amtmänner*) which became standard for the German territories.

The empire, by contrast, struggled to rise to the challenges of government in the late 14th century. These included anxiety about public order in Germany and the uncertainty generated by the great papal schism in 1378–1415. This resulted from the double election after Gregory XI's return from Avignon in 1377. Following his death in 1378 the Roman nobles demanded an Italian pope and elected Urban VI (r. 1378–89), who proved an autocratic pontiff; the opposition elected Clement VII (r. 1378–94), who immediately returned to Avignon. The schism continued; indeed between 1409 and 1415 three rival popes ruled simultaneously.

The growing demand in Germany that these problems be addressed underlined the inadequacy of Charles's son, Wenceslas I. When Wenceslas was imprisoned by fractious Bohemian nobles in 1394, the electors immediately deemed the throne to be vacant and deposed him in 1400. He simply continued as king of Bohemia until his death in 1419. But the election of Rupert of the Palatinate (head of the second Wittelsbach dynasty in the empire) achieved little except to germinate the opposition that paralysed his kingship by the time of his death in 1410.

Sigismund and the reform of church and empire

The Luxemburg dynasty offered the only serious candidates. A small faction elected Charles IV's son Sigismund (r. 1410–37). A larger group insisted on Sigismund's cousin Jobst of Moravia, though he died the following year. Sigismund was promptly re-elected but it was three years before he came to Germany for his coronation at Aachen in 1414, which indicates the difficulty of the first decade of his rule. Bohemia remained in the hands of his stepbrother Wenceslas. Sigismund had been king of Hungary since 1387, which also gave him Dalmatia, Croatia, Serbia, and Bulgaria. But it brought him few resources, perennial problems of fierce regional opposition, and the need to repel occupying Turkish forces. The claim made by Ladislaus of Naples to the Hungarian throne in 1403 tied Sigismund down in Italy and engulfed him in prolonged conflict with Venice, to which Ladislaus had sold his rights to Dalmatia. Even when Sigismund finally inherited Bohemia in 1419, he encountered noble opposition and the prolonged Hussite insurrection, an anticlerical religious reform movement headed by Jan Hus which inflamed the Czech population from 1402. Sigismund was not recognized as king for seventeen years.

In Germany Sigismund had virtually no property—even Luxemburg was pledged—and his long absences made him reliant on a small number of confidants. His first visit to Germany for his coronation seemed promising. He travelled from Aachen to Constance to preside over key sessions at the church council that deliberated there from 1414 to 1418. This resolved the schism by deposing two popes, forcing one to resign, and electing Martin V (r. 1417–31). It also asserted the authority of the church council and resolved that the councils should be held at regular intervals, though both resolutions later led to conflict. Above all the attempt to deal with heresy failed, and the trial and execution of Hus in 1415 merely prolonged the Hussite insurgency for another two decades.

The church councils of Pavia (1423–4) and Basle (1431–49) plunged the church into a bitter struggle between papacy and council. Proposals for reforming the empire, made at diets in 1414 and 1417, led nowhere, which generated further demands for a general review. A renewed Hussite offensive in 1425 initiated another decade of conflict which only ended with a peace agreed at Prague in 1435. In the 1430s, furthermore, the duchy of Burgundy, which also owned Brabant, Limburg, Holland, Zeeland, and Hennegau, challenged imperial authority in the north-west. Constant unrest in Hungary also impeded Sigismund's ability to provide effective leadership.

Sigismund was crowned emperor in Rome in 1433 but he made no impact on Italy. Perhaps his greatest legacy to the empire was that he married his daughter Elizabeth to the Habsburg Duke Albert of Austria. Following Sigismund's death in 1437, Albert was crowned king of Hungary and Bohemia and elected king of the Romans, though he died in battle against the Turks in October 1439 before he could be crowned emperor.

Alongside establishing a Habsburg succession, Sigismund's reign was significant for four other developments. First, in response to the Hussite threat Sigismund asked the diet at Nuremberg in 1422 to provide regular contingents to be supplied by all members of the empire rather than just the forces that emperors had formerly requested as feudal overlords. That raised the question of who exactly was a member and prompted the compilation of a register, later known as the *Reichsmatrikel*. In 1427, in response to a renewed Turkish offensive against Hungary, Sigismund requested the first ever general money tax in Germany, which was agreed but ineffective because there was no mechanism for collecting it.

Second, the electors again took matters into their own hands by forming an association at Bingen, though differences between them prevented them actually deposing Sigismund as they had done Wenceslas in 1399. Yet their association further strengthened their sense of being the empire's ruling elite. The Hussite crises also contributed to the growing significance of the electors of Brandenburg and Saxony since both had lands on or near the front line. The fact that they ruled over large and continuous territories while the Rhineland electorates were fragmented reinforced their importance over the next two centuries.

Third, the princes themselves began to hold assemblies in the emperor's absence, which was a significant step in the emergence of the imperial diet or Reichstag in 1495. The term *curia* formerly used to describe assemblies of nobles was now replaced by the word *dieta* or *Tag* (assembly).

Finally, the widening perception of the need for change led to the emergence of a significant reform literature. The most popular was the *Reformatio Sigismundi* of the late 1430s. The emperor did not in fact write this German text, but he had contributed to the debate by putting forward a sixteen-point text for discussion at the diet of 1437 at Eger.

Heroic survival: the long reign of Frederick III

Since Sigismund's heir Albert left only an infant son, Ladislaus Posthumous, born in February 1440 a few months after his father's death, the electors turned to the infant's uncle and guardian (and eventual heir, for he died childless in 1457), Duke Frederick of Styria, who was elected in 1440 and crowned king at Aachen in 1442 (r. 1440–93). Frederick's position was initially as weak as that of his two predecessors. He shared his claim to Styria, Carinthia, and Carniola with his younger brother Albert VI and only gained control on Albert's death. Even then the nobility resisted Frederick's constant demands for money and there was a serious uprising between 1469 and 1471. Frederick's joint regency with Albert VI and his cousin Sigismund of Tyrol in Upper and Lower Austria also gave rise to continuous friction.

In Bohemia and Hungary the nobles openly challenged the emperor's regency on behalf of Ladislaus. In Bohemia, George Podiebrad became king in 1458. Wladislas III of Poland claimed the Hungarian throne in 1440 supported by the rebel noble John Hunyadi, and in 1458 Frederick was forced to accept the kingship of Hunyadi's son Matthias Corvinus. Things were no better in Luxemburg, another part of Ladislaus's inheritance: Philip the Good of Burgundy annexed it in 1443. In Tyrol, where Frederick was initially regent for his cousin Sigismund, his appeal to France for help in a dispute with the Swiss resulted in French mercenaries invading Lorraine, the Sundgau, and southern Alsace in 1444–5.

All this left little time for governing the empire. Frederick was absent for twenty-seven years from 1444. He left his capital, Graz, for the first time for his coronation in Rome in March 1452 and even then he had to hurry back to deal with a serious noble uprising.

Other threats soon emerged. In 1453 Constantinople fell, raising fears that the Ottomans would invade Hungary and Austria and beyond. Ottoman forces attacked Carniola in 1469 and shortly afterwards Styria. Soon the Turkish menace was replaced by a Hungarian threat when Matthias Corvinus occupied Lower Austria by 1487. In the west meanwhile there was constant pressure from Charles the Bold of Burgundy (r. 1433–77) and growing French aggression, which continued until the Peace of Senlis in 1493. Meanwhile serious unrest in the territories acquired by the marriage of Frederick's son Maximilian with the Burgundian heiress Maria was only resolved in 1488.

What may seem like a litany of problems and failures was actually a story of heroic survival. Over fifty-four years—the longest reign of any emperor—Frederick was notable for his persistence. He was convinced of the value and destiny of his dynasty. Like his father, he had always used the title of archduke and he twice confirmed the validity of the *Privilegium maius*, the document forged by Duke Rudolf IV in 1359 to claim special privileges for the

Habsburgs, including the administration of justice without appeal to the emperor and the title of an archduke Palatine.

Frederick's prolonged absences from the empire led later historians to bestow on him the scornful title of *Reichserzschlafmütze* (Arch-Sleepyhead of the Holy Roman Empire), yet his reign was exceptionally important. His 1442 peace ordinance, the *Reformatio Friderici*, was designed to be perpetual and declared feuds to be legitimate only after a failed judicial process. It was also the first such ordinance that was widely disseminated throughout the empire. In 1448 he brokered the Vienna Concordat, which, although never promulgated as an imperial law, governed the relationship between empire and papacy until 1806. In the empire he made the most of his judicial powers by transferring the administration of justice from the old Hofgericht (aulic court) to a reformed Kammergericht which soon attracted cases from many parts of the empire. Some princes even believed that the emperor was becoming too powerful.

Diets continued in Frederick's absence. They discussed issues that had been raised repeatedly since the 1430s, notably an absolute prohibition of feuds and the establishment of regional enforcement associations. Repeatedly, however, the emperor (through his representatives), the princes, and the cities clashed over how these measures might be implemented. Between 1454 and 1467, prompted by the Turkish threat, they deliberated on the mobilization of money and men in times of danger and on the role of the electors in the empire's government. The only outcome was another *Landfrieden* or domestic peace in 1467 which fully banned feuding for the first time. Even another Turkish threat in the late 1460s, which moved Frederick to preside in person at the Regensburg 'Christian diet' in 1471, resulted only in the creation of a force too small to make any difference. The real innovation in 1471 was that the various estates consulted in groups before bringing their views to the plenary sessions, which became the standard procedure of the early modern imperial diet.

Meanwhile the threat of lawlessness in southern Germany and of Bavarian expansionism was countered by imperial support for the formation of the Swabian League of princes and cities, the largest of all the traditional leagues designed to maintain the peace in the absence of any formal peacekeeping mechanisms.

In his entreaties to the princes and cities to defend the empire against its enemies, Frederick appealed for the first time to the 'German nation'. The sense of the term was ambiguous for it could mean 'German estates' as well as 'ethnic nation'. Others still preferred older terms such as 'lands of the German tongue' or the 'German lands'. All were used with increasing frequency in the second half of the 15th century. The psychological impact of the Turkish threat was crucial: the Burgundians and the French were referred to as the 'Turk in the West'. Growing dissatisfaction with the papacy, manifest in long lists of complaints or *Gravamina Germanicae nationis* against Rome presented at diets from 1456, also reinforced the desire for reform and the rhetoric of nationhood which Humanist scholars, inspired by the publication in 1473/4 of Tacitus' recently rediscovered *Germania*, helped disseminate.

Matters came to a head when Matthias Corvinus took Vienna in 1485. Fearing that Corvinus would now seek the imperial crown, Frederick pushed successfully for the election of his son Maximilian at Frankfurt in 1486, the first son elected during the lifetime of his father for over a century. The princes also agreed to a general tax to fund troops to defend the empire against Hungary and to renewal of the internal peace and its outright ban on feuds. But at the same time they demanded greater participation in the administration of justice. In fact little money was paid and the issues were simply carried forward.

In 1488 Frederick handed over active government to his son Maximilian. The new reign began with ambitious plans to restore the empire to its former glory and to use the Burgundian and Austrian territories to dominate it as no emperor had done before. Maximilian failed, but his negotiations with the German estates resulted in a new constitutional deal which transformed the empire.

Chapter 4
The early modern empire (1): from Maximilian I to the Thirty Years War

New imperial visions and social and intellectual ferment

No emperor was more image-conscious than Maximilian I (r. 1493–1519). He may well have authored the epic poem *Theuerdanck*, a fictionalized account of his courtship of and betrothal to Maria of Burgundy written as the story of a knight's quest. He certainly commissioned his secretary to write *The White King*, which recorded his life until 1513, and to compile *Freydal*, a pictorial record of his jousts and associated costume festivals. All three works combined elements of medieval literary tradition with the rich cultural imagination of the 15th-century Burgundian court. The first was also published in printed form and each reflected Maximilian's affinity with the new learning of Humanism. Maximilian surrounded himself with writers such as Conrad Celtis who promoted his image and extolled his ancient lineage. He was fascinated by the potential of the new print media as well as the propagandistic power of literature and art.

Maximilian's reign was characterized by a mixture of old and new. He wanted to restore the empire and reclaim lost lands and prerogatives. He failed to achieve this, but his negotiations with the German estates brought major reforms. It remained a feudal society, in which the princes owed allegiance to the emperor, but it now gained more elements of a written constitution. Subsequently, the empire acquired a more extensive body of constitutional law than any other early modern European monarchy.

The beginnings of this remarkable transformation originated in the general sense of uncertainty that characterized the lands of the Holy Roman Empire around 1500. Discussion of 'reform' (*reformatio*) was widespread. This usually referred to the state of the empire and of the church, but 'reform' also denoted something much broader. Many commentators were convinced that the whole world was out of joint: God's natural order had been subverted and the world was ruled by the devil; reform was essential if mankind was to be redeemed. Many advocated returning to a just and natural state of things: the empire should once more be as it had been under the Staufer, the church as it had been in the time of the Apostles.

It is difficult to identify precisely the sources of these anxieties. Similar sentiments were expressed elsewhere in Europe but they assumed a particular intensity in the German lands. For the Germans believed that they held a particular responsibility for reform of the empire and of the church. This had been discussed ever since the later 14th century. The debate had stalled around 1440 but then gathered pace again amid rising concern about increasing lawlessness and insecurity.

Some historians speak of a general crisis of German society in the early 16th century. The evidence is far from clear. Steady growth characterized the period after 1470 as the population recovered from the Black Death and prices began to rise. The hugely profitable mining industry boomed in many parts of Middle and Upper Germany, stimulating numerous other crafts and trades. Population growth and prosperity created demand for foodstuffs and fostered the development of new rural industries in many areas, especially in textiles.

Many profited from these developments but others lost out. Landlords seized the opportunity to make profits on foodstuffs; peasants were obliged to work harder and resented not being able to market their produce themselves. Some cities and towns prospered; others stagnated or declined because they were distant from key resources or were bypassed by new trading and commercial routes. Owners of shares in mines reaped rich rewards, but the miners resented long hours, harsh conditions, and low wages. Rural industry benefited many but it also divided the haves and have-nots, the rural operatives and urban managers or brokers. It also frequently placed pressure on the traditional urban guilds.

Where territorial rulers sought to strengthen their hold on their lands, peasants were frequently subjected to higher taxation or denied access to communal forests or the right to hunt and fish. Formerly free knights found themselves turned into subjects of powerful neighbouring princes. Where the landlord or prince was also a cleric—an abbot or a bishop—the sense of grievance was often aggravated by accusations that the servants of the church were the greatest oppressors of their fellow men.

Complaints against the church had been articulated in *gravamina* (catalogues of grievances) at imperial diets since the early 15th century. Common themes were the corruption of Rome and the papacy's taxation of the laity. The latter was especially heavy in Germany because of the absence of a central authority to resist it. It was well known that the money was used for worldly purposes. Furthermore, the growing practice of selling indulgences, which some practitioners turned into a major commercial enterprise, seemed to underline Rome's rapacity and its betrayal of Christian principles.

Two other developments swelled the ranks of those critical of the church. First, Benedictine and Augustinian renewal movements from the early 15th century and the spread of the ideas of the *Devotio Moderna*, a series of lay communities founded at Deventer in 1374, disseminated new practices of piety. These included cults of saints and their shrines, the endowment of masses, and pilgrimage movements. Criticism of the church escalated, as did communal involvement in its affairs, especially the appointment of pastors or the management of church funds.

Second, the development of Humanism created a new intellectual framework for opposition to Rome and for communal Christianity. The publication of Tacitus' *Germania* in Nuremberg in 1473–4, from an ancient manuscript rediscovered in the 1420s and taken to Italy around 1455, was perfect material for the Humanist agenda of a return to origins, and it gave further ammunition to critics of the papacy. Papal apologists had claimed that Tacitus' history showed how much the primitive Germans owed to Rome. The German Humanists countered that the Germans were an indigenous people, whose ancestry long pre-dated the Romans or even the Greeks: Rome had merely exploited them and limited their natural freedom. Liberation from Rome became an obsession for some Humanists and their writings provided powerful arguments for reform of empire and church.

The clamour of voices demanding change was united, moreover, as no movement had been previously, by the new medium of print. The invention of movable types by Johannes Gutenberg in Mainz around 1439 rapidly revolutionized communications. Literacy was still confined to a minority but complex ideas were popularized in pamphlets and broadsheets, many of them illustrated for greater effect. The real print revolution only exploded in the 1520s, but the printing of Bibles and devotional literature for the common man flourished from the 1470s. Indeed, the bulk of what was printed was in one way or another religious.

Imperial reforms around 1500

The first reform initiatives were directed at the empire. Maximilian I's accession in 1493 brought a new energy to imperial politics. Owing to his father's efforts, Maximilian was heir to lands in Burgundy as well as in Austria. He was ambitious to consolidate these and to regain for his dynasty the crowns of Bohemia and Hungary lost by Frederick III following Ladislaus Posthumous's death in 1457.

Maximilian also aspired to restore what the empire had lost in Italy and in Provence, the old kingdom of Burgundy. His task was made more difficult by French ambitions in Milan and Naples and by Aragonese (later, Castilian) control of Sicily. The situation was further complicated by the involvement of the powerful Republic of Venice, sometimes in alliance with the papacy, determined to thwart Maximilian's ambition to acquire Goriza (Görz). Venice even blocked Maximilian's progress to Rome in 1507, which prevented his coronation as emperor and resulted in him assuming the title of Elected Roman Emperor. Further north, Swiss forces had obliged him to conclude the Peace of Basle in 1499, and suspicion of Habsburg territorial ambitions in both south-western Germany and western Austria led the Old Swiss Confederacy to leave the empire in 1505. This secession was formally recognized by the Peace of Westphalia in 1648.

Consolidating his lands on the western and the eastern periphery of the empire and reconquering lost territory exceeded Maximilian's resources. In 1495 he asked the German princes and cities for money and men. At an imperial diet in Worms in 1495 the German estates had other ideas. They agreed to contribute to the defence of the empire from attack by the Ottomans and France but not to the reconquest of Italy.

The German estates were furthermore unwilling to provide either men or money under Maximilian's command: in emergencies they would provide armed forces that remained under their own control. They also rejected Maximilian's plans to develop a central imperial government and introduce an imperial tax. Their own proposals for the reform of the empire aimed to ensure greater stability and security and to preserve their traditional liberties. The empire would remain an elective monarchy; the princes and cities would continue to enjoy governmental authority over their own territories; they would act collectively to guarantee the domestic peace.

Several key agreements were reached at Worms. The Perpetual Peace outlawed all troublemakers. The Reichskammergericht, or imperial chamber court, was instituted to resolve all domestic disputes, including those between rulers and their subjects. The imperial diet, which now called itself 'Reichstag' for the first time, was designated as sovereign, a place where law was made jointly by 'Kaiser und Reich'. A basic tax, the 'gemeiner Pfennig' (common penny), was agreed to finance the Reichskammergericht.

The princes scuppered a plan for a central administrative body and subsequent diets established circles (*Kreise*) or regional associations of territories to enforce the judgments of the Reichskammergericht, to implement laws agreed jointly between emperor and estates, and organize periodic mobilizations of men and money. These regional institutions succeeded because they were unambiguously under the control of the estates. The determination of the estates to keep the crown within the bounds of what had been agreed in 1495–1500 was further reinforced in 1519 when they resolved that Charles V should sign an electoral capitulation (*Wahlkapitulation*) before his coronation. All subsequent emperors signed such a capitulation, which recent scholars view as a key constitutional document.

Maximilian's wings had been clipped. While he was able to defend the German kingdom, his campaigns in Italy and Provence failed and simply plunged him into hopeless debt. By the time he died in 1519, he owed more than six million gulden. Overall, the estates emerged as the winners of the renegotiation of the polity around 1500. That was reflected in the new title they now insisted on for the empire: no longer the Holy Roman Empire but the Holy Roman Empire of the German Nation.

The Reformation and the empire

Meanwhile a movement had developed in Thuringia that would fundamentally transform the religious landscape, reinforce the new constitutional order, and shape the course of German history for the next three centuries. Martin Luther's challenge to the practice of indulgences in October 1517 marked the turning point in a protracted personal spiritual odyssey played out amid the diverse religious currents of the time. Luther's emphasis on the sufficiency of the faith of the individual Christian implicitly challenged the role of the church and inspired many to reject it altogether, arguing that Christians needed neither popes nor bishops, but simply well-organized and sincere Christian communities.

When Rome itself condemned Luther, he broadened his appeal to the German nation. Many viewed him as a figurehead who might redress their own grievances against the church. Luther rejected the pope's demand that he recant his heretical views and publicly incinerated the printed version of the papal bull together with volumes of canon law in front of the town gate in Wittenberg. He became a national hero when he appeared before the emperor at the imperial diet in April 1521 and publicly stood by his views, which obliged the emperor to carry out his threat to outlaw him.

While the emperor and princes argued over how to proceed, Luther's ideas, now widely known through the dissemination of his three great Reformation tracts of 1520, spawned a prolific popular movement. The new religious teaching was taken up enthusiastically by urban and rural communities and by discontents everywhere who believed that the new interpretation of the gospels provided theological sanction for their complaints. Many went much further than Luther ever intended, aspiring to overturn the existing order to prepare for the kingdom of God on earth. Before long numerous towns and cities had embraced the Reformation; an uprising of knights had attempted to halt the growth of territorial states in the Upper Rhineland, Swabia, and Franconia; and an uprising of peasants in 1524–5 culminated in a declaration of war on lords and princes led by Luther's former colleague, Thomas Müntzer.

The movement encountered few obstacles. Maximilian I's death in January 1519 initiated an eighteen-month interregnum. The electors had decided on Maximilian's grandson Charles at the end of June 1519 but he was unable to travel to Germany to be crowned until October 1520. He only summoned his first diet the following spring.

This slow beginning reflected the complexity of Charles V's situation, which, ironically, resulted from the position of immense power that he occupied. Where Maximilian had a dual focus on both the east and the west, Charles (see Figure 6) was decidedly western. Born in Ghent and educated in Brussels, he became duke of Burgundy in 1515 and inherited the Spanish crown (with Naples, Sicily, Sardinia, and the Spanish colonies in the Americas and Asia) from his maternal grandfather in 1516. Acquiring the German imperial crown in 1519 seemed to open up the prospect of a new world empire. Yet controlling its various component parts was never easy. Facing rebellion in Spain, his most important source of income, and threats from France in Italy and from the Ottomans in the Mediterranean, Charles was absent from Germany between 1522 and 1530 (and again between 1532 and 1540).

These absences limited Charles's authority in Germany. His decision to outlaw Luther was undermined by the elector of Saxony's determination to protect his subject. Furthermore, some princes

6. Charles V by Holbein; his grand imperial vision foundered on the opposition of the German princes.

actively sympathized with the new teaching and even promoted it in the interests of the better management of the parishes and other church institutions in their lands. Above all, the German estates were united in their opposition to any unilateral action by the emperor. They soon concluded that nothing should be done until a general council of the church, or at least a German church council, had discussed the *gravamina* of the German nation.

Charles struggled to manage these issues from a distance. He appointed his brother Ferdinand, who had inherited Maximilian's Austrian lands, as his regent in Germany, but he was rarely willing to allow him much discretion. He was slow to comply with Maximilian's will which gave Ferdinand ownership of the Austrian territories. He promised to secure Ferdinand's election as heir apparent but did nothing about it until 1530. Charles seemed set on frustrating his brother's ambitions. And both Charles and Ferdinand were increasingly reliant on the German estates for help with their campaigns against the Ottomans and the French. This simply strengthened the bargaining power of the German princes and cities.

They meanwhile acted to prevent the spread of anarchy. The shock of the Peasants' War in 1525 persuaded more princes that the only way to control the Lutheran movement was to embrace it. In 1526 the diet resolved that pending a national church council each ruler should follow his own conscience. It was not long before urban and territorial governments seized the opportunity to take control of the church and educational structures. In 1529 the first Protestant university was established at Marburg and higher schools were reformed or newly founded throughout the lands which embraced the new teaching. The new religion also required new artistic forms. The sacred items venerated by previous generations and the old devotional art were disposed of. By the mid-1520s, for example, what had been the largest collection of relics in the empire, amassed by Elector Frederick the Wise, had been dissolved and was rapidly replaced by an equally remarkable collection of paintings and prints by Lukas Cranach and his workshop. Similarly, new forms of worship required new church music, notably hymns, of which Luther himself contributed a significant number. The cultural competition between the territories gained an invigorating confessional dimension.

The rapid creation of urban and territorial churches soon made it impossible to agree any coherent empire-wide policy. In 1529 the diet again tried to stem the spread of Protestantism by reaffirming the Edict of Worms and by prohibiting those who had embraced the new teaching from any further innovation. Fourteen princes and cities, however, formally protested against this: they were the first to be known as 'Protestants'.

In 1530, flushed with victory against France and freshly crowned by the pope in Bologna, Charles travelled to Germany to demand that the Protestants declare their beliefs. The Protestant Augsburg Confession was countered by the Catholic *Confutatio* (refutation or confutation) and Charles ruled that the *Confutatio* should prevail. Faced with the possibility of the Edict of Worms being executed against them, the Protestants formed a defensive league at Schmalkalden. The Protestant alliance deepened during Charles's renewed absence from Germany after 1532, while Ferdinand remained dependent on the Protestants for military assistance against the Ottomans, who had besieged Vienna again in 1529.

The Peace of Augsburg

By 1540 Charles was determined to destroy Protestantism in Germany but encountered fierce opposition. His defeat in 1552 resulted in the Peace of Augsburg in 1555. This reaffirmed the constitutional principles developed in the reign of Maximilian I and precipitated Charles's abdication as emperor in favour of Ferdinand. The great dream of an empire spanning the old world and the new had collapsed. The liberties of the German nation emerged triumphant.

The Augsburg settlement extended the Perpetual Peace to matters concerning religion. Rulers, including the councils of imperial cities and even the imperial knights, were now empowered to impose their religion on their subjects. The only proviso was that they were obliged to allow dissenters the right to emigrate. Some questions were left unclear: most notably the status of those ecclesiastical territories that had already been secularized, and the rights of Protestant nobles and towns in the Catholic ecclesiastical territories. But these things only later became contentious.

The settlement made the agreements of 1495–1500 truly workable. Furthermore, after decades of uncertainty and the bitter experience of war in the 1540s, there was a general will to abide by the peace. This was evident in the attitudes of the emperors who succeeded Charles V and in the behaviour of the German princes.

Unlike Charles V, both Ferdinand I (r. 1558–64) and Maximilian II (r. 1564–76) were essentially German emperors. Charles's political vision was always European rather than German. After long years as his brother's regent in Germany, as king of Bohemia since 1526, and as designated heir to the imperial throne since 1531, Ferdinand I had more experience of the German empire than Charles. As ruler of the Austrian lands, Ferdinand was himself a prince of the empire and his position was similar to that of previous emperors who had owned lands on its south-eastern periphery.

Maximilian II was born in Vienna and had fought with Charles V in the Schmalkaldic War in 1546–8; subsequently a four-year period as stadtholder in Spain ended when the emperor was defeated in Germany. His experiences in Madrid, and his bitterness at Charles's attempt to exclude him from the succession and make his own son Philip emperor, turned him against his Spanish relatives and made him sympathetic to the position of the German princes. On his return to Vienna in 1552, he forged close bonds with leading Catholic and Protestant princes, and by the time of his succession he was well acquainted with the leading German rulers and well versed in the practices of German government and politics.

Ferdinand and Maximilian each had a deep understanding of the confessional situation and favoured those who strove for neutrality. Ferdinand I resisted the spread of Protestantism in his own lands but he saw the need to compromise and to avoid the involvement of controversial theologians in imperial politics. He repeatedly urged the papacy to reform and to consider measures such as the recognition of communion under both kinds and the relaxation of celibacy, which he believed might tempt the German Protestants to rejoin the church.

Maximilian II's religious views were so unorthodox that they almost impeded his succession. In Vienna after his return from Spain, he relished engaging with both Catholic and Protestant intellectuals from the Netherlands, Spain, and Italy. While Ferdinand also encouraged these figures as part of his conciliatory Catholic reform programme, it seems that Maximilian effectively abandoned his Catholic faith. For the sake of his inheritance, he swore solemnly that he would not leave the Church of Rome, but the papacy distrusted him and his views fostered the growth of Protestantism in his own lands. In the empire, Maximilian pursued conciliation and compromise. He was absolutely committed to the peace settlement of 1555 and to his own role as arbitrator in the empire and co-regent with the diet.

Ferdinand and Maximilian both reached out beyond the confessional divide. They maintained friendships with a wide variety of princes, which they fostered in personal meetings and an extensive correspondence. In doing so they helped adapt the traditional networks of the German higher nobility to the new circumstances of the empire after the Peace of Augsburg.

The settlement of 1555 gave a new impetus to the empire's key institutions. The diet met seven times between 1556–7 and 1582, with the emperor attending personally. The discussions and deliberations followed the procedure laid down around 1500 and codified by the imperial arch-chancellor, the elector of Mainz, in 1570. The diet debated current problems of internal peace, the organization of the circles, the state of the currency, the operations of the Reichskammergericht, and imperial taxes, notably for the various Turkish campaigns; decisions concerning religion were devolved to the urban and territorial governments. In addition, there were three meetings of the electors, a general assembly of the circles, several so-called Reichsdeputationstage (special gatherings of representatives of the estates convened to discuss a range of issues specified by the diet), as well as a number of meetings convened to discuss specific issues such as the management of the imperial court of justice, the Reichskammergericht, and the distribution of the burden of imperial taxes.

The circles now also developed regular assemblies and specialist committees to deal with matters such as the regulation of the currency. They appointed officers to lead and represent them and officials to coordinate their business. Not every region developed the same level of activity: those which comprised numerous small territories, especially in Middle and Upper Germany, tended to be the most active; where larger territories dominated, they tended to resolve disputes and regulate other activities engaged in by the circles elsewhere. Simultaneously new regional organizations of imperial counts and imperial knights now bound these groups into the empire's institutional structure, offering them greater protection and ensuring the security of their lands.

The Reichskammergericht was complemented after 1559 by the emperor's own supreme court at Vienna, the Reichshofrat, forming a pair of occasionally competing but generally complementary supreme courts for the empire. The staffing of the Reichskammergericht was enhanced, funding increased, and procedures improved. The court's authority grew with its caseload and there were only seven appeals against its judgments between 1559 and 1585.

The reformed Vienna Reichshofrat also contributed to the pacification and 'juridification' of the empire. Some litigants preferred it since its procedures were more flexible and expeditious than those of the Reichskammergericht. The Reichshofrat's custom of sending commissions to gather evidence on the ground involved local powers in the conflict resolution process and solved many problems by local arbitration. The old notion that the Reichshofrat was favoured by Catholic litigants is confounded by the fact that Protestants used it just as frequently. Despite later claims of confessional bias, its caseload doubled between 1580 and 1610. Both courts attracted cases from western and northern areas, as well as from the old core lands of Middle and Upper Germany, which demonstrated the growing reach of imperial justice and the contribution made by the courts to the integration of the empire.

Historians have often viewed the diet as dysfunctional and weak, and its procedures frequently puzzled contemporaries. Yet a number of key decisions made by the diet exemplified a new sense of solidarity and purpose after 1555. Its handling of both domestic and foreign issues demonstrated a high degree of rationality and practicality.

Around 1500 the German estates had made it clear that they would defend themselves but not promote purely Habsburg interests. The emperors' constant requests for money to help defend the empire against the Ottomans met with ready compliance. Indeed the sum granted in 1576 brought in some 3.7 million gulden, more than all of the Turkish levies granted under Charles V before 1555 combined.

In the early 1570s the Livonia affair clearly demonstrated the continuing significance of the distinction between German and purely Habsburg interests. Livonia did not formally belong to the Holy Roman Empire but the German estates broadly supported Ferdinand I's claim that it was part of his wider empire. Yet they did not support Maximilian II's attempts to assert his claims first against Denmark and Sweden, then against Poland-Lithuania. Traditional German historiography took this as a sign of the diet's weakness and lack of national spirit. In reality, however, the diet simply applied the same criteria as it had done in the case of Maximilian I's Italian plans around 1500. The 'recuperation' of Livonia and Maximilian's efforts to place Habsburg candidates on the Polish throne in 1573 and 1575 were simply Habsburg projects, which some princes also believed would make the emperor too powerful in the north.

The diet also refused to become involved in the Netherlands conflict which broke out in 1568. The Dutch rebels appealed for assistance against the tyrannical religious policies which Spain imposed on the Netherlands. However, even though many German nobles were personally related to William of Orange and the house of Nassau, and many counts themselves converted to Calvinism, the diet prioritized its determination to maintain the peace and stability of the empire over involvement in a potentially ruinous conflict.

Maintaining the domestic peace was another priority. The diet of 1566 provided an impressive demonstration of the common interest of both emperor and estates in peace and the effective functioning of the circles and other imperial bodies. An unprecedented levy was agreed to support the emperor's defence of the empire against the Ottomans. To deal with the instability caused since 1558 by Wilhelm von Grumbach's pursuit of his grievances against the bishops of Würzburg, the diet commissioned the elector of Saxony, under the ultimate command of the emperor, to destroy Grumbach's forces.

After a failed attempt to mediate between the two religious parties in 1556–7, the diet simply confirmed the agreements of 1555 without further discussion of the question of religious reunification. Debate over whether the elector of the Palatinate's conversion to Calvinism placed him outside the religious peace in the empire was simply avoided when the other Protestant princes swore that they recognized him as an adherent of the (Lutheran) Augsburg Confession.

In 1570 the princes once again rejected a plan to create a standing army under the emperor's command as well as permanent armouries and war chests in the circles for the emperor to draw on. Creating such an army would have compromised the constitution; some feared the empire's transformation into a centralized state. In the 1576 session of the diet, Saxony and Bavaria helped thwart a

Palatine initiative to demand formal recognition of the rights of Protestant nobles and towns in ecclesiastical territories (the *Declaratio Ferdinandea*), which the Catholics would have opposed.

New tensions

The situation deteriorated decisively in the 1580s. The death in 1586 of Elector August I of Saxony (r. 1553–86) removed the last leading member of the 'generation of 1555'. A growing number of disputes and controversies arising from the peace of 1555 created tension. The successful imposition of confessional regimes in many leading Catholic and Protestant territories by the 1580s generated a new and uncompromising approach to politics in the empire before the Thirty Years War.

The pressure of conflicts in the Netherlands and in France and the impact of news of the beginnings of a decisive Counter-Reformation policy in some of the Austrian territories aggravated the situation. The movement of Spanish troops up the Rhine on their route from Spain via Genoa to the Netherlands and their incursions in the north-west, as well as the periodic involvement of the Palatinate and others in the Protestant cause in France, unsettled German politics. Yet the majority refused to be dragged into external disputes, their solidarity reinforced by the Turkish threat, in respect of which the diet voted substantial levies in 1594, 1597–8, and 1603 (the highest levy ever agreed).

A 'mini Ice Age' that began in 1570 also contributed to a widespread sense of crisis by the 1590s. The German territories faced growing problems posed by poverty, social unrest, and peasant rebellions, and the various witch crazes after about 1580. Short-term climate change destabilized German society into the first decades of the 17th century.

Rudolf II (r. 1576–1612) did not at first deviate from the course set by Ferdinand I and Maximilian II. His Spanish education gave him the reputation of being a hard-line Catholic. Yet in 1582, he defused the potentially explosive issues thrown up by disputes over the question of Protestant worship in the Catholic imperial city of Cologne, over the demand of the Protestant administrator of the archbishopric of Magdeburg to take the Magdeburg seat in the college of princes, and over the conversion of the elector archbishop of Cologne, Gebhard Truchsess von Waldburg, to Protestantism (which ended in Waldburg's forcible deposition in 1584 and the election of a Bavarian Wittelsbach successor).

Indeed the papacy regarded Rudolf with as much suspicion as it had his predecessors. Both in Bohemia and in the empire he was as committed as Maximilian II to the idea that no single faith should predominate. His permanent withdrawal to Prague in fact brought him closer to the empire: after the partition of the Habsburg lands following the death of Ferdinand I, it was Vienna that became remote, since the Tyrol and the south-western Habsburg lands were until 1665 in the hands of a subsidiary line that consistently promoted the Counter-Reformation. Prague was much better placed for communications with north, middle, and southern Germany than Vienna, and it was well beyond the reach of Ottoman forces.

After about 1599–1600, however, many contemporaries commented on Rudolf II's withdrawal, his illness and changed state of mind, and on the increasing chaos that prevailed in his administration. He abandoned his previous advisers and turned to a new group of predominantly Catholic courtiers. He was also tormented by growing tensions within his own family, as his brother Matthias and others pressed him to reach a decision on the succession. Rudolf had several illegitimate children but he never married; his indecision over the succession was motivated to a great extent by his intense dislike of his brother.

Lack of imperial leadership inevitably exacerbated the emerging controversy between Catholic and Protestant interpretations of imperial law. Increasingly, both sides rejected the judgements of the courts in disputes which arose over the interpretation of the peace of 1555, which impaired the operation of imperial justice. In 1608, the diet itself was paralysed by these issues. Rudolf's request for a levy to finance a force of 24,000 men against the Ottomans failed. The diet was dissolved.

This impasse led directly to the formation of the Protestant Union (14 May 1608) and the Catholic League (10 July 1609). A struggle between Brandenburg and Palatinate-Neuburg over the succession to Duke Johann Wilhelm of Jülich-Cleves in March 1609 looked likely to turn into war. The involvement of the French king and Rudolf's diversion of troops intended for the Lower Rhine to threaten his brother Matthias in Upper Austria made this seem even more likely, especially as the troops plundered Prague, prompting the Bohemian estates to depose Rudolf in favour of Matthias. Rudolf's death in January 1612, however, defused the situation and allowed Matthias to secure election to the imperial throne.

Matthias (r. 1612–19) behaved perfectly correctly as emperor and actively promoted plans to bridge the confessional–political divide in the empire. Yet his pursuit of rigorous anti-Protestant policies in his own lands aggravated the bitterness and distrust generated by the recent disputes and undermined his attempt to convene a diet in 1613. But the German estates still hesitated to upset the delicate balance of powers established around 1500. In 1614 both Protestant and Catholic princes stepped back from the brink of war over Jülich-Cleves. Most wished to avoid becoming embroiled either in an international Protestant alliance or in the grand designs of the Spanish crown. Indeed, among Protestants the rhetoric of these years was not the language of war but rather that of patriotism.

The Thirty Years War

The Thirty Years War (1618–48) started with a Bohemian rebellion against Habsburg rule. When the Bohemian rebels offered the throne to the Calvinist elector of the Palatinate, Ferdinand II (r. 1619–37) responded ruthlessly and imperial forces easily crushed the uprising at the Battle of the White Mountain in November 1620. Ferdinand then pursued the elector, the 'Winter King', into Germany and transferred his electorate to Duke Maximilian of Bavaria, exercising powers that had implications for all princes and not just the Palatine outlaw. Many feared that Ferdinand intended to re-Catholicize the empire, which drew more Protestant princes into the conflict and triggered the intervention of Christian IV of Denmark (also duke of Holstein).

The success of the imperial armies by 1629 and Ferdinand's Edict of Restitution, which demanded the return of all church property secularized since 1552, galvanized the Protestant opposition. It also, however, prompted the electors, Catholics and Protestants alike, to demand the dismissal of the emperor's military supremo, Wallenstein, who they feared was making the emperor too powerful in northern Germany.

The intervention of Gustavus Adolphus of Sweden, financed by French subsidies, brought Wallenstein back on to the scene, and the Swedish king fell at Lützen in November 1632. The Swedish forces were defeated in 1634 but continuing Protestant resistance resulted in the Peace of Prague in 1635, in which Ferdinand gave up the Edict of Restitution and the princes agreed to expel all foreign troops.

Despite this, France now intervened with the twofold objective of smashing the power of Habsburg Spain, which was achieved by 1659, and toppling the Habsburg emperor, whose forces they pursued through relentless campaigns in southern Germany.

Among the German princes, however, the accession of the more conciliatory Ferdinand III (r. 1637–57) fostered a desire for peace and for a return to the 'old system'.

At the end of this protracted struggle for the preservation of 'German liberty', the Peace of Westphalia (1648), comprising the Treaty of Osnabrück for the empire and the Treaty of Münster for the wider European conflict, rebalanced the constitutional status quo negotiated in the reign of Maximilian I. In the agreement reached at Osnabrück, Calvinism was now recognized alongside Lutheranism and Catholicism as an official religion of the empire. The question of who was entitled to which property was resolved by declaring 1624 to be the baseline for ownership. The rights of Catholic, Lutheran, and Calvinist (German Reformed) minorities were secured, which effectively limited the power of the princes to determine the religion of their territories, though Protestant rulers were nonetheless affirmed as *summus episcopus* (highest bishop) of their territorial churches. The Austrian lands and Bohemia were exempted from these stipulations, which enabled the Habsburgs to enforce Catholicism with impunity after 1648. Disputes concerning confessional matters in the empire were to be resolved amicably by the diet sitting in two *corpora* (parallel sections or colleges) so that the Catholic majority could not dictate to the Protestant minority. All other disputes between individual estates of the empire would be resolved peacefully through the courts.

Imperial power was formally tied to the consent of the Reichstag (all laws were promulgated by 'Kaiser und Reich'); the princes could enter into alliances, though not against the emperor and the empire; Bavaria retained its electorate, and the Palatine electorate was restored. The treaty represented the failure of Ferdinand II's ambitions and the triumph of German liberty ('deutsche Libertät') over the German monarchy. France gained Alsace; Sweden acquired Pomerania and the secularized Archbishopric of Bremen; both became guarantors, together with the emperor, of the peace treaty and of the imperial constitution. In a separate agreement at Münster, Switzerland was formally recognized as an independent state, no longer part of the Reich. The Dutch Republic's independence of the empire was recognized de facto by its signature alongside Spain's on the Treaty of Münster.

The Treaty of Osnabrück distinguished more clearly than ever before between the German empire and the wider feudal realm of the empire that still survived in northern Italy and parts of the old kingdom of Burgundy and the southern Netherlands. Habsburg intervention in these areas took various forms: fairly direct government in the southern Netherlands; looser overlordship in Italy, where the various territories and cities still regarded the emperor as their protector and the arbiter of their disputes.

In Germany, however, the position of the Habsburgs was quite different because they were now bound by a written constitution with external guarantors. Even without France and Sweden as watchdogs, the developments in Germany between 1495 and 1648 had ensured that the threat of a strong monarchy in Germany had been banished for good.

Chapter 5
The early modern empire (2): from the Peace of Westphalia to 1806

Reconstruction and renewal

The Thirty Years War was a disaster for much of the empire. The total population may have declined from about twenty million to some sixteen or seventeen million. The worst-hit areas were Pomerania and Mecklenburg in the north-east, Thuringia and Hesse in Middle Germany, and the south-west. In Württemberg the population declined by 57 per cent and pre-war levels were only reached again by about 1750. Incessant movements of marauding troops destroyed infrastructure and agriculture. Even where material damage was limited, both civilians and governments were left with substantial debts. Many nobles who had speculated on rising prices before 1618 were all but ruined by the long downturn which the conflict precipitated; some families were still paying off the debts their predecessors had incurred at this time in the 19th century.

Yet the post-war era provided new opportunities for survivors. Population loss created demand for labour; enterprising individuals and communities revived old activities and developed new skills. Territorial administrations adopted new approaches to land management and revenue creation as they engaged in the business of reconstruction. Despite the general problem of post-war indebtedness, many princes now also began to spend lavishly on building new residences and on culture: art, music, books, and other things designed to enhance the prestige of a territory and its ruling centre. Investment in 'soft power' reflected the growing political ambitions of territories such as Bavaria, Brandenburg, Brunswick, and Saxony, but also the desire of smaller territories to survive in the new competitive atmosphere of the century after 1648. These developments all contributed to the extraordinary cultural vitality of the German lands, manifest especially in the literary, musical, and philosophical achievements of the 18th and early 19th centuries.

Using Saxe-Coburg-Gotha as its model, Veit Ludwig von Seckendorff's *German Princely State* (1655) outlined the theory and practice of government in an intensively managed and paternalistic small German territory. Seckendorff's book is often cited as evidence for the rise of absolutism in this period, yet no prince enjoyed absolute power. All were to one degree or another dependent on the cooperation of the estates of their lands: the nobles, towns, and clergy represented in the assemblies which deliberated on tax proposals and other legislation. Rulers also remained subject to the laws of the empire: *Landeshoheit* (governmental overlordship) fell short of full sovereignty. Subjects had the right of appeal to imperial courts; the emperor could and did intervene if rulers contravened the rules. After 1648 a growing number of more powerful princes became impatient with the restrictions on their power in the empire. Some aspired to become fully sovereign but they could only achieve this by assuming royal crowns outside the empire: the electors of Saxony, Brandenburg, and Hanover became kings respectively in Poland, Prussia, and Great Britain.

The empire experienced a revival after 1648. Despite the setbacks suffered during the 1640s, Ferdinand III (r. 1637–57) rebuilt his authority. He reformed the Vienna Reichshofrat which the Peace of Westphalia had formally recognized as an imperial supreme court alongside the Reichskammergericht. He presided personally over a diet at Regensburg between December 1652 and May 1654. This saw agreement on reform of the Reichskammergericht and the amelioration of the burden of war debts, though the estates again refused to agree to the formation of an imperial army, resolving instead that each prince should be able to levy taxes for his own defence and for imperial defence. Many other issues were simply deferred.

Ferdinand's prestige was sufficiently restored that he was able to secure approval for his elevation of eight counts and one imperial knight to the rank of prince, which strengthened the imperial party in the diet. He also had his son elected and crowned king of the Romans as Ferdinand IV in July 1653. The latter's sudden death a year later placed the succession in jeopardy, for his second son Leopold was a minor and remained so at his father's death in 1657. Yet again, however, and despite a fifteen-month interregnum, the absence of a plausible alternative ensured Leopold's election when he came of age in 1658 (see Figure 7). Leopold I's forty-seven-year reign fully restored the position of the Habsburgs as emperors and gave substance to the imperial framework created in 1648. His policies were carried forward by his sons Joseph I (r. 1705–11) and Charles VI (r. 1711–40).

External threats and stabilization of the empire

Three external threats to the empire helped maintain its solidarity. In 1663, first, following a dispute over Transylvania, Ottoman forces once more invaded Royal Hungary and Moravia and threatened Vienna, creating panic in southern and eastern Germany. A peace negotiated in 1664 held for twenty years but its terms generated a noble independence movement in Hungary which preoccupied Vienna until the Ottomans attacked again in 1683, besieging the city for the first time since 1529. Thereafter a protracted series of campaigns culminated in the defeat of the Ottomans in 1697, when the Habsburgs were recognized as rulers of Hungary and Transylvania. Further Hungarian opposition was quelled in 1711

7. Leopold I successfully restored imperial authority after the Thirty Years War.

but another Ottoman war broke out in 1716, ending in 1718 with the Peace of Passarowitz which gave the Habsburgs the Banat, northern Serbia, and Little Wallachia, all lost again in 1739 following Charles VI's decision to join a Russian war against the Ottomans in 1737.

These Ottoman wars generated the same kind of German patriotism as those in the 16th century. The German princes raised taxes, sent troops, and, in some cases, themselves fought alongside the emperor to defend the empire from Ottoman invasion.

Second, in the west, France was initially content to manipulate anti-Habsburg sentiment in the empire by encouraging the elector of Mainz's League of the Rhine (1658–68). Following the outbreak of the French war against the Dutch Republic in 1672, Lorraine, Alsace, Trier, and the Palatinate also became targets. In 1679 the Peace of Nijmegen provided a brief respite before France began its policy of *Réunion*. This involved exploiting old feudal rights to annexe any lands in the empire that had once been dependent on the territory which was ceded to France in the Peace of Westphalia. Strasbourg was lost in 1681 and French fortresses were established on the Rhine at Freiburg and Breisach.

Hostilities were renewed during the War of the Palatine Succession (1688–97) and the War of the Spanish Succession (1701–14) which was fought out in Italy and Germany. After an interval following the death of Louis XIV in 1715, the War of the Polish Succession (1733–8) and the War of the Austrian Succession (1740–8) renewed the previous pattern of periodic attacks on the empire in the context of conflicts that did not directly concern it. Finally, a new alliance system emerged in the Seven Years War which saw France allied to Austria against Prussia and the maritime powers (Britain and the Netherlands).

French aggression also posed an internal threat because France was a natural magnet for German enemies or rivals of the Habsburgs. Between the 1660s and the 1740s, Mainz, Cologne, Brandenburg, and Bavaria, among others, all periodically sought alliances with France. Bavaria even fought on the French side in both the War of the Spanish Succession and the War of the Austrian Succession.

Third, in the north, various conflicts threatened the empire's stability. Brandenburg, which was at war with Sweden between

1674 and 1679, was particularly vulnerable but Habsburg interests in Poland were also jeopardized. The Swedish–Polish war of 1655–60 also underlined the extent of French influence in the empire since France intervened to prevent Sweden's defeat and to force Austria and Brandenburg to accept a peace. French support for Sweden and interest in the Polish crown remained constant until 1700. The Habsburgs had no direct stake in the Great Northern War between Sweden and Russia 1700–21, and for much of the time they were preoccupied by the War of the Spanish Succession anyway. Consequently, the emperor became dependent on Brandenburg and the new electorate of Hanover to take the strain of defending the empire's interests against Sweden. This underlined the growth in the secular electors' power and aspirations generally, a key feature of the period after 1648.

Leopold I's authority ultimately rested on his triumph over the existential threats posed by France and the Ottomans. Yet his effectiveness as a ruler in the empire owed much to his astute handling of both royal prerogatives and imperial politics.

Leopold bolstered his domestic support by patronage. He liberally conferred privy councillorships and honorary chamberlainships, and created new titles such as arch-marshal to the empress. He also elevated new counts and barons, and turned existing counts into princes. Marriage alliances created links with the more prominent noble families. He himself married a Palatinate-Neuburg heiress as his third wife. Three of his children were married respectively into the Bavarian Wittelsbach, the Brunswick-Lüneburg, and the Brunswick-Wolfenbüttel dynasties. Bavaria turned against the Habsburgs but the Brunswick-Lüneburg line became a key northern ally against Brandenburg, a fact recognized by the elevation of the principality as the electorate of Hanover in 1692. Brandenburg aspirations, and irritation over the creation of the Hanoverian electorate, were satisfied by Leopold's, albeit reluctant, agreement to recognize the elector as king in Prussia, a territory outside the empire. Saxon ambitions were diverted when Leopold supported the elector of Saxony's bid for the Polish throne in 1697.

Leopold also engaged in the institutions of the empire. The diet he summoned to Regensburg in January 1663 was the last in the empire's history: it remained in permanent session (the 'perpetual diet') until 1806. Initially this was because the diet failed to reach agreement on key issues but gradually it proved its utility. Leopold himself only attended for five months, but he was represented throughout by the archbishop of Salzburg as Prinzipal-Kommissar, and all important papers were sent to him in Vienna. The diet's initial priority was to formulate an electoral capitulation for all future imperial elections, which was finally done by 1711. This never became law because Charles VI did not ratify the draft, but it was regarded as an informal fundamental law nonetheless.

An attempt to resolve the question of an imperial army in the 1670s resulted in agreement on the size of the army; raising troops was devolved, as before, to the circles. While various forms of economic legislation failed, the diet's legislative record did not compare badly with other European parliaments of the time, including the English parliament.

The very fact of the continuous session came to be symbolic of the empire's unity. Furthermore, many proposals that the diet discussed but did not implement found their way into initiatives taken by the circles or the territories. At these levels there was no lack of legislation; indeed this was the start of the golden age of German territorial legislative activity.

For his part Leopold used the diet to gain information, as a way of being present in the empire, even though he only ever made five journeys into it and none north of Frankfurt. For the same reason he steadily extended the network of imperial ambassadors and residents across the whole of Germany and he even used the imperial postal service run by the Thurn und Taxis family to monitor the activities of the cities and princes covertly.

The Reichshofrat was perhaps the most important vehicle of imperial influence. The Reichskammergericht was working only intermittently owing to the delinquency of princes in paying their dues to it and to interruptions occasioned by French military activity, which in 1689 occasioned its move from Speyer to Wetzlar. The emperor's supreme court in Vienna, the Reichshofrat, meanwhile established itself as a reliable, speedy, impartial, and authoritative institution. Even Protestant princes, for example those in Thuringia, increasingly took their inner-dynastic disputes there. Admittedly, the larger territories increasingly sought blanket exemption from the court's jurisdiction—another sign of their growing aspirations to greater independence and status than the other princes—but they were obliged to institute their own high courts or appeal courts. Feuding or violent conflict resolution more or less died out; many a peasant or burgher discontent was taken to the courts rather than pursued through rebellion.

Imperial patriotism

Leopold's success is reflected in new forms of imperial patriotism. Plans for the empire's future development proliferated from the 1680s. These included schemes for the reconciliation of the Christian churches, ideas for institutional reform, economic development and legal codification, and proposals for imperial academies of arts, sciences, or language. One figure who appeared repeatedly in such discussions was the philosopher and polymath Gottfried Wilhelm Leibniz, who worked initially for the elector of Mainz and then for the duke of Brunswick-Lüneburg, later elector of Hanover. No German intellectual was better networked than he was: he had over a thousand correspondents in 169 locations in Europe. His range of contacts in the empire was unrivalled and he can stand for the interconnectedness of German intellectuals, mainly through the roughly thirty-five universities. The sense of a

German academic/scientific community was further reinforced by a flourishing book trade and by the appearance of the first academic journals such as the *Acta Eruditorum* (*Philosophical Transactions*), founded at Leipzig in 1682 and dedicated to publishing original articles in the natural sciences and reviewing books from all over Europe.

Almost none of Leibniz's projects bore fruit, and the first German academy of arts and sciences was founded in 1700 in Berlin not in Vienna. Yet enthusiasm for the empire and thinking about schemes for its improvement continued well into the 18th century. One reason for the failure of Vienna-based projects may well have been that following the completion of the Leopoldine Wing of the Hofburg around 1680, Leopold built virtually nothing. The Vienna court remained centred on the 13th-century core of the castle residence which had last been modernized in the mid-16th century. To some extent that was itself programmatic: while other German dynasties and the noble families from the Habsburg lands and the empire who retained residences in Vienna built themselves new palaces, Leopold proclaimed the antiquity and continuity of his own.

Leopold I's two sons, Joseph I (r. 1705–11) and Charles VI (r. 1711–40), were more active builders. Joseph set about designing a summer palace at Schönbrunn; Charles oversaw its completion and added several grand extensions to the Hofburg, as well as the magnificent St Charles's Church (Karlskirche) in Vienna (1716–39) along with the unfinished project of transforming the abbey at Klosterneuburg into an Austrian Escorial (1723–40). These enterprises created an 'imperial style' that was widely emulated by princes in the empire. Brandenburg-Prussia and Saxony-Poland developed their own distinctive styles. Bavaria's hostility to the Habsburgs led to flirtations with French style. But among the Catholic nobility and the ecclesiastical rulers the imperial style flourished, and even some Protestant princes began to incorporate an imperial hall (*Kaisersaal*) in their residences. These magnificent halls were richly decorated with wall and ceiling paintings and statues, conveying allegorical images that underlined both the majesty of the emperor and the status of the local rulers.

The reign of Charles VI saw two other manifestations of confidence in the empire. In 1726 Johann Christoph Gottsched took over what became the Deutsche Gesellschaft in Leipzig and used it to propagate his ideas for the reform of the German language and its literature, for which he initially hoped for sponsorship from the court at Dresden before turning to Vienna in 1738. As early as 1727 he had written an ode 'In Praise of Germany' which eulogized Charles VI as the ruler of the 'new Rome'. Vienna ultimately disappointed him but his faith in Germany remained undimmed, and his literary reform proposals remained influential until the reaction of young writers against them in the 1750s marked the starting point of modern German literature.

The same period also saw a proliferation of writing about the empire: attempts to define the relationship between territories and empire, the nature of the empire, and its unique multi-level institutions and complex legal system which protected both the 'German liberty' of the princes and the rights of individuals. The most comprehensive compilation of German law was the fifty-three-volume *Teutsches Staatsrecht* (*German Public Law*, 1737–54) by the Württemberg official Johann Jacob Moser (1701–87). This monumental work started from the assumption that the empire could only be understood historically and gave a detailed account of its public law as it related to everyone from the emperor down to the peasantry. Like other writers, Moser saw the empire as a unique system which had many oddities but which cohered nonetheless.

New challenges after Leopold I

Alongside these important developments, which reinforced the German identity of the empire, Joseph I and Charles VI enjoyed mixed fortunes. Joseph I died aged thirty-one after barely six years on the throne. During that time he devoted major resources to holding on to Italy in the later stages of the War of the Spanish Succession, which he regarded as an imperial mission even if the German princes thought little of it. He also launched a reform of the judicial system, though this failed.

His brother Charles was initially a reluctant emperor, remaining deeply attached to his Spanish kingdom which he never saw again after 1711: 'Barcelona' was his dying word in 1740. Yet he soon embraced his new role. He revived the symbolism and imagery of his namesake Charles V. He initiated serious attempts to revive imperial rights and revenues. His administrative reforms in Vienna finally separated imperial from Austrian affairs, which upset the imperial vice-chancellor who felt that his role was being downgraded. But neither Charles nor his officials saw the two realms as mutually exclusive, and losing the empire would have been a huge blow to Austria. His execution of imperial justice was energetic and he intervened effectively in episcopal elections and in Mecklenburg where he deposed a tyrannical duke. If anything, Charles proved far too active an emperor for some: as early as 1716 Frederick William I of Brandenburg-Prussia (r. 1713–40) complained that 'he wants to subjugate us all and make himself sovereign'.

Charles proved powerless, however, to solve two major problems. The first was the increasingly confrontational behaviour of Brandenburg-Prussia. This resulted from the Catholic elector Palatine's attempts to exploit the terms of the Peace of Rijswijk to re-Catholicize his territory. The peace appeared to allow Catholics rights of worship wherever they had been permitted during the French occupation between 1688 and 1697. The diet failed to broker a solution; some Protestants threatened war. Finally, the elector backed down, thc Protestants shied away from violence, and the emperor retained his authority.

The whole affair seemed to show that the underlying tension between Protestants and Catholics remained strong. And, while Saxony had traditionally led the Protestant cause, that role was now assumed by Brandenburg-Prussia. Saxony formally retained the chair of the Protestant Corpus in the diet at Regensburg, but the Saxon elector's conversion to Catholicism in order to take up the Polish crown undermined Saxony's position in the empire. Hanover also played a key role in supporting the rights of Protestants in the Palatinate, but its electors were increasingly preoccupied with Great Britain rather than with the empire. Brandenburg, distrusted and feared even by many of its natural allies in the empire, made the most of the situation. It had been obliged to develop a strong army by the threats it faced in the Thirty Years War and in the northern wars that followed; it was now the only German territory that could pose a credible military threat to Austria.

The second problem was the succession. Charles had four children but only his two daughters survived infancy. Joseph I had also only left two daughters. At a time when many German dynasties were adopting primogeniture it was only natural that the Habsburgs should follow suit. What Charles proposed was rather different: female succession, the retention of all imperial fiefdoms, and a guarantee by the empire of Habsburg possessions outside it. One other thing was clear, however: Charles's daughter Maria Theresa could not inherit the imperial throne; some princes even worried that agreeing to the Pragmatic Sanction would predetermine the imperial succession in favour of a future husband, provided he was a German.

In the event, Francis Stephen of Lorraine, whom Maria Theresa married in 1736, was not sufficiently powerful to be a serious candidate on Charles VI's death in 1740, even though he had exchanged Lorraine for the Grand Duchy of Tuscany in 1737. After a thirteen-month interregnum the elector of Bavaria, Charles Albert, was chosen, a man qualified by nothing more than the fact that two of his ancestors had held the imperial title in the Middle Ages.

Those who voted for Charles VII (r. 1742–5) with misgivings were soon proved right. He was chronically short of money. Since he inherited his electorate in 1726 he had been dependent on French subsidies, which continued when he was emperor. Politically and militarily, he was dependent on Prussian support. Austrian forces occupied Bavaria two days after his coronation at Frankfurt and, apart from a brief period in 1744, Charles was effectively stranded in Frankfurt. His claims to Bohemia and the Austrian lands were simply laughable in view of the fact that his army had been all but destroyed in the battle for Belgrade in 1739.

Even establishing a government—an imperial chancellery or a new Reichshofrat—proved difficult, not least because the Austrians were so slow to hand over the imperial archive that it had still not arrived in Frankfurt by the time Charles died on 20 January 1745. By then he had alienated most of his remaining supporters by taking seriously a Prussian plan to support his imperial reign by turning a series of south German bishoprics and imperial cities into crown properties.

The Bavarian experiment was a disaster. From the start it had been overshadowed by more important events initiated by the new Prussian king, Frederick II, later known as Frederick the Great (r. 1740–86). His succession coincided with the death of Charles VI. While other dynasties made claims on Habsburg lands, Frederick was the only one who acted on them by sending an army of 30,000 men into Silesia in December 1740. In three wars—1740–2, 1744–5, and 1756–63—Austria failed to recover the territory. In the first two conflicts France also became involved, supporting Bavarian and Saxon territorial claims against the Habsburgs. Prussia alone achieved its war aims: the Peace of Dresden in December 1745 confirmed Prussian ownership of Silesia.

Renewal under Habsburg-Lorraine

Although it sealed Austria's loss of Silesia, the Peace of Dresden also presaged the return of the Habsburgs. Following the death of Charles VII the electors recognized that there was no real alternative to Francis Stephen of Lorraine; even the Prussian king assented to his election as Francis I (r. 1745–65). However, Berlin then did all it could to impede the re-establishment of Habsburg authority in the empire. The spread of Brandenburg territories across north Germany meant that Frederick the Great (r. 1740–86) was represented in three imperial circles and he blocked Habsburg wishes in each. His own marriage to Elisabeth Christine of Brunswick-Wolfenbüttel-Bevern was a disaster but he paid close attention to the unions of his eight siblings, using them to forge alliances throughout central and northern Germany. He also seized every opportunity to intervene as protector of Protestants in south-west and Middle Germany.

This all proved advantageous during the last war for Silesia, 1756–63 (the Seven Years War), for it served at least to mitigate opposition to him. This conflict was part of a wider confrontation in which a new Franco-Austrian-Russian alliance stood against a Protestant British-Dutch-Prussian alliance. The main issue for most of those involved was the struggle between Britain and France for control of the Atlantic colonies. Yet Austria used its new alliance with France to launch another attempt to regain Silesia.

Frederick's occupation of Saxony prompted the diet to outlaw him. Prussian propaganda, and later Prussian-German historians, eulogized the king for standing up yet again for the Protestant cause and for heroic military victories. In fact Frederick's victories were few and far between and he was lucky to survive the war. He was saved by Russia's withdrawal of support for the Austrian cause, leading to the Peace of Hubertusburg (1763), which affirmed Prussian ownership of Silesia but saw Saxony freed from its occupation.

Meanwhile, Francis I had worked hard to re-establish Habsburg authority in the empire. Following his coronation, the secular electors and the Wittelsbach elector of Cologne for the first time refused to renew their fiefs and to accord the new emperor the traditional act of homage; many secular princes followed suit. The Bavarian interlude had also forced the Habsburg administration in Vienna to distinguish more clearly than ever before between imperial and Austrian interests. There was overlap, but separate ministers and officials now handled the affairs of the empire and of the Habsburg lands. An Austrian state chancellery (Staatskanzlei) answerable to Maria Theresa existed alongside the imperial chancellery (Reichskanzlei) answerable to Francis I.

In 1746 Francis commissioned a report on whether the empire was actually useful to Austria. Significantly, however, the report clearly concluded that the empire and the Austrian lands needed each other and that it was unthinkable that Austria should relinquish the imperial title.

Francis's greatest achievement was perhaps to rebuild Austrian finances and to create a substantial fortune for what now became the house of Habsburg-Lorraine. He also succeeded in securing the loyalty of the crown's traditional clientele: the bishops, abbots, and other prelates of the imperial church, the imperial cities, and the imperial knights. The hostility of the Wittelsbach elector of Cologne forced Francis to pay close attention to episcopal elections. This laid the foundations for a late revival of Habsburg episcopal politics when his sons came of age and could be candidates for such posts. However, he failed to reform the law courts and both the Reichshofrat and the Reichskammergericht performed poorly during his reign. This led to a growing number of direct appeals to the diet, which created the impression that the empire was unruly and that the emperor was not in control.

Joseph II and the limits of reform

As the spouse of Maria Theresa, Francis I could never enjoy the same prestige as Leopold I or Charles VI. His son Joseph II (r. 1765–90) had better prospects, although he was only joint ruler of the Habsburg lands until Maria Theresa's death in 1780. Nonetheless, the situation in the empire was favourable to the twenty-four-year-old emperor. After the Seven Years War the Prussian king and many other princes were keen to avoid further confrontation, and the confessional animosities of the previous decades cooled.

Shortly before Francis I died the electors themselves had drawn up an imperial reform agenda, which Joseph II extended. Yet he too soon ran into difficulty. Now all the electors and all the 'old princes' (those whose titles were created before about 1550) refused to renew their fiefs. Some minor legislative changes were introduced and he succeeded in defending the imperial knights against Württemberg and Palatinate attempts to annexe their lands, but the princes obstructed anything that they suspected would make the emperor more powerful.

Joseph responded from about 1778 with policies that provoked almost everyone. He wanted to rationalize and modernize the empire but ended up undermining his own authority in it. Displeased with the diet's obstructionism, he connived at paralysing it for over five years. In the scatter of Habsburg lands in southern Germany that were attached to Tyrol he aroused opposition by reforming judicial and administrative structures in ways that infringed the traditional rights of nobles, towns, and rural communities. In the empire generally, he axed all imperial pensions, leaving hundreds of clients embittered. At the same time Joseph reactivated the old right of a newly elected emperor to nominate the first appointment to a prebendaryship in ecclesiastical institutions, to which he invariably appointed his own officials or family members. Finally, his attempts to rationalize episcopal boundaries in the Austrian territories in order to create, in effect, an Austrian Catholic territorial church also alienated many, including his own brother Max Franz, the elector of Cologne.

Joseph's attempts to acquire Bavaria in 1777–9 and 1784 were even more damaging. The idea went back to the 1690s but the fact that the current elector of Bavaria was childless seemed to offer an ideal opportunity. The heir with the strongest claim was Charles Theodore, the elector of the Palatinate, the head of the second Wittelsbach line in the empire, but he had no interest in Bavaria and was willing to do a deal which promised him territory on the Lower Rhine and, ultimately, the Austrian Southern Netherlands. When the Bavarian elector died unexpectedly the deal became public and Prussia declared war at the head of a coalition to protect the empire against Austrian expansionism. Joseph backed down and relinquished all claims to Bavaria in the Treaty of Teschen 1779, which also made Russia, which had brokered the peace, a guarantor of the empire alongside France and Sweden.

In 1784 a second plan apparently covertly supported by Russia—Charles Theodore now even more willing on account of his massive debts—caused such alarm in the empire that the electors of Brandenburg-Prussia, Hanover, and Saxony formed a League of Princes to thwart Joseph, subsequently joined by fourteen further princes, including the elector of Mainz. Once again the project failed and the league faded away, many of its members as worried about falling victim to Prussian ambitions as they were anxious about Joseph's expansionism; by 1788 it was effectively defunct. Just over a year later the emperor was dead. His successor, his brother Leopold II (r. 1790–2), aimed to restore good order, though in the two years of his rule he faced the beginnings of another crisis that was ultimately to destroy the empire.

Older German accounts of the empire in this period argued that the growing confrontation of Brandenburg-Prussia and Austria after 1740 marked the beginning of its end. Both Austria and Prussia allegedly lost interest in the empire and engaged in a struggle for mastery over Germany in which the empire was the victim. The refusal of the princes to renew their fiefs after 1765 is taken as further evidence of indifference among the German ruling elite. The empire did not share the fate of Poland, which ceased to exist in this period following partitions at the hands of Austria, Prussia, and Russia in 1772, 1793, and 1795, but some historians suggest that its ultimate fate in 1806 was similar.

Such arguments reflected the contemptuous view of the empire held by later German historians rather than the indifference of contemporaries. Yet even in the more recent revisionist German histories the narrative of inevitable decline after 1740 persists. In reality, however, interest in the empire remained strong. It is true there was much criticism. Friedrich Carl von Moser spoke for many when he deplored the lack of unity in the 1760s and 1770s and the empire's apparent inability to reform itself. The ecclesiastical territories were subject to growing disparagement by Enlightenment writers who regarded them as anachronisms.

Yet such complaints should be viewed as contributions to a lively reform literature. In the 1760s the young Joseph II inspired many to express their confidence in his ability to renew the empire; his actions in the 1780s prompted many to declare their determination that the empire would survive his recklessness and return to its old historically evolved equilibrium. The anti-imperial propaganda of the League of Princes reiterated all the old themes of Protestant constitutionalism of the 16th and 17th centuries. Vienna responded with a strikingly modern argument: the league's promotion of 'German liberty' was nothing more than a cover for the tyranny of the princes; what the emperor stood for was monarchy founded on popular sovereignty.

Many commentators now wrote about the empire in decidedly modern or Enlightenment terms. They viewed it no longer as a feudal structure but as a federation. In the words of the leading commentator of the late 18th century, the Göttingen scholar Johann Stephan Pütter: it was a 'polity composed of several particular states which, however, still together make a single state'. Pütter clearly articulated the federal view of the empire which characterized the thinking of the League of Princes.

Pütter expressed a patriotism and sense of identification with the empire that was widely shared. Between 1765 and 1790 some 10,000 cases reached the Reichshofrat in Vienna, of which roughly 4,000 involved some 8,000 individuals of modest social origin. In the same period some 7,000 ordinary people were involved in the Reichskammergericht at Wetzlar. The cases came from all over Germany and many of those who appealed to the courts against their own princes described themselves as subjects of the empire, sometimes even as *Reichsbürger* (citizens of the empire). These records convey a strong sense of the rights of subjects in the empire and that many viewed the emperor as their ultimate ruler.

The French Revolution and Napoleon

Much of this was reflected again in the response of German commentators to the French Revolution. For all the enthusiasm that many expressed about events in France there was a widespread conviction that Germany was different. Typical of many was the statement made in 1789 by Freiherr Franz Wilhelm von Spiegel zum Desenberg the administrator of the University of Bonn. The imperial constitution, he declared, was the 'best of all possible forms of government' for 'here the individual has lost less of his natural freedom, less of his political freedom than anywhere else and none of his civil freedom'. The Germans, in other words, did not need to rise up like the French, for they had no need to reclaim something they had never been deprived of in the first place.

This confidence persisted for several years. As late as 1795, the writer Christoph Martin Wieland declared: 'The present constitution of the German Reich, despite its undeniable shortcomings and failings, is on the whole endlessly more conducive to the inner peace and welfare of the nation and more appropriate to its character and to the level of culture upon which it rests.'

Three years previously, however, in April 1792, the new French Republic had declared war on Austria and Prussia. French forces annexed the empire's territories on the left bank of the Rhine, instantly abolishing all feudal rights there, and drove across the Rhine into southern Germany. Despite the problems the empire usually experienced with raising troops, the initial defence effort involving local militias and regional troops was reasonably effective and a force of 200,000 men was agreed by October 1794.

Yet many soon desired peace. In 1795 Brandenburg-Prussia concluded the Peace of Basle with France, which took most of northern Germany out of the conflict and into neutrality until 1806. By 1797 Vienna, after a crushing defeat in Italy, was forced to agree formally to the annexation of the left bank of the Rhine. The estates of the empire followed suit at the Rastatt Congress (1797–9) and the idea gained ground that the ecclesiastical and smaller territories should be used to compensate princes who had lost land and rights to France.

Austria's attempt to reverse the situation by joining the War of the Second Coalition with Britain and Russia in 1799 led to a further defeat and the confirmation of the French annexations at the Peace of Lunéville in 1801. When Francis II refused to preside over a conference to reorganize the empire, the diet had no option but to proceed; indeed princes who had lost lands engaged in the process with some enthusiasm.

In 1803 the Reichsdeputationshauptschluss proposed a radical restructuring of the empire. The cession of the left bank of the

8. Francis II's rule was terminated by Napoleon's ultimatum; two years previously he had already assumed the title of Emperor Francis I.

Rhine to France was confirmed; on the right bank three electorates, nineteen bishoprics, forty-four abbeys, almost all of the imperial cities, and all the lands of the imperial knights disappeared; in all about 10,000 square kilometres of land and some three million people were incorporated into new territories. The major winners were Brandenburg-Prussia (in the Rhineland), Baden, Württemberg, and Bavaria. The disappearance of the ecclesiastical territories gave the Protestant princes a majority for the first time, which threatened the Habsburgs' position in the empire. Because the ecclesiastical electorates were abolished, four new electorates were created for Baden, Hesse-Kassel, Salzburg, and Württemberg.

French pressure on the empire remained relentless. In 1804 Francis II (see Figure 8) assumed the title of emperor of Austria (as Francis I), largely to pre-empt Napoleon's formal adoption of an imperial title in the same year. Following another disastrous Austrian defeat and a humiliating peace at Pressburg in December 1805, Napoleon also recognized the full sovereignty of Bavaria and Württemberg as kingdoms and of Baden and Hesse-Darmstadt as grand duchies. Sixteen German princes in southern and western Germany now abandoned the empire by joining the French-dominated Confederation of the Rhine. On 1 August 1806 Napoleon sent a message to the diet saying that he regarded the empire as defunct and threatened the emperor with another occupation of Austria if he did not relinquish the imperial throne. Francis II then agreed to abdicate. The formal announcement of the empire's dissolution on 6 August 1806 released all German rulers from their obligations to him because the empire had already ceased to exist. A thousand-year history had come to an end.

Epilogue: the legacy of the Holy Roman Empire

After 1806

Histories of Germany written before 1945 usually asserted that the Holy Roman Empire had disappeared in 1806 without so much as a murmur and that it left virtually no trace in German history. In fact there is much evidence that its demise generated shock and disbelief. There also seems to have been widespread nostalgia for it. Yet such sentiments were undoubtedly overshadowed by the rapid pace of events and the larger questions that dominated between 1806 and 1815.

Secularization of the imperial church lands and mediatization of the numerous smaller territories resulted in the enlargement of those that remained which also became sovereign states for the first time. Napoleon created a new kingdom in Westphalia for his brother Jerome; he also made Bavaria and Württemberg into kingdoms and Baden and Hesse-Darmstadt into grand duchies, all tied to France in the new Confederation of the Rhine. This was designed to isolate Prussia in the north-east and Austria in the south-east. Further territorial changes occurred subsequently, and much of Westphalia was given to Prussia in 1815, so that only thirty-nine states were left to join the German Confederation in 1815.

This whole process, in which some former rulers became subjects for the first time and millions acquired new rulers, sometimes more than once, was accompanied by a debate about the larger framework within which Germans lived. The dissolution of the empire in 1806 effectively partitioned its territory into four zones: the areas directly occupied by France, the French-dominated Confederation of the Rhine, Prussia, and Austria. That immediately raised the question of whether 'Germany' would ever be united again. Some looked forward to the restoration of the Holy Roman Empire. Others advocated an Austrian–Prussian condominium in which the two spheres of influence would be divided by the River Main. A third option also soon gathered ground: some kind of federation that would both preserve the sovereign states and guarantee some kind of common bond.

Alongside these concrete discussions young Romantic writers avowed their faith in the greatness of the medieval empire and propagated ideas of a new empire in the future. Young patriots, often described as the first real German nationalists, envisaged a reunification of Germany that would unite all Germans and eliminate the princes whose selfish behaviour they blamed for their present plight. Figures such as Johann Gottlieb Fichte, Friedrich Ludwig Jahn, and Ernst Moritz Arndt have often been seen as the first prophets of a new and dangerous form of German nationalism. Their immediate main wishes were that the French should be expelled, that German unity should be restored, and that power should be given to the German people. The fiery nationalism and anti-French rhetoric of these writers made them useful to the Prussian government in the final war against Napoleon which began in 1813. On the other hand their republicanism and democratic convictions made them suspect as soon as the war had been won.

The actual significance of the Romantic writers and patriotic volunteers in the struggle against Napoleon has often been overestimated. The war was won by Russian, Austrian, and Prussian troops and the future of 'Germany' was decided by those who championed the interests of the sovereign states. Bavaria had left the Confederation of the Rhine just before the battle of Leipzig in October 1813. Württemberg, Baden, Hesse-Darmstadt, and Hesse-Kassel left just after.

The plans of Freiherr vom Stein and his secretary Arndt for a strong German national imperial state, influenced by both Romantic and patriotic visions, ultimately served only as a useful foil in the complex negotiations over the future of the German lands which were dominated by the Prussian chancellor Karl August von Hardenberg and the Austrian foreign minister Klemens von Metternich.

Both were at root, though for different reasons, sceptics on the 'national' issue. Hardenberg had great nostalgia for the old empire as the system which had united Germans for a thousand years, but he recognized that the creation of the new sovereign German states could not be undone. Metternich was less sentimental and rapidly concluded that the Holy Roman Empire under Austrian leadership had no future. Himself the scion of a dynasty of imperial knights, originally nobles in the electorate of Trier, which had lost its lands in the French occupation of the Rhineland and the subsequent secularization and mediatization, Metternich sold the lands his father received as compensation. He retained ownership of Schloss Johannisberg in the Rheingau, his reward from Francis I for his services in securing Austria's victory over Napoleon and for representing Austria's interests at the Congress of Vienna, but he made Plasy in Bohemia the new residence for his family. For Metternich the creation of the German Confederation with Austria as its presiding power was the logical outcome of the assumption of the new Austrian imperial title in 1804 and the dissolution of the Holy Roman Empire in 1806.

The German Confederation and after

The new sovereign states were determined to hold on to their status and their authority over their newly acquired lands and subjects. Yet the German Confederation guaranteed elements of continuity. Its frontiers were the same as those of the old empire; the eastern provinces of Prussia (East and West Prussia and Posen) were only included after 1848. As in the old empire, the diet of the Confederation included only representatives of the rulers not of the people, though this was increasingly criticized. The articles of confederation also sought to secure for the future the rights that Germans had enjoyed in the past: the right of Germans to representation, freedom of mobility, property rights, the liberty of the three main Christian confessions, and the equality in civil and political rights of their members along with the promise of a law concerning freedom of the press.

The Confederation was a league of states rather than a federation or confederation, but it contained enough familiar elements to justify claims that the Confederation was in essence a continuation of the old empire. On the other hand there was growing criticism of the inadequacy of its defence capability, of the lack of progress in defining citizens' rights, of the absence of the kind of supra-territorial supreme court that had existed in the old empire, and, reflecting newer concerns, of the fact that there was no central representative body. This discontent was one of the causes of the 1848 revolutions in Germany, but the Frankfurt Parliament failed to bring about change.

The growing preoccupation with greater unity as the answer to the inadequacies of the Confederation after the failure of the Frankfurt Parliament, the revival of Romantic ideas about a strong empire, and the renewed confidence and ambition of Prussian policies in Germany led to the Austro-Prussian war in 1866 and the creation of the German empire in 1871. That empire excluded Austria and this marked a new departure in German history. Its federal nature, however, again reflected the pattern established under the old empire. But while the new Hohenzollern emperors were pleased to invoke the medieval Hohenstaufen emperors when it suited them, the new empire in reality had little to do with the old.

Ideas of a greater Germany gained currency again in the 1920s after the failure of both the Hohenzollern and Habsburg empires. The penalties imposed on Germany and Austria in 1918–19, in particular the territorial losses, led many to think that a union of the German Austrian republics might be timely, but that was promptly prohibited by the victorious powers. Hitler's plans for a greater German empire on the one hand rejected previous German history as worthless, but on the other hand claimed to fulfil Germany's destiny. Hitler underlined this as early as 1934 by replacing Germany's traditional federal structure with the Nazi party regional organization.

Perceptions of the empire since 1945

The end of the Third Reich did not immediately change attitudes. In the German Democratic Republic, the old empire was viewed as a doomed feudal society with no relevance to the present. In the Federal Republic of Germany there was a slow revival of interest. Catholic historians were interested in the old empire as a benign alternative to the disastrous Prussian-dominated Protestant empire. Its corporatist society also made it attractive to those who sought strong societal structures reinforced by Christianity as a bulwark against both a revival of Nazism and the spread of communism.

Above all, the history of the old empire fitted in well with the emerging narrative of the new Federal Republic as a post-national, pro-European state. From the 1950s West German historians such as Heinrich Lutz, Konrad Repgen, and Karl Otmar von Aretin laid the foundations for a new view of the early modern empire. Since then more historical research has been done on the empire than ever before. Yet it seems to have had little wider resonance. Despite the success of major exhibitions in Magdeburg and Berlin marking the second centenary of the empire's dissolution in 2006, it is difficult to see much evidence that the empire still has any real meaning for the German public or that even vague knowledge of it is widely present.

The situation in Austria is little different. Here there was a radical turn away from the common German past after 1945, and the scholarly revival of interest in the Holy Roman Empire both came later than in the Federal Republic and has been more limited. The writing of Austrian history still downplays the significance of the empire for the development of Austria as a great power. For both Austrians and Germans even the word *Reich* was utterly discredited after 1945.

How seriously, therefore, can one take the invocation of the old empire in contemporary metanarratives, in particular the narrative of Europe with a post-national Germany at its centre? How valid are the arguments about its relevance as a model for the present? Can the old German empire really serve as a model for Europe?

The old empire belongs to the past and cannot be revived. On the other hand, there is no doubt that its traditions of law and of rights contributed, alongside the traditions that evolved in other European countries, to the development of modern Europe. In view of the prevalence of claims in German historiography which have so often denied the contributions made by German society to Western notions of democracy and freedom, even that is an important insight.

It seems inevitable that, in one way or another, with or without popular resonance, the old empire will live on in the narratives constructed by historians and others. If the European Union survives its current crisis, the arguments about parallels may become more popular again. If the European Union fails, one could imagine another set of comparisons being made, seeing the failure of the EU pre-shadowed by the failure of the Holy Roman Empire. Historical narratives are invariably shaped by present events.

Nothing can detract, however, from the empire's very real achievements. Its multi-level system of government laid the foundations for an enduring federal system and for the rich regional and cultural variety that developed with it. The multitude of court and urban centres, the ambitions of princes, and the pride of free cities generated extensive patronage in all forms of cultural production.

From an early stage the empire functioned as a peacekeeping system for the centre of Europe and, despite tensions, it developed conflict resolution mechanisms that enabled the small territories to survive alongside the large ones. It was not free of internal conflicts or of civil wars but the restoration of unity was the invariable outcome. It proceeded on the basis of negotiation and compromise rather than violence and civil war. It developed remarkable common legal institutions and an extensive body of law which protected the subjects of the empire. Alongside Switzerland, it was the only European polity which devised a satisfactory lasting solution to the religious divide of the 16th century.

The empire far exceeded the lifespan of any subsequent German state; from that point of view it remains the most successful polity in German history. Above all it provided the framework within which the German language and German identity developed over a thousand years. The Holy Roman Empire, which began as a Frankish kingdom, ended as a truly German empire.

Chronology

3rd century AD	Frankish tribes, including Germanic groups, attack the Roman Empire; some settle and intermarry with the provincial Roman elites.
324	Constantine founded a new capital at Byzantium (renamed Constantinople); the aim to restore the entire Roman Empire failed.
395	Division of the Roman Empire into a western and an eastern empire.
476	The last western Roman emperor, Augustulus, was deposed by the leader of the Goths.
481	Clovis of the Frankish Merovingian dynasty became king of the Franks.
534	The eastern emperor Justinian I issued his *corpus juris civilis*, a code of civil law intended for the whole Roman empire, though he controlled very little of its western parts.
751	The Merovingian kings deposed by the Pepinid dynasty, later known as Carolingians.
800	Charlemagne, the sole Pepinid ruler of the Franks since 711, crowned emperor in Rome by Pope Leo III on Christmas Day.
840–3	Charlemagne's empire divided into three kingdoms.
880	The Treaty of Ribemont established the frontier between the western and the eastern Frankish kingdoms.
911	Extinction of the East Frankish Carolingian line on the death of Louis the Child.

911-18	Duke Conrad I of Franconia elected king but died childless.
919	Henry, duke of Saxony, elected king; his successors in the Ottonian dynasty rule until 1024.
936-73	Otto I 'the Great' once more united the German crown with the imperial crown from 962.
1024	The Ottonian line became extinct with the death of Henry II. The election of Conrad II of Franconia inaugurated the rule of the Salians until 1138.
1033	Conrad II crowned king of Burgundy, bringing it into the empire following the death of the last ruler of the Rudolfine dynasty which had ruled since 888.
1075	Start of the Investiture Contest.
1122	The Concordat of Worms ended the Investiture Contest.
1125	Following the death of Henry V, Lothair of Supplinburg elected as king.
1138	The Staufer Conrad III had successfully asserted his claims to rule and inaugurated the period of Staufer rule until 1250.
1152	Accession of Conrad's nephew Frederick I 'Barbarossa'.
1191-7	Henry VI elected king; he also inherited the Sicilian throne, but died after only six years on the throne.
1215	Henry's son, Frederick II, crowned in Aachen and devoted his reign to establishing Staufer authority in Italy. His reign ended in failure in 1250.
1250-73	The era of the 'lesser kings' (to 1347) began with the Interregnum characterized by a succession of weak rulers, none of whom became emperors.
1273-91	Rudolf of Habsburg sought to re-impose imperial authority but was unable to establish his dynasty.
1315	Henry VII was the first king since Frederick II to be crowned emperor but his death the following year led to another double election.
1338	The era of 'lesser kings' saw the emergence of a small group of leading nobles who declared themselves at a meeting in Rhens to be the sole legitimate electors.
1347-78	Charles IV, Henry VII's grandson, ruled the empire from Prague, which became an archbishopric and the seat of the first 'German' university in 1348.

1356 The Golden Bull confirmed the archbishops of Mainz, Cologne, and Trier, and the king of Bohemia, the count Palatine, and the dukes of Saxony and Brandenburg as electors to the German crown.

1378–1400 Charles IV's heir Wenceslas was unable to survive as emperor.

1400–10 Rupert of the Palatinate lacked a power base comparable to Bohemia.

1410–37 Charles IV's second son Sigismund (crowned emperor 1433) resolved the problems of the papacy at the Council of Constance 1414–18.

1438–9 Sigismund succeeded by his son-in-law Albert II of Austria, whose own son, born after his death, could not be elected king in Germany.

1440–93 Election of Frederick III, Albert II's cousin, initiated continuous Habsburg rule in the empire.

1493–1519 Maximilian I inherited both the Austrian lands and the duchy of Burgundy; he also had ambitions of regaining Italy and of reforming the empire.

1495 Reform Diet or Reichstag at Worms.

1517 Martin Luther's public protest in Wittenberg against the sale of indulgences marked the start of the Reformation.

1519–56 Charles V, Maximilian I's grandson, succeeded as emperor in addition to being king of Spain. In 1530, he became the last Holy Roman Emperor to be crowned by the pope.

1521 At the diet of Worms, Charles outlawed Luther but the elector of Saxony refused to recognize the emperor's authority to arrest one of his subjects.

1525 The Peasants' War prompted many princes to take control over the religious reform movement in their territories.

1531 The Schmalkaldic League was formed to protect the interests of the Protestant princes and cities.

1546–7 Charles V attempted to crush Protestantism in Germany by military intervention and to impose Catholicism on the empire. By 1552 he had failed.

1555 The religious Peace of Augsburg recognized the rights of Protestants in which formally became a bi-confessional polity; the fundamental principle was that of *cuius regio, eius religio* (the religion of a ruler should dictate the religion of a territory).

1556	Charles V abdicated: his Spanish lands went to his son Philip (II of Spain); his German lands and the imperial title went to his brother Ferdinand.
1556–76	Both Ferdinand I (r. 1558–64) and Maximilian II (r. 1564–76) ruled within the framework established around 1500, the reforms of the reign of Maximilian I, and by the Peace of Augsburg in 1555.
1576–1612	Under Rudolf II, especially from about 1600, the empire experienced growing internal tensions, many arising from questions about the religious peace.
1612–19	Emperor Matthias ruled in the conciliatory style of Ferdinand I and Maximilian II.
1617	The election of Ferdinand of Styria as heir to the Bohemian throne precipitated the Thirty Years War.
1618–48	Thirty Years War.
1618	The Bohemian Protestant nobles in 1618 deposed Ferdinand; election of the Calvinist elector of the Palatinate as king.
1619	As emperor, Ferdinand fought to regain Bohemia and control Germany.
1648	The Treaty of Osnabrück, part of the Peace of Westphalia, reverted to the constitutional balance between emperor and estates that had been articulated around 1500 and reiterated in the Peace of Augsburg 1555.
1637–57	Ferdinand III ended the conflict started by his father Ferdinand II and managed the early years of the peace.
1658–1705	Leopold I re-established imperial authority.
1658–68	Anti-Habsburg League of the Rhine.
1663	Imperial diet or Reichstag opens and remains in permanent session to 1806.
1672–8	French war against the Netherlands.
1674–7	French attack on Lorraine and Alsace.
1679	Peace of Nijmegen between France and the empire.
1679–84	French annexations (*Réunions*) of western territories of the empire, including Strasbourg 1681.
1683	Ottoman siege of Vienna.
1692	Creation of the Electorate of Hanover.

1697	Election of the Elector of Saxony as king of Poland.
1699	Peace of Carlowitz with the Ottoman Empire.
1700–21	Great Northern War.
1701	Coronation of the Elector of Brandenburg as king in Prussia.
1701–14	War of the Spanish Succession, ended by Peace of Rastatt.
1705–11	Joseph I.
1711–40	Charles VI.
1713	Pragmatic Sanction: Maria Theresa to be recognized as heir to the Habsburg lands but not to the German crown.
1716–18	Turkish war, ended by Peace of Passarowitz.
1732	Pragmatic Sanction confirmed by the empire.
1733–5	War of the Polish Succession.
1740–2	Interregnum following the death of Charles VI; his daughter Maria Theresa inherited the Habsburg lands.
1740–2	Frederick II seized Silesia from Austria (First Silesian War).
1742	Election of Charles Albert of Bavaria as Emperor Charles VII.
1744–5	Second Silesian War.
1745	Election of Francis Stephen of Lorraine as Emperor Francis I.
1756–63	Seven Years War (Third Silesian War).
1765–90	Joseph II.
1767–8	Attempted reform of the Reichskammergericht.
1772	First Partition of Poland.
1778–9	War of the Bavarian Succession, ended by Peace of Teschen.
1780	Joseph II sole ruler of the Habsburg lands after the death of Maria Theresa.
1785	A League of Princes, strongly supported by Brandenburg-Prussia, thwarted Joseph II's second attempt to acquire Bavaria.
1789	Revolution in France.
1790–2	Leopold II.
1792–7	French declaration of war against Austria and Prussia.

1792–1806 Francis II.

1795 Peace of Basle: Prussia made peace with France, leaving Austria to fight on.

1797 Peace of Campo Formio: France forced Austria to accept de facto the annexation of the left bank of the Rhine.

1797–9 Rastatt Congress: the empire considered the implications of the French occupation of the left bank of the Rhine.

1801 Peace of Lunéville: Austria and the empire forced to accept the French annexation of the left bank of the Rhine *de jure*.

1803 Reichsdeputationshauptschluss: the Reichstag agreed to compensate princes who had lost lands on the left bank of the Rhine by dissolving the ecclesiastical territories and by turning most imperial cities into territorial towns.

1804 Francis II assumed the title of emperor of Austria (as Francis I) in anticipation of Napoleon's assumption of the title of emperor of France.

1806 Napoleon elevated Bavaria and Württemberg into kingdoms and formed the Confederation of the Rhine. In response to an ultimatum from Napoleon, Francis II agreed to dissolve the Holy Roman Empire.

Further reading

Abulafia, D. S. A., *Frederick II: A Medieval Emperor* (London, 1988).
Althoff, Gerd, *Otto III*, transl. Phyllis G. Jestice (Philadelphia, PA, 2003).
Arnold, Benjamin, *Medieval Germany, 500–1300: A Political Interpretation* (Toronto, 1997).
Blanning, T. C. W., *The French Revolution in Germany: Occupation and Resistance in the Rhineland 1791–1802* (Oxford, 1983).
Blanning, Tim, *The Culture of Power and the Power of Culture: Old Regime Europe 1660–1789* (Oxford, 2002).
Blanning, Tim, 'The Holy Roman Empire of the German Nation Past and Present', *Historical Research*, 85 (2012), 57–70.
Blanning, Tim, *Frederick the Great: King of Prussia* (London, 2015).
Brady, Thomas A., *German Histories in the Age of Reformations, 1400–1650* (Cambridge, 2009).
Clark, Christopher, *Iron Kingdom: The Rise and Downfall of Prussia, 1600–1947* (London, 2006).
Coy, Jason Phillip et al., *The Holy Roman Empire, Reconsidered* (New York, 2010).
Du Boulay, F. R. H., *Germany in the Later Middle Ages* (London, 1983).
Fichtner, Paula Sutter, *Emperor Maximilian II* (New Haven, CT, 2001).
Fichtner, Paula Sutter, *Terror and Toleration: The Habsburg Empire Confronts Islam, 1526–1850* (Chicago, 2008).
Forster, Marc R., *Catholic Germany from the Reformation to the Enlightenment* (Houndmills, 2007).
Freed, John, *Frederick Barbarossa: The Prince and the Myth* (New Haven, CT, 2016).

Friedeburg, Robert von, *Luther's Legacy: The Thirty Years War and the Modern Notion of 'State' in the Empire, 1530s to 1790s* (Cambridge, 2016).

Fuchs, R.-P. 'The Supreme Court of the Holy Roman Empire', *The Sixteenth-Century Journal*, 34 (2003), 9–27.

Fuhrmann, Horst, *Germany in the High Middle Ages, c.1050–1200* (Cambridge, 1986).

Gagliardo, John G., *Reich and Nation: The Holy Roman Empire as Idea and Reality, 1763–1806* (Bloomington, IN, 1980).

Gross, Hanns, *Empire and Sovereignty: A History of German Public Law in the Holy Roman Empire, 1599–1804* (Chicago, 1973).

Haverkamp, Alfred, *Medieval Germany, 1056–1273*, transl. R. Mortimer and H. Braun (Oxford, 1988).

Heal, Bridget, *The Cult of the Virgin Mary in Early Modern Germany: Protestant and Catholic Piety, 1500–1648* (Cambridge, 2007).

Heal, Bridget, *A Magnificent Faith: Art and Identity in Lutheran Germany* (Oxford, 2017).

Herwig, Wolfram, *Conrad II, 990–1039: Emperor of Three Kingdoms*, transl. Denise A. Kaiser (Philadelphia, PA, 2006).

Hirschi, Caspar, *The Origins of Nationalism: An Alternative History from Ancient Rome to Early Modern Germany* (Cambridge, 2011).

Hughes, Michael, *Law and Politics in Eighteenth-Century Germany: The Imperial Aulic Council in the Reign of Charles VI* (Woodbridge, 1988).

Leyser, Karl, *Medieval Germany and its Neighbours, 900–1250* (London, 1982).

McKitterick, Rosamond, *Charlemagne: The Formation of a European Identity* (Cambridge, 2008).

The New Cambridge Medieval History, 7 vols, various eds (Cambridge, 1995–2005).

Nicholas, David, *The Northern Lands: Germanic Europe, c. 1270–c. 1500* (Oxford, 2009).

Pursell, Brennan C., *The Winter King: Frederick V of the Palatinate and the Coming of the Thirty Years War* (Aldershot, 2003).

Reuter, Timothy, *Germany in the Early Middle Ages, c. 800–1056* (London, 1991).

Robinson, Ian S., *Henry IV of Germany* (Cambridge, 2000).

Rublack, Ulinka, *Reformation Europe* (Cambridge, 2005).

Scales, Len, 'Late Medieval Germany: An Under-Stated Nation?', in Len Scales and Oliver Zimmer, eds, *Power and the Nation in European History* (Cambridge, 2005), 166–91.

Scales, Len, *The Shaping of German Identity: Authority and Crisis, 1245-1414* (Cambridge, 2012).
Scott, Tom, *Society and Economy in Germany, 1300-1600* (Houndmills, 2002).
Scott Dixon, C., *The German Reformation* (Oxford, 2002).
Scott Dixon, C., *Contesting the Reformation* (Oxford, 2012).
Stollberg-Rilinger, Barbara, *The Emperor's Old Clothes: Constitutional History and the Symbolic Language of the Holy Roman Empire*, transl. Thomas Dunlap (New York, 2015).
Todd, Malcolm, *The Early Germans*, 2nd edn (Oxford, 2004).
Weinfurter, Stefan, *The Salian Century: Main Currents in an Age of Transition*, transl. Barbara M. Bowlus (Philadelphia, PA, 1999).
Whaley, Joachim, 'Thinking about Germany, 1750–1815: The Birth of a Nation?', *Publications of the English Goethe Society*, NS 66 (1996), 53–72.
Whaley, Joachim, 'The Old Reich in Modern Memory: Recent Controversies Concerning the "Relevance" of Early Modern German History', in David Midgley and Christian Emden, eds, *German History, Literature and the Nation (Selected Papers from the Conference 'The Fragile Tradition', Cambridge 2002, vol. 2)* (Oxford, 2004), 25–49.
Whaley, Joachim, '*Reich, Nation, Volk*: Early Modern Perspectives', *Modern Language Review*, 101 (2006), 442–55.
Whaley, Joachim, 'The Transformation of the Aufklärung: From the Idea of Power to the Power of Ideas', in H. M. Scott and B. Simms, eds, *Cultures of Power* (Cambridge, 2007), 158–79.
Whaley, Joachim, 'A German Nation? National and Confessional Identities Before the Thirty Years War', in R. J. W. Evans, Michael Schaich, and Peter H. Wilson, eds, *The Holy Roman Empire 1495-1806* (Oxford, 2011), 303–21.
Whaley, Joachim, *Germany and the Holy Roman Empire, 1493-1806*, 2 vols (Oxford, 2012).
Whaley, Joachim, 'Hier existiert noch das alte heilige deutsche Reich: The Legacy of the Holy Roman Empire and the Unity of Germany', *Publications of the English Goethe Society*, 83 (2014), 1–21.
Whaley, Joachim, 'Wahre Aufklärung kann erreicht und segensreich werden: The German Enlightenment and its Interpretation', *Oxford German Studies*, 44 (2015), 428–48.
Wilson, Peter H., *From Reich to Revolution: German History 1558-1806* (Basingstoke, 2004).

Wilson, Peter H., 'Still a Monstrosity? Some Reflections on Early Modern German Statehood', *The Historical Journal*, 49 (2006), 565–76.
Wilson, Peter H., 'Prussia's Relations with the Holy Roman Empire, 1740–1786', *The Historical Journal*, 51 (2008), 337–71.
Wilson, Peter H., *Europe's Tragedy: A History of the Thirty Years War* (London, 2009).
Wilson, Peter H., *The Holy Roman Empire: A Thousand Years of Europe's History* (London, 2016).

“牛津通识读本”已出书目

古典哲学的趣味
人生的意义
文学理论入门
大众经济学
历史之源
设计，无处不在
生活中的心理学
政治的历史与边界
哲学的思与惑
资本主义
美国总统制
海德格尔
我们时代的伦理学
卡夫卡是谁
考古学的过去与未来
天文学简史
社会学的意识
康德
尼采
亚里士多德的世界
西方艺术新论
全球化面面观
简明逻辑学
法哲学：价值与事实
政治哲学与幸福根基
选择理论
后殖民主义与世界格局
福柯
缤纷的语言学
达达和超现实主义
佛学概论
维特根斯坦与哲学
科学哲学
印度哲学祛魅
克尔凯郭尔
科学革命
广告
数学
叔本华
笛卡尔
基督教神学
犹太人与犹太教
现代日本
罗兰·巴特
马基雅维里
全球经济史
进化
性存在
量子理论
牛顿新传
国际移民
哈贝马斯
医学伦理
黑格尔
地球
记忆
法律
中国文学
托克维尔
休谟
分子
法国大革命
民族主义
科幻作品
罗素
美国政党与选举
美国最高法院
纪录片
大萧条与罗斯福新政
领导力
无神论
罗马共和国
美国国会
民主
英格兰文学
现代主义
网络
自闭症
德里达
浪漫主义
批判理论

德国文学
戏剧
腐败
医事法
癌症
植物
法语文学
微观经济学
湖泊
拜占庭
司法心理学
发展
农业
特洛伊战争
巴比伦尼亚
河流
战争与技术
品牌学
儿童心理学
时装
现代拉丁美洲文学
卢梭
隐私
电影音乐
抑郁症
传染病
希腊化时代
知识
环境伦理学
美国革命
元素周期表
人口学
社会心理学
动物
项目管理
美学
电影
俄罗斯文学
古典文学
大数据
洛克
幸福
免疫系统
银行学
景观设计学
神圣罗马帝国
大流行病
亚历山大大帝
气候
第二次世界大战
中世纪
工业革命
传记